霍布斯邦論民族主義

被發明的傳統與全球化下的險境

艾瑞克・霍布斯邦－著

馮奕達、黃中憲－譯

On Nationalism

Eric Hobsbawm

目次

二、民族主義的險境

導論

唐納德・沙孫①

艾瑞克・霍布斯邦不喜歡民族主義。誠如他在一九八八年寫給某左派民族主義立場的史學家的信中所言，「我依舊抱持著一種難以理解的心態，即不管民族主義位在何處，我都不喜歡、不信任、不贊同、害怕民族主義，或許如今更甚於一九七〇年代時，但我也承認其影響力之大，如果可能的話，必須好好駕馭，才能前進。而有時的確有此可能。我們不能任由右派獨掌大旗。有時，的確可藉由動員民族主義情感來達成……但無論如何，我不可能是民族主義者，理論上，凡是馬克思主義者都不可能是民族主義者。」[1]

他反民族主義並不足為奇。他是個反對猶太復國主義的猶太人，身為英國人，卻在俄羅斯革命那年生於埃及。他的祖父是波蘭人，母親是維也納人，父親生於英格蘭，父母在瑞士結婚，妻

① 編註：Donald Sassoon，比較歐洲史學者，本書選編者。

子瑪蓮娜（Marlene）生於維也納，並在曼徹斯特成長。他在維也納、柏林長大，納粹掌權時，他人便在德國，還只是個小孩——此一經驗長留他腦海。他在自傳裡寫道，柏林把他造就成終身不渝的馬克思主義者和共產主義者，而他承認共產主義這個政治方案已徹底失敗。他寫道，「十月革命的夢想仍存於我心中某處……我已揚棄它，不僅如此，甚或否定，但未完全抹殺。」[2]他的童年並不快樂；他十二歲喪父，十四歲喪母。

儘管身為英國人，他卻能說五種語言，也仍保有非常濃厚的英國人習性，若非如此，「無根的世界主義」一詞簡直就是為他而造。在這種背景下，他會以強烈的懷疑論看待傳統的知識學問（包括傳統史學），也就不盡然在意料之外。

在這本霍布斯邦談民族主義的文集中，我們看到他所提出的某些具批判性的歷史洞見，對當前民族主義這引發劇烈爭議的主題所造成的影響。在我們正走近一個時代之際——網路和資本全球化作勢要扳倒所有國界，而部分出於對此情勢的反應，民族主義似乎重整旗鼓，重出江湖——民族主義與我們切身關係之大更甚於以往。

他解釋道，史學家「大體而言有責任呈現歷史事實，尤其有責任批評政治—意識形態對歷史的濫用。」[3]容我失禮的說，他擁有強而有力的「鬼扯」偵測器——在批判性和智慧、廣博知識同等重要的一門行業裡，這是不可或缺的工具。而霍布斯邦三者兼備。

毋庸置疑的是，當他指出那個被當成古老玩意四處散播的東西其實頗晚近時，他根本樂在其中（我仍看得到他帶著惡意的微笑）：不管是一八五九年在加泰隆尼亞重新推出的花神詩歌賽會（Jocs Floral），以「國家、信仰、愛」（Patria, Fides, Amor）為主題，時值加泰隆尼亞民族主義根本不關注語言問題之際；或是同年舉辦的同性質威爾斯詩歌音樂賽會，其重振旗鼓的當下卻是在威爾斯語並未標準化之時——直到二十世紀才標準化（見本書〈語言皆平等？〉一文）。

歷史對信念的質疑程度，非其他學科所能及。主張地球非宇宙中心、太陽並未繞著地球轉，或主張我們的祖先是類人猿，或許破壞了亞伯拉罕一神諸教的穩定，因為科學似乎使眾所接受的關於神造天地的說法站不住腳，但如今，多數宗教已懂得容忍科學。無論如何，對大多數人（非所有人）來說，不管是太陽繞地球轉，抑或是地球繞太陽轉，都不重要。日子照樣過。人的身分認同並未受到威脅。只是在現代，也就是從十九世紀起，那些自小在學校裡被這麼教導，且把民族認同看得重要的人，如今他們卻認為，民族認同、身分認同比以往任何時候都更加重要，若這些人被告知義大利或德國係晚近「創造」出來的國家；「法國第一個信仰基督教的國王」克洛維（Clovis）生於（那時還不存在的）比利時且不會說法語，查里曼大帝也不會說法語；巴基斯坦被「創造」於一九三〇年代（霍布斯邦不只一次以諷刺口吻提到英國考古學家莫提默・惠勒〔Mortimer Wheeler〕所寫的暢銷書《巴基斯坦五千年》），很可能會感到不快。

他對「輕率地便滑行到一千八百年前，自我認同於最後的巴勒斯坦戰鬥居民」的猶太復國主義者，同樣不假辭色。即使不住在巴勒斯坦，不講同一語言，不奉行同樣的宗教儀式（或任何宗教儀式），未有同樣的歷史背景或同樣的文化等諸如此類，人依舊能自認為猶太人。對他來說，「凡是把歷史當一回事的民族、民族主義史學家，都不可能是死忠的政治民族主義者。」例如他懷疑猶太復國主義者能否寫出「一部真正嚴謹的猶太人史」。[4] 民族主義者相信，自久遠不復記憶的年代就存在民族。而史學家的要務是駁斥這類武斷說法。

最優秀的史學家始終意識到創造迷思之舉的危險。修昔底德在其《伯羅奔尼撒戰爭史》第一章寫道，在動蕩的年代，「口耳相傳但鮮少得到經驗證實的古老故事，突然間就不再是不可置信。」

霍布斯邦也非常清楚歷史的威力。他很喜歡說，他一度備感欣慰地認為史學家不同於建築師和土木工程師，不會製造災難。最終他承認，他認識到在民族主義者手中，歷史所能奪走的人命多於差勁的工程建造者。於是，史學家肩負重任，因為誠如他筆下常說的，「歷史學家之於民族主義，就像種鴉片的人之於海洛因癮君子：我們為市場提供原物料。」或者，與此大同小異的另一種說法：「歷史是打造民族主義意識形態或族群意識形態或原教旨主義意識形態的原料，一如罌粟是造成海洛因癮頭的原料。」[5]

接著，他補充道：「沒有『過去』（past）的民族」真可謂自相矛盾。民族之所以是民族，正是因為過去；就是因為有過去，才能讓一個民族在面對其他民族時占有理據，而歷史學家便是生產過去的人。因此，我這一行（總是跟政治密不可分）成了民族主義不可或缺的基本成分，甚至比俗民學家、文獻學家以及其他經常接受號召為族群、民族效勞的學者更為重要。」

他從未因此將民族主義、愛國主義痛斥為荒謬之至。不妨讀一讀他在福克蘭群島戰爭期間所寫的文章，足見他為理解此現象所付出的努力（不若多數左派人士）。在刊登於共黨刊物《今日馬克思主義》（*Marxism Today*）的一篇文章中（本書亦收錄此文），他寫道，阿根廷聲稱福克蘭群島為其所有，於是在一九八二年揮兵入侵，而他認為阿根廷此一主張荒謬，因為該群島上從未有阿根廷人居住。他也指出英國政府對這些島嶼漠不關心，事實上大多數英國人直到阿根廷入侵才知道此群島。但此事發生時，英國境內許多人的確憤慨，並展現愛國心，高唱愛國歌曲「統御吧，不列顛」（**Rule, Britannia!**），而非國歌「天佑女王」（**God Save the Queen**）。英國國歌不具民族主義氣息，卻也不符民主精神，歌中懇請上帝「驅散她的敵人」，而非我們的敵人，「願她捍衛國法」，而非希望我們自己捍衛國法。

當時，許多左派人士很是驚恐，甚至可說是驚訝於這股迸發的英國民族主義，只是霍布斯邦不在其中：「如果有哪個左派沒有注意到這股基層情緒，不知道這股情緒並非媒體炒作的結果……都該認真重新檢視自己評斷政治的能力。」而身為史學家，他提醒讀者，不能忽視愛國精神，不該把愛國精神留給右派。不贊同某事，不代表就不應試著去了解。

霍布斯邦的立論基礎在於相對晚近才建構出來的民族主義以及民族觀。他認為民族主義（見《革命的年代》）主要是歐洲現象。十九世紀，拉丁美洲幾無民族主義，而現有的民族主義，則是貴族菁英所創造出來，信奉天主教的大眾依舊消極被動，幾乎和原住民一樣。一個人的言談間，根本說不上有哥倫比亞意識或委內瑞拉意識，十九世紀上半葉沒有，大概直到二十世紀才有。但日本例外：旨在抵抗歐洲殖民主義並厚植日本國力的一八六八年明治維新，係民族問題已傳到遠東的跡象（《資本的年代》），不過就連在日本，也都是菁英所創造出來。歐洲境外的民族主義，大抵是歐洲帝國力量所激發出來。

十八世紀晚期，可見一種不是很道地的美國民族主義，但它和擺脫英國統治有關，與當今版本的民族主義共通之處甚少。美國內戰是為了保住國家的完整。霍布思邦思忖，倘使南方如願脫離自立，或許會衍生出「一個自豪的南方國」。[6]

在歐洲，民族主義是「雙革命」的產物，即法國大革命和英國工業革命。有些人，例如界定民族主義為政治宗教的史學家埃利．凱杜里（**Elie Kedourie**），便認為民族主義的問世可追溯至康德、費希特（**Johann Gottlieb Fichte**）等德意志啟蒙運動思想家，民族主義係回應拿破崙占領德意志領土而生。德意志統一之前，「德意志人」的身分認同，頂多是文化、語言的認同（儘管多數德意志人能說多種德語方言）。因此，說德語的奧匈帝國居民可能會自認為是奧地利人、天主教徒，以及「德意志人」。現代德意志人身分認同，是在俾斯麥時期對丹麥（一八六四）、奧地利（一八六六）、法國（一八七〇）發動戰爭和德意志帝國建立所催生出來。「真正」的民族主義者對此無不感到失望，因為他們認為這不過是小德意志（**Kleindeutschland**）的解決方案，他們更樂見大德意志（Grossdeutschland），也就是涵蓋所有說德語的人，其中包括奧地利人②。為說明德意志民族主義的誕生有多晚，霍布斯邦依發生的先後順序，一一列出一八九五至九六年期間，德國學校裡所舉辦的德國統一二十五週年的慶祝活動。[7]美國的情況則相去不遠，其中多數美國公民在十九世紀末之前並無共同的民族認同，他們被一類似的過程所「美國化」——反覆灌輸各式儀式以紀念「美國」此一早於他們自身的概念，諸如七月四日國慶日和感恩節。

但法國大革命後的幾十年裡，民族主義觀念更盛。法國大革命不必然是革命運動；只是當時多數民族主義者往往是自由主義菁英的一員。事實上，民族主義得以持續打動人心，在於其適應力強。在沙俄時期，民族主義者可能是反動、反現代化的斯拉夫派一員，從而一名神聖俄羅斯（Holy Russian）的狂熱支持者急欲把可惡的西方拒於門外。又或者是革命愛國分子，以助「人民」擺脫反動、神權統治的苦難或助祖國擺脫外族統治為職志。而十九世紀的許多時候，民族主義往往被認為和自由主義密不可分。然後，變成主要與愛國右派關係密切，[8]之後，到了二十世紀，民族主義更是極右派的重要旗號（法西斯和納粹是最明顯的例子），儘管一九三〇年代西班

②譯註：大德意志、小德意志為歐洲十九世紀時期的政治思想，時值俾斯麥擔任首相期間。而大德意志最初由奧地利帝國提出，範圍當然包括奧地利在內，旨在建立一德意志民族國家，且由奧地利領導。但最終由普魯士王國的小德意志方案所取代，除了排除不奧地利之外，並以普魯士利益為優先，這個方案多少滿足了德意志民族主義者。而且，這種思維的影響深遠，其中也包括納粹德國的崛起。

牙、法國境內的共產主義者同樣揮舞著民族大旗。二次大戰期間，左派反抗運動戰士以民族之名，打擊占領國土的外族，凡是和納粹合作者，皆為叛徒。一九四五年後，民族主義意識形態依舊不定：去殖民化運動可能既社會主義又愛國；卡斯楚和切格瓦拉以「無祖國，毋寧死」（**patria o muerte**）之類的口號從事古巴革命，數十年後，委內瑞拉的雨果．查維斯（**Hugo Chávez**）亦然，但加上「社會主義」（**socialismo**）一詞。

在十九世紀歐洲，「真正」的人民，亦即在土地上勞動的人，幾乎從未意識到自己是波蘭人或義大利人（或愛爾蘭人，或匈牙利人）。一國中最傳統、落後或貧窮的人，是最晚被民族主義攻陷的人，而最終他們仍被持續成長的民族主義支持者（通常是知識分子、市民、下層士紳，亦即受過教育的階層）喚醒。這些人是建構民族主義的人，至少最初是。民族主義的存在通常早於國家——真正的國家或潛在的國家——但民族主義需要一個意識形態上的準則，而在十九世紀中期的歐洲，這個準則往往是激進的、自由主義的、民主主義的，乃至革命的。[9]捷克或波蘭或芬蘭或愛爾蘭民族主義者不想恢復古老君王制或舊式狀態，各都自覺是受害者，或受迫於英格蘭人、或俄羅斯人、或奧地利人。他們自認與眾不同。而語言關乎認同，可是多數愛爾蘭人講英語，許多芬蘭人講瑞典語，僅少數義大利人講義大利語。主要癥結在於他們自認為是受害者，把自身困境歸咎於「他人」的受害者。他們相信唯有各走各的、自治、更進一步地獨立，情況才會有所改善，這份希望把他們團結在一塊（此等想法至今不衰，因為二〇一六年英國脫歐公投期間，又再度浮現）。

十九世紀中期，歐洲的民族主義者想要臻於進步、現代之境，不管他們多常蒐集古老神話和民謠——「神話和虛構是政治認同所不可或缺……」[10]義大利和德意志原本從未以國家形態存在，但德意志、義大利民族主義者覺得，要臻於現代之境、要像他們所欣羨的國家（通常是英國和法國），他們必須有自己的國家。於是，霍布斯邦區分開民族主義的意識形態和此意識形態用以遂行政治目的途徑——即建構一屬於「民族國家」的國家。這類建構最終有賴於國家機構等工具或手段強加國家一致性於人民：公務員體系、教授「國語」的公立學校、「國家」歷史，往往還有全民徵兵制。[11]不難想像的是，一名西西里籍農民，一九一五年被強徵加入義大利陸軍，他幾乎不知原來自己是義大利人，他只會說方言，拿到一套軍服，接受一個皮埃蒙特籍軍官用義大利語（本身是托斯卡尼「方言」）的命令，奉命在「國旗」下朝奧地利士兵開槍，而奧地利士兵所在的阿爾卑斯山國界，他可說是從未聽聞。

然而，建構民族主義的要角仍是初等教育。霍布斯邦解釋道，一八七〇至一九一四年，瑞士小學老師增加了兩倍，挪威則增加近兩倍。在尼德蘭，小學學童增加了一倍，英國增加了兩倍。在法國，一八八二年施行義務性初等教育。初等教育的宗旨不只教導識字和算數，還有國家價值：「對你的國家自豪是小學的教育基礎。如今這仍是某些小學所追求的目標：在英國，教育大臣麥可・高夫（Michael Gove）哀嘆歷史課未著重於介紹邱吉爾、維多利亞女王時代的卓越名人、「英國和其帝國」。他說，「不能再這樣貶抑我們的過去」，並抱怨「我們現行對待歷史的方式，使孩童無緣聽聞我們的島嶼故事。」[12]

只是國家並非全是由上而下建構。在不同的社會階層、地區，國家觀念的形成快慢不一。國家必須打動志同道合的人。霍布斯邦不願擬出一條死板的發展路線，雖然他亦暗示最初往往會經歷一段「文化—文學—民間傳說」階段，此時，赫德（Johann Gottfried Herder）之類浪漫派知識分子將扮演要角。接著，一小群具有明確的國家建造政治綱領的積極民族主義者登場，例如波蘭的亞當・米基耶維茨（Adam Mickiewicz）、義大利的馬志尼（Giuseppe Mazzani）、愛爾蘭的丹尼爾・奧康內爾（Daniel O'Connell）、匈牙利的拉約什・科修特（Lajos Kossuth）。到了一八九〇年代，即使在行之有年的民族國家裡，我們都目睹了分離主義民族運動團體出現，例如由日後將成為自由黨首相的大衛・勞合・喬治所組織起來的「青年威爾斯」（Young Wales）運動團體，或巴斯克民族黨（Basque National Party）。

弔詭的是，就在民族主義被人建構起來之際，亦即十九世紀，談及民族主義的理論性作品少之又少。約翰・斯圖亞特・穆勒（John Stuart Mill）或許是例外。他在其《論代議政體》（*Considerations on Representative Government*）中，提出了有點流於套套邏輯卻又不失精確的民族主義定義：「若人類中的一部分人被只有他們之間共有而不與他人共有的契合統合為一體，這群人或許就可稱作構成一『族』——共有的契合使他們彼此合作的意願，高於與他人合作的意願，想要受同一政府治理，希望該政府應是完全由他們自己或他們之中一部分人管理的政府。」穆勒解釋道，這當然只適用於「文明開化」的國家，而必須承認的是，在他下筆時，民族認同主要存在（但非只存在）於歐洲和北美。

接著穆勒補充道，人之所以自覺同屬一族，因素可能不一，例如「種族和血統」、語言、宗教、領土或一個共同的敵人。他還說，「政府管轄的範圍應大體上與民族的疆域相符，此乃……自主機構的必要條件之一。」換句話說：一族，一國。在穆勒看來，民族主義者是自認歸屬某民族者，此為不證自明之理，而儘管，誠如霍布斯邦所寫道，那是個「模糊的概念」且穆勒的立論稍顯迂迴，也只對何為民族提供了一個後驗的準則。有個絕對合理的初步假設，即民族主義的必要條件是「有足夠多的人民……自認屬於一民族。」符合此條件，民族即誕生。他們可能基於某種因素而團結在一起：同住一地區、說同一語言、屬於一個同樣無法界定的「族」群、受他人迫害等。至此，信奉馬克思主義的霍布斯邦和屬於自由主義者的穆勒，差異仍不大。但穆勒又進一步表示，「最有力的因素，是對政治過往的認同；擁有一民族史。」然對霍布斯邦（和許多史學家）來說，民族史不是確定的因素：即使不住在同一塊領土上，不講同一語言，或擁有共同文化，人們還是可以自認同屬一民族。

十九世紀探討民族主義問題（若說把民族主義「理倫化」則顯得牽強）的另一名英國大思想家是艾克頓勳爵（Lord Acton）。身為自由主義天主教徒，他曾與想要把民族主義原則立為國家建構基礎的民族主義者爭辯。他解釋道，過去，社會動蕩旨在恢復先前的狀態。自法國大革命以來，群眾想要新事物——新世界——但那是極其危險的。民族原則已「把一個暫擱不用的權利轉變為強烈的願望，把一種情感轉變為政治要求」，本身已成為「革命的最強助力」。[13]

歐內斯特·勒南（Ernest Renan）是霍布斯邦認同的十九世紀理論家，一八八二年，他在索邦大學發表了著名演講〈何謂民族？〉（Qu'est-ce qu'une nation?），並在其中界定民族是「休戚與共的龐大群體，藉由對過去做出犧牲和對未來做出犧牲等共同理解構成。」但他同時語帶憂心指出，過去之所以為人建構起來，往往因為過去遭遺忘（l'oubli），更指出「歷史錯誤是創造一民族的關鍵因素，而歷史研究的進展往往對民族構成威脅的原因便在於此。」[14] 霍布斯邦對此解讀為「誤解歷史為構成民族的要件之一」，還說「拆解這樣的神話是史學家的職責，除非他們同意此舉——而我擔心國史學者往往如此——甘為意識形態的奴僕。」[15]

勒南又說，「民族的存在就像每日公投」，意為民族的一體性必須不斷建構、又再建構。因此，民族雖是菁英所打造，若無人民大眾支持，幾乎不可能發展出民族和廣泛的民族意識。民族主義者當然不只是想歌頌民族——自認為一民族的一個共同體——也想將民族轉化為主權國家，意即國家體現人民的想法，這種國家大不同於由君王構成的舊式國家。十九世紀的新君王以人民正當性的光澤養成自身，於是，維多利亞女王是聯合王國的女王，沙皇是全俄羅斯人的沙皇，拿破崙是法蘭西人的皇帝，萊奧波德一世是首位比利時人的國王，希臘的喬治一世（德意志籍王子之子，生於哥本哈根）被封為希臘人的國王。尼采洞悉這一切，並在一八八一這一年，唯恐國家與人民的合併，便在《查拉圖斯特拉如是說》裡激動寫道：

國家？那是什麼東西？聽好！張開耳朵，因為接下來我要跟你們講人民之死。國家是世上最冷血的冷血動物。它也冷冷的說謊；這個謊言從它口中悄悄溜出：「我，國家，即是人民。」[16]

十九世紀的其他人，例如叔本華，則痛斥民族主義，只是未交待緣由：「最低劣的自豪是民族自豪……每個沒有任何事物可引以自豪的可憐蠢蛋，在無計可施之下，無不自豪於自己所屬的民族。」[17]

霍布斯邦解釋道，十九世紀期間，民族主義是受過教育者的獨有權利，但在某些例子裡，國內人民的確普遍自認屬於某個或許可稱之為民族的某物。十九世紀，俄羅斯人覺得自己是俄羅斯人，包括如今積極捍衛自身民族身分的烏克蘭人和白俄羅斯人。當時許多法蘭西人「覺得」自己是法蘭西人，某些英格蘭人亦然，但義大利人並未有這樣的想法。不過，這種身分認同主要歸因於領土或宗教或語言。一個人可以自認是德意志人，同時不追求一統的德意志，一如一個人也可以自認是約克夏人，卻不追求建立獨立的約克夏，或把約克夏視為一民族。

在工業時代之前的社會，人們主要的認同對象，除了宗教，大抵局限在村子和（通行相似方言的）地區。十九世紀期間劇增的移民潮，仍只意味著離開自己的村鎮，而非離開自己的國家。一八八〇年移入美洲的威尼斯人，或許想回威尼斯，但並非想回「義大利」（一八六一年才有義大利一國）。對他們來說，義大利會是相對沒有意義的詞彙，而矛盾的是，他們會被移居地的人當成「義大利人」，因為在離威尼斯如此遙遠的地方，並不會區分威尼斯與義大利的不同。[18]於是，我們的海外威尼斯人，會比待在原鄉時，更「義大利人」，但就此例來說，他們新獲得的「民族」意識不會是民族主義者所啟發或建構，而是「他者」所啟發或建構，一如反猶可能會把世俗化、不嚴格遵守教規的猶太人轉變為「真正」的猶太人，乃至猶太復國主義者。共同的敵人有助於民族主義者壯大其陣營，但一次大戰前巴爾幹半島上那些攻打鄂圖曼帝國的人，並非為南斯拉夫人（當時並不存在此民族）而戰，而是為了反抗他們眼中的壓迫者而戰。一八四五至四六年，錫克人之所以反抗屬東印度公司的英國人，也可以說是如此。

農民反抗外族統治而造反，不能說成是基於民族主義，這些人之所以團結起來反抗，只因意識到受壓迫，只因恐外心態（出於自身或出於他人），只因他們對古老傳統、對「真正的信仰」和模糊的族群身分意識的眷戀。

霍布斯邦承認，希臘人一八二〇年代爭取獨立時的表現，或許是此通則的例外。而由於這個例外，「勇敢」反抗穆斯林（鄂圖曼土耳其人）的（基督教）人民，也得以贏得全歐愛好希臘人士的同情，包括雪萊、（於希臘過世的）拜倫、利・杭特（Leigh Hunt）、托馬斯・摩爾、邊沁——儘管希臘人對抗土耳其人，其宗教因素並不亞於民族因素。

在其他地方，民族主義的群眾基礎甚為薄弱。在霍布斯邦看來，以拿破崙戰爭期間的德意志為例，多數德意志人懷有強烈的「民族」情感一說無疑是「愛國神話」。由於未能體認到人民缺乏徹底的愛國精神，在歐洲各地，要以民族觀念為核心動員農民，幾乎是不可能的。以卡洛・皮薩卡內（Carlo Pisacane）為例，身為馬志尼的追隨者、義大利愛國者，他在一八五七年和二十四名志願者乘船至南義大利的薩普里（Sapri），希望在當時那不勒斯王國所屬地區，領導當地人反抗當局。皮薩卡內不只一敗塗地，而且，當地居民甚至認為他們是土匪，不但制伏了這些「入侵者」，並殺害了皮薩卡內和他的大多數同夥。

要鼓動農民反抗徵稅、反抗地主、反對猶太人，絕非不可能，但他們是不可能起身捍衛「祖國」的。說巴斯克語的農民依舊對巴斯克民族主義態度冷漠（巴斯克民族黨一八九四年才創立），畢竟巴斯克民族主義大致上是以城市為基礎的中產階級運動。[19] 羅馬尼亞經歷數個階段才誕生，主要因為一八七八年的柏林會議，只是官史嚴重誇大了羅馬尼亞人的貢獻，儘管羅馬尼亞農民始終未受到民族主義精神驅策。羅馬尼亞農民造反，一如他們在一九〇七年造反，在於他們的經濟狀況每下愈況，而經濟每下愈況的原因之一，是十九世紀末國際小麥價格暴跌（暴跌又因為美國小麥農的生產力高出許多）。這場農民抗稅暴動，遭殘酷鎮壓，最初以明確反猶的形式呈現，因為多數有地農民（arendaşi，原是取得土地的放款人）是猶太人。[20]愛國和這場暴動的關係微乎其微。

在那個被視為民族主義時代的期間（霍布斯邦設定為一八七〇至一九一四年），出現的新興國家相對少：一八七〇年的德國；一八六一年的義大利（但一八七〇年才進一步與羅馬統一，並以羅馬為首都，而將南蒂羅爾〔South Tyrol〕和的里雅斯特〔Trieste〕併入，則是在一次大戰後）；接著是一八七八年獲承認為國家的蒙特內格羅、保加利亞、塞爾維亞；一八八一年成為完全獨立王國的羅馬尼亞；一九〇五年脫離瑞典自立的挪威。沒有任何新興國家是因為人民叛亂、乃至群眾民族主義運動而誕生。

在人稱民族主義世紀的十九世紀，民族主義可能不是自由主義學者主要的爭辯題目，反之，對社會主義者來說亦然。霍布斯邦提及某些例外：卡爾．考茨基（Karl Kautsky）、羅莎．盧森堡（Rosa Luxemburg）、更晚的奧圖．鮑爾（Otto Bauer）。馬克思與恩格斯（其最著名的，莫過於提出呼籲，要所有國家的工人團結起來），普列漢諾夫（Plekhanov）以及列寧，幾乎無視民族主義。史達林的確寫下其平庸之作《馬克思主義與民族問題》（一九一三），並在其中列出民族的一貫特點：共同的語言、共同的領土、共同的經濟生活以及共同的心理結構（psychological make-up）。一九一三年以前，大多數「民族」至少會有其中一項條件不符合，包括西班牙、義大利、瑞士。但整體而言，唯有從支持為「其所認可的理想而戰者」這層意義來看，左派才稱得上是「國際派」。其他的組織，例如第二國際和更晚的共產國際，都是以國家為基礎。就連革命俄羅斯都認可「民族」，而且隨著一九一七年俄羅斯人民權利宣言（Declaration of the Rights of the People of Russia）制定，至少在形式上，確立了人民脫離沙皇帝國自立建國的權利——從而有一九二二年諸蘇維埃共和國的成立（一九四〇年併入了波羅的海三小國和摩達維亞後，蘇維埃共和國增加到十五個）。

整個二十世紀期間，「民族主義」一詞的使用更廣泛，二次大戰期間達到短暫的穩定發展階段——霍布斯邦稱之為「民族主義顛峰」。他於一九九〇年寫下「民族主義顛峰」一詞，也就是寫於民族主義一詞的使用引爆之前，他深信，民族主義已不如以往重要，民族主義已不再像十九世紀，是全球的政治綱領。他深信，或許也誤判，民族國家浪潮在後退，民族國家會被超國家的新全球重組吸納。他以民族主義現象已過顛峰一說作為其《民族與民族主義》（*Nations and Nationalism*）的結論時，大抵是過度樂觀：「黑格爾說，帶來智慧的密涅瓦（Minerva）的貓頭鷹已在薄暮時飛走。如今牠繞著民族與民族主義盤旋，這是個好兆頭。」[21]他肯定未在一九七〇年時預見到，也許不可能預見到，他以稍顯輕蔑的口吻論述的威爾斯、蘇格蘭民族主義，將在幾十年後聲勢大振（見本書〈凱爾特邊陲〉一章）。

過去二十年，「民族主義」一詞的使用，隨著民族主義政黨聲勢的上揚而劇增——幾乎與

「全球化」一詞使用的增加同時發生。誠如霍布斯邦頗有先見之明寫道的，「民族主義的詭異之處，在於民族主義形成自身民族時，也在無形間使那些當下受到民族主義壓迫，而在被同化和淪為劣等人之間做選擇的人走上反民族主義。」[22]十九世紀，民族主義著重在統一數個地區，成為一更大的國土，並稱為國家。在二十世紀，尤其一九四五年以後，典型的民族主義運動不再像十九世紀德意志、義大利境內的此類運動那樣追求統一，而是日益追求分離。分離主義運動始於十九世紀諸帝國的解體。沙皇帝國的覆滅，波蘭、芬蘭、波羅的海三共和國自此誕生；奧匈帝國的覆滅，奧地利、匈牙利、捷克斯洛伐克、南斯拉夫人的王國（Kingdom of the South Slavs）（一九四五年後稱南斯拉夫）自此誕生；鄂圖曼帝國則變為土耳其。這股民族脫離自立趨勢至今未歇。有些分離運動如願以償：例如孟加拉脫離巴基斯坦、科索沃脫離塞爾維亞、南蘇丹脫離蘇丹；其他的分離運動（至目前為止）則宣告失敗——例如比亞弗拉（Biafra）、卡坦加（Katanga）、庫德斯坦（Kurdistan）[3]。蘇聯、南斯拉夫解體後，又出現新興國家，這些國家無不認為，本國的疆域與民族的疆域重疊，儘管英國、比利時、西班牙等國疆域裡有獲得承認的「民族」（蘇格蘭、威爾斯、法蘭德斯、瓦龍尼亞、加泰隆尼亞等）——即可脫離自立、創造出新國家的民族。如今，由各個國家（states）組成的最大國際組織，取了有誤導之嫌的名稱——United **Nations**（聯合國）[4]——可是，這終究是由諸國（states）組成（誠如霍布斯邦曾說的，稱之為United **States**更是不可行……）。

霍布斯邦指出，十九世紀時，對於國家（state）裂解為數個小民族國（mini-nation）一事，即便是民族主義者，亦是心存反感。德意志邦國或中美洲的共和國往往被當成笑話：「巴爾幹化」一詞是辱稱。但如今再怎麼小的國家都被認為得以獨立生存。[23]一九一八年後，許多奧地利人咸認為，他們位於阿爾卑斯山區的小共和國一旦脫離奧匈帝國就無法獨立生存，因而支持加入德國。如今只有少許奧地利人會抱持此看法。沒有人認為人口只及莫斯科一半的新加坡無法獨立生存，反倒新加坡成為世上最富裕的國家之一。

霍布斯邦接受班納迪克．安德森（Benedict Anderson）在其名著《想像的共同體》中的看法。該書把民族界定為：

> 一個想像的政治共同體——而且被想像成本來就受限且至高無上。民族是想像出來的，因為就連最小的民族，其成員也絕不會認識其大部分族人、遇見他們、乃至聽過他們，但在

③編註：比亞弗拉位於奈及利亞東南部，創立於一九六七年，結束於一九七〇年。卡坦加位於剛果民主共和國境內，曾於一九六〇年宣布獨立，並爆發內戰，一九六三年投降，現為剛果民主共和國一省。兩者的國家地位始終未被國際承認。庫德斯坦為一橫跨土耳其、伊拉克、伊朗和敘利亞四國山區的地區，為庫德人所居。二戰過後，庫德人不斷爭取獨立，但都遭到這四個國家鎮壓。

④編註：United Nations照原意更貼近為「聯合民族」，然已多稱其為「聯合國」。

> 他們每個人心中都存在著他們團結契合的概念……（民族）被想像成一個共同體，因為不管在每個民族裡可能盛行著什麼樣不折不扣的不平等和剝削，民族都被想像成一個縱深且橫向發展的情同手足的群體。總而言之，正是這份如同手足的情誼，過去兩百年裡才會有數千萬人，不只為如此受限的想像之物殺人，甚且願意為它而死。[24]

據此，霍布斯邦將至少從十九世紀末起、境內居民（在官方機構和政治組織的大力協助下）想像自身是被語言、文化、族群身分結合起來的現代國家，定義為同質的共同體——從而時時號召人們以「種族清洗」除掉「異己」。此即造就了「單一、排外且不變的族群或文化或其他身分認同——這種觀念無疑是危險的洗腦工具。」[25]他還說，唯有在普通人民變得有些重要時，單一的民族語言才變得重要。在工業時代之前的社會，農民說哪種方言無關緊要。有強大公權力，有官僚體系，且確立文字時，單一語言才變得重要。土耳其使用阿拉伯字母表已數百年，為何一九二九年在民族主義領袖凱末爾領導下，土耳其採用羅馬字母表，為何羅馬在一八六三年成為主權國家時才捨棄西里爾字母表，改用羅馬字母表，原因在此。[26]越南人則曾以某種漢字變體為文字。現今的羅馬字母表是十六世紀時傳教士所設計出來，意在幫助他們學習語言。

當人口裡絕大多數人不識字時，這都無關緊要。在多族群、多語言的區域，語言的同質（linguistic homogeneity）並非自然而然地逐步發展而來，而是靠集體強制、驅逐或種族屠殺達成。誠如霍布斯邦所解釋的，一九三九年時，波蘭有三分之一人口被歸類為非波蘭人，後來被迫以波蘭語為主，完全因為境內的德裔居民被驅逐至西邊，其立陶宛裔、白俄羅斯裔、烏克蘭裔居民被遣送至東邊的蘇聯境內，其說意第緒語的猶太裔居民則遭納粹屠殺。由於上述原因，波蘭成為單一語言、相對同質的民族國家。

一國家一語言之說是「會造成情勢劇變」的因素，因為此說忽略了在一國國內有諸多不同語言係歷史常態的事實，今日許多國家，例如比利時、西班牙、瑞士、加拿大、印度，就是如此。就連愛爾蘭民族主義者都無法要大多數愛爾蘭人講蓋爾語（蓋爾語聯合會〔Gaelic League〕一八九三年方才成立），猶太復國主義猶太人則開始使用原本只在宗教活動時使用的希伯來語，而即使在此時，希伯來語裡都沒有「民族主義」一詞，必須另行創造。[27]霍布斯邦寫道，「猶太復國主義再度提供了極端例子」，讓人據以認識自外借來的民族主義綱領。而數千年來，在現實傳統裡，猶太人的族群身分之所以從未消失，並保有凝聚力且堅不可摧，和此一綱領並無有機的關聯，也不見前例。[28]國家語言的建立，主要歸功於政治力。

就連十九世紀歐洲的君王都不得不奉行民族主義原則，儘管其中許多人不盡然「屬於」他們所統治的民族。維多利亞女王的孩子，有個德裔父親；沙皇尼古拉的母親是丹麥人，妻子則是德國人；第一任希臘國王來自巴伐利亞；德皇威廉二世的母親是維多利亞女王的女兒；第一任義大利國王維克托・埃瑪努埃爾二世（Victor Emmanuel II）、的母親為奧地利人，兒子阿梅代奧

（Amedeo）登基成為西班牙國王，女兒成為葡萄牙王后，孫子維克托・埃瑪努埃爾三世國王迎娶蒙特內格羅的埃蓮娜為妻。歐洲的皇族是真正的世界主義者，「不屬於任何一處的公民」。此一現象，直至晚近，仍然存在：女王伊莉莎白二世的丈夫菲利普親王生於希臘科孚島（Corfu），他的母親是德意志公主（巴騰堡的愛麗絲〔Alice of Battenberg〕），父親是石勒蘇益格—荷爾斯泰因家族（House of Schleswig-Holstein）一員、希臘國王喬治一世和俄羅斯羅曼諾夫家族的奧爾嘉・康斯坦丁諾夫娜（Olga Constantinovna）的兒子。到了現今的英國皇室，上述情形則畫下句點：女王伊莉莎白二世的四個子女都娶嫁英國人，儘管她的孫子的另一半是外國人（一加拿大人、一美國人）。在當今世界，形容世界主義的因素之一，除了十九世紀貴族家族的遺風，就屬國際資本主義，而非他在一九三〇年代所擁抱的國際左派。霍布斯邦若地下有知，大概會覺得此事諷刺意味更是濃厚。國際資本主義當道下，人可隨意遨遊世界各地，臉書所擁有的「會員」比伊斯蘭教徒或天主教徒還要多，而網際網路——套用《國際歌》歌詞——則把人類合為一體。

註釋

1 Cited in Richard Evans, *Eric Hobsbawm: A Life in History* (London, 2019), p. 551.

2 Eric Hobsbawm, *Interesting Times* (London, 2002), pp. 55–6.

3 Eric Hobsbawm, *On History* (London, 1998), p. 7.

4 Eric Hobsbawm, *Nations and Nationalism since 1780. Programme, Myth, Reality* (2nd edition; Cambridge, 1990), pp. 12–13.

5 *On History*, p. 6.

6 Eric Hobsbawm, *The Age of Capital* (London, 1975).

7 'Mass-producing traditions: Europe, 1870-1914', in *The Invention of Tradition* (Cambridge, 1983).

8 Eric Hobsbawm, *The Age of Empire 1875–1914* (London, 1987), p. 159.

9 *The Age of Capital*, p. 106.

10 *On History*, p. 9.

11 *The Age of Capital*, p. 117.

12 Michael Gove: 'All pupils will learn our island story', 5 October 2010, http://conservative- speeches.sayit.mysociety.org/speech/601441.

13 J. E. E. D. Acton, 'Nationality', in J. N. Figgis and R. V. Laurence (eds), *The History of Freedom and Other Essays* (London, 1907), pp. 270–5.

14 Ernest Renan, *Qu'est- ce qu'une nation?*, available online in French at http://www.rutebeuf.com/textes/renan01.html and in English at http://ig.cs.tu- berlin.de/oldstatic/w2001/eu1/dokumente/Basistexte/Renan1882EN- Nation.pdf (my emphasis).

15 *On History*, p. 35.

16 Friedrich Nietzsche, *Thus Spoke Zarathustra*, trans. J. R. Hollingdale (London, 2003), p. 75.

17 'The Wisdom of Life', *The Essays of Arthur Schopenhauer* (1890), ch. 4.

18 *The Age of Empire*, pp. 153–4.

19 Ibid., p. 155.

20 Philip Gabriel Eidelberg, *The Great Rumanian Peasant Revolt of 1907. Origins of a Modern Jacquerie* (Leiden, 1974), p. 204; Daniel Chirot, *Social Change in a Peripheral Society. The Creation of a Balkan Colony* (New York, 1976), p. 150; Keith

Hitchins, *Rumania. 1866–1947* (Oxford, 1994), p. 178; Catherine Durandin, *Histoire des Roumains* (Paris, 1995), p. 192.

21 *Nations and Nationalism since 1780*, p. 192.

22 *The Age of Capital*, p. 120.

23 Eric Hobsbawm,'Socialism and Nationalism: Some Reflections on"The Break- up of Britain"', *New Left Review*, 105 (1977), pp. 3–23.

24 Benedict Anderson, *Imagined Communities: Reflections on the Origin and Spread of Nationalism* (London, 1991), p. 7.

25 〈語言皆平等〉（Are All Tongues Equal?），收錄於本書，第十七章。

26 *Nations and Nationalism since 1780*, p. 112.

27 See Yakov M. Rabkin, 'Language in Nationalism: Modern Hebrew in the Zionist Project', *Holy Land Studies*, 9:2 (2010), pp. 129–45.

28 *The Age of Empire*, p. 147.

一、歷史上的民族主義

第一章　歷史內外

布達佩斯中歐大學一九九三至一九九四學年的開學演講

很榮幸受邀為中歐大學的這個學年開場。完成這件事，我心裡也覺得奇妙，因為，我雖是在英格蘭出生的第二代英國公民，我也是中歐人。事實上，身為猶太人，我是中歐離散族群的典型成員之一。我的祖父從華沙來到倫敦，我的母親是維也納人，我的妻子也是，儘管她如今義大利語講得比德語好。我的岳母小時候仍講匈牙利語，她的雙親，在這個舊君主國度過人生某個階段時，在赫塞哥維納開了家店。我曾和妻子一起去莫斯塔爾（Mostar）尋找該店面，在巴爾幹半島的這個苦難地方仍然太平之時。過去我與匈牙利的史學家有些往來。所以，我來到這裡，既是外人，換句話說，我也是自己人。那麼，我能跟各位說些什麼？

我想跟各位說三件事。

第一件事與中歐、東歐有關。如果你來自那裡，我想你們幾乎所有人都來自那裡，你就是如今身分尤其不明朗的那些國家的公民。我不是說身分不明是中東歐人獨有的狀況。這狀況很可能現今比以往更加普遍。只是你們放眼所及之處特別渾沌不明。在我有生之年，你們所在歐洲地區的每個國家都曾遭戰爭蹂躪，曾被征服、占領、解放、又再占領。那裡的每個國家的版圖，都不同於我出生時的版圖。現今坐落里雅斯特至烏拉山之間的二十三個國家，在我出生時，只存在其中六個，或者說若它們未遭軍隊占領，就只會有這六個國家——俄羅斯、羅馬尼亞、保加利亞、阿爾巴尼亞、希臘、土耳其——因為不管是一九一八年後的奧地利，或是一九一八年後的匈牙利，都不等同於內萊塔尼亞（Cisleithania）和哈布斯堡的匈牙利。數個國家誕生於一次大戰後，另有國家誕生於一九八九年後，包括幾個在歷史上從未擁有現代意義下的獨立國家地位的國家，或短暫擁有——一或兩年，或十或二十年——然後又失去，儘管有些國家老早就重新獲得獨立地位：波羅的海三小國、白俄羅斯、烏克蘭、斯洛伐克、摩爾達瓦、斯洛維尼亞、克羅埃西亞、馬其頓，以及更東邊的國家。有些國家在我有生之年誕生又覆亡，例如南斯拉夫、捷克斯洛伐克。對於某個中歐城市的年長居民來說，身分證上的國籍換了兩次，根本稀鬆平常的事。來自倫貝格（Lemberg）、采爾諾維茨（Czernowitz）且與我同年紀的人，一生中已擁有四個國籍，而且不計入戰時遭占領的時期；來自今烏克蘭蒙卡斯（Munkacs）的人，如果把一九三八年下喀爾巴阡魯斯（Podkarpatska Rus）自治算進去①，則很可能已擁有過五個國籍。在較文明的時期，一如一九一九年，此人可能有幸選擇自己要成為哪國公民，但自二次大戰起，較可能的情況是此人若非遭強行驅逐出境，就是被迫融入新國家。中歐人、東歐人到底屬於哪裡？他們又是誰？對他們之中的許多人來說，這一直是真真切切的疑問，而且至今仍是。在某些國家，這個疑問攸關生死，在幾乎所有國家，這個疑問影響且有時決定他們的法定身分和活命的機會。

但還有另一個更集體性的不確定之處。自一九四五年起，外交官和聯合國專家致力於研擬委婉的政治詞語：「未開發的」或「開發中的」，亦即相對來說或絕對來說貧窮且落後，而中東歐大部分地區正屬於此。從某些方面來看，所謂「未開發」或「開發中」這兩個區域的歐洲並無清楚的界線，而是以或許可稱之為歐洲經濟、文化活力的主山脈或主山脊的一條地帶為最高處，分別往東、往西逐漸下降。這條主脊從北義大利翻越阿爾卑斯山至法國北部和低地國，再越過英吉利海峽進入英格蘭。在中世紀貿易路線和歌德式建築的分布圖裡，以及在歐洲共同體的地區GDP圖表裡，可找到此主脊。事實上，這個地區仍是歐洲共同體的骨幹。不過，若說有一條歷史線將「先進」歐洲與「落後」歐洲分隔開，該線大略從中貫穿哈布斯堡帝國。我知道，大家

① 編註：位於中歐、東歐交界處，大多地處烏克蘭境內，第一次世界大戰前，這個地區大部分為匈牙利王國。

在這些事情上很敏感。盧布爾雅那（Ljubljana）[2]自認為更是靠近文明中心，例如說，更甚於史高比耶（Skopje）[3]，布達佩斯自認比貝爾格勒遠更靠近文明中心，現今的布拉格政府甚至不想被冠上「中歐」之名，唯恐沾染上東歐而壞了形象。該政府堅稱，其徹頭徹尾是西歐的一員。但我認為，在中歐、東歐，沒有哪個國家或地區曾自認位在中心。所有國家都在追求先進、現代的目標上向別處尋找可供效法的榜樣，甚至，我懷疑，維也納、布達佩斯、布拉格受過教育的中產階級亦如此。他們望向巴黎、倫敦，一如貝爾格勒、魯塞（Ruse）的知識分子望向維也納——即使，按照得到最多人認可的標準，現今奧地利的部分地區和捷克共和國還是構成歐洲先進工業地帶的一部分，文化上，維也納、布達佩斯、布拉格毫無理由自覺低他人一等。

十九、二十世紀落後國家的歷史，是欲藉由仿效較先進世界來趕上較先進世界的歷史。十九世紀日本以歐洲為師，二次大戰後西歐人仿效美國經濟。二十世紀中歐、東歐的故事，大體來講，就是效法一個又一個榜樣以趕上先進國家，卻每每失敗的故事。一九一八年後，從覆滅的帝國分裂出來的諸多後繼國家，大多是新國家，其所師法的，是西方民主主義和經濟自由主義。美國總統威爾遜——現今布拉格的主車站是否再度以他命名？——是這個地區的最高典範，只除了此地區一意孤行的布爾什維克之外（其實，他們也有外來師法對象：德國企業家拉特瑙[4]和美國企業家亨利·福特）。結果未見成效。美國這個最高典範在一九二〇、三〇年代，在政治、經濟方面盡皆崩潰。大蕭條最終連捷克斯洛伐克的多民族民主都摧毀掉。然後，這些國家裡的少數國家短暫試行或未多加思索便師法法西斯模式——一副像是一九三〇年代經濟、政治成功範例似地（我們傾向於忽視納粹德國在克服大蕭條上成果斐然一事）。融入大德意志經濟體系這辦法也不管用。德國終究戰敗。

一九四五年後，這些國家大多選擇——或不知不覺被迫選擇——布爾什維克模式。此模式基本上欲藉由計畫性工業革命將落後農業經濟體現代化，因此，絕對不適用於此時已是捷克共和國的那個國家，不適用於截至一九八九年為止一直是德意志民主共和國的那個國家，卻適用於此地區大部分國家，包括蘇聯。此體制的經濟弱點和缺陷，自不用我跟各位多說，那最終導致該體制的瓦解，該體制所強加於中歐、東歐那令人無法容忍且令人愈來愈無法容忍的政治體制，更不需我多說。該體制強加於前蘇聯人民的深重苦難，尤其史達林鐵腕統治期間所強加的苦難，更不須我提醒各位。而我要說的，對各位之中許多人來說會不中聽，但我還是要說，至某個時間點為止，該體制所成就的，非一九一八年各君主國家解體以來的任何模式所能及。對此地區較落後國家——比如巴爾幹半島的許多地方和斯洛伐克——的一般人民來說，這大概是他們過去以來最好

② 譯註：斯洛維尼亞首都，位處東南歐。

③ 譯註：北馬其頓共和國首都，同樣位於東南歐。

④ 譯註：拉特瑙（Walther Rathenau, 1867-1922），德國財團通用電力公司總裁，威瑪共和期間，曾擔任德國外交部部長。一九二二年六月二十四日遭暗殺身亡。

的時期。該體制之所以崩潰，是因為它在經濟上愈來愈僵固不知變通且不切實際，尤其因為它除了扼殺知識分子的獨創能力，也幾乎無法產生創新或將創新用於國計民生。此外，其他國家的物質進步程度遠高於社會主義國家，當地人民無不看在眼裡，該體制怎麼也遮掩不了。如果各位樂見換個方式來說，它之所以垮掉，是因為一般民眾冷漠或敵視，因為政權本身已對其所佯稱要做的事失去信心。不過，不管各位怎麼看待，它在一九八九至一九九一年以最引人注目的方式敗下陣來。

而如今呢？有另一個模式，人人急欲效法，即政治上議會民主，經濟上極端自由市場資本主義。就它現今呈現的樣貌來看，也談不上是個模式，主要是對更早時所發生的事的反動。它或許會確立下來，成為較切實可行的制度——如果有機會確立下來的話。但，即使真的確立下來，根據一九一八年起的歷史研判，此地區如願躋身「真正」先進、現代化國家之林的可能性也不大，或許會有少數的例外。師法雷根總統和柴契爾夫人之舉，即使在未被內戰、混亂、無政府狀態摧殘過的國家，結果都令人失望。還有一點應補充的是，即在雷根—柴契爾模式的創始國，採行此模式的結果，如果各位容許英國人的保守作風的話，也不算亮眼。

於是，整體而言，中歐、東歐人民會繼續生活在對自己的過去失望、對自身現狀或許大多失望、對未來不確定的國家裡。這是很危險的境界。人會為自己的失敗和沒有安全感找究責對象。最可能從這樣的心態獲得好處的運動和意識形態，不是那些想重拾一九八九年前某些舊日光景的人，至少就這一代來說是如此，而比較可能是受恐外民族主義和不包容異己心態啟發的運動。最便宜行事的作法始終是歸咎於外人。

由此導出我的第二個論點，也是我的主要論點。它和我在某大學的工作更是直接相關，或至少與該工作裡和我身為史學家、大學教師有關的那個部分更是直接相關。因為歷史是打造民族主義意識形態或族群意識形態或基本教義派意識形態的原料，一如罌粟是製造海洛因毒品的原料。過去是這些意識形態的基本成分之一，說不定是唯一的基本成分。如果說找不到適用的過去，總是可以虛構出來的。事實上，通常本就必然不會有完全適用的過去，因為這些意識形態所聲稱要合理化的現象，並非古已有之或始終存在，而是歷史上的新事物。這說法用在現今版本的基本教義派——何梅尼版本的伊斯蘭國一九七〇年代初才問世——以及當代的民族主義上都成立。過去賦予了正當性。過去給了乏善可陳的現在更為光彩的背景。我記得在某地看到一本探討印度河流域城市古文明的專題論著，書名《巴基斯坦五千年》（*Five Thousand Years of Pakistan*）。一九三二至三三年，某些好戰、激進的學者發明巴基斯坦一詞，在此之前，這個名詞根本沒人想到過。直到一九四〇年，才有人嚴肅提出建立巴基斯坦的政治要求。以一國之名，這是一九四七年才存在的國家。沒有證據表明摩亨佐—達羅（Mohenjo Daro）文明和當今伊斯蘭馬巴德⑤統治者之間

⑤ 譯註：位於巴基斯坦境內印度河畔，四千年前及於輝煌，城市規畫完善，且具重要考古意義。

的關聯，多於特洛伊戰爭與安卡拉政府的關聯。現今，安卡拉政府要求歸還施里曼所找到的特洛伊國王普里亞姆（Priam）的寶藏⑥，即使只為了供第一次公開展示。但巴基斯坦五千年，無論如何，聽來總比巴基斯坦四十六年體面得多。在此情況下，史學家不知不覺扮演起始料未及的政治行為者的角色。過去我常以為歷史學這一行，與其他行業不同，例如核物理學，至少不會造成傷害。而如今我知道，它會造成傷害。我們的論著足以變成炸彈工廠，就像愛爾蘭共和軍學習如何將化肥轉變為爆裂物的工作坊。這一情況在兩個方面對我們有所影響。我們有責任呈現大體上的史實，尤其有責任批評出於政治—意識形態考量而濫用歷史。

關於第一個責任，毋庸多說。我只想談談兩個新的發展趨勢。一是目前小說家普遍的作法，以見諸記載的事實，而非憑空捏造之事，作為情節的基礎，從而模糊了史實與虛構之間的界線。另一個是「後現代主義」知識風潮在西方大學的興起，尤其是在文學系所、人類學系所，此現象意味著所有聲稱客觀存在的「事實」都是知識分子所構築出來，簡而言之，事實與虛構之間，沒有清楚的差異。然而，其實存在清楚的差異，而對史學家來說，甚至對我們學界最好鬥的反實證主義史學家來說，區別這兩者，絕對是相當基本的專業能力。我們不能任意捏造事實。貓王艾維斯．普萊斯利不是死了，就是沒死。這個問題大可基於證據予以毫不含糊的回答，只要能找到可靠的證據即可，而有時就是能找到證據。當今的土耳其政府否認一九一五年對亞美尼亞人施行種族滅絕未遂之事，土國政府的說法不是對，就是錯。我們之中多數人會根據嚴肅的歷史論述駁回對此屠殺的任何否認，但要在諸多解讀此現象或將此現象放在更大歷史時空裡審視的不同作法之間做出選擇，卻沒有同樣明確的作法。晚近狂熱印度教徒摧毀了阿約提亞（Ayodhya）一地的某間清真寺，表面上的理由，係此清真寺是穆斯林蒙兀兒征服者巴布爾（Babur）強迫印度教徒在一處特別神聖的地點——印度教神羅摩出生地——所興建。我的同事和友人在印度的幾所大學裡，共同發表了一份研究報告，證明了以下：一，在十九世紀之前沒人提出阿約提亞是羅摩出生地一事；二，這座清真寺幾乎可以肯定並非建造於巴布爾在位時。很遺憾此事件大大助長了挑起此事的印度教黨的興起，但至少他們盡了身為史學家的本分，讓那些有閱讀能力且如今、未來受到不容異己的宣傳影響的人看清真相。我們也來善盡我們的本分。

那些不容異己的意識形態，只有少數以沒有證據可依恃的單純謊言或杜撰之事為本。畢竟，一三八九年打過一場科索沃之役，塞爾維亞戰士和其盟友遭土耳其人打敗，此事的確在塞爾維亞人的大眾記憶裡留下深深的傷疤，但不能據此就認為，壓迫阿爾巴尼亞人正當合理（如今阿爾巴尼亞人占科索沃人口九成），或塞爾維亞所謂的此地基本上屬於他們一說有憑有據。十一世紀之前，丹麥人移居並統治東英格蘭大片地區，該地區如今仍稱丹洛（Danelaw，「丹麥人法律當道

⑥ 譯註：施里曼（Heinrich Schliemann, 1822-1890），德國商人、業餘考古學家。他帶領考古團隊於一八七二年在特洛伊遺址挖掘出許多古物，他命名為「普里亞姆的寶藏」。

之地」），村名仍帶有丹麥語淵源，但丹麥並未據此聲稱該地區為其所有。

關於出於意識形態而濫用歷史一事，最常見的作法並非以謊言為本，而是時代錯置（anachronism）。希臘民族主義認為，馬其頓共和國連以馬其頓為國名的權利都沒有，理由是整個馬其頓地區基本上是希臘人的，是希臘民族國家的一部分，而且據認，自亞歷山大大帝之父——馬其頓國王——統治巴爾幹半島上希臘人的土地的那一刻起便是如此。一如所有與馬其頓有關的事物，此事絕非純學術的事，而希臘知識分子得要有莫大勇氣，才敢這麼說：從歷史角度來看，此說法實屬無稽。西元前四世紀時，根本不存在希臘民族國家或其他希臘人的政治實體，馬其頓帝國絕對稱不上是希臘民族國家或其他任何現代民族國家，無論如何，古希臘人看待馬其頓籍統治者，很可能就和他們看待後來的羅馬籍統治者一樣，把他們視為蠻夷，而非希臘人，儘管他們肯定非常擔心失禮或非常謹慎而不致表露出來。此外，歷史上，馬其頓地區族群混雜，到了無法截然區分的程度——法國切丁蔬果沙拉（macédoine）便是以馬其頓為名，其來有自——因此，任何欲將此地和某個民族畫上等號的舉動，都必然站不住腳。持平來說，出於同一理由，針對馬其頓外移人口的極端民族主義主張，我們也應予以駁斥，對於克羅埃西亞境內企圖將茲沃尼米爾國王打造為總統圖季曼[7]（Tu man）先祖的所有出版品亦然。只是，要挺身反抗官方教科書歷史的捏造者並不容易，不過，在札格勒布大學（Zagreb University），有史學家展現出這種力抗當道的勇氣，而我很自豪能交上他們這些朋友。

這些和其他許多欲以神話和虛構之事取代歷史的作為，不只是知識分子的無稽之舉。畢竟，這些作為能決定教科書的內容，當日本政府堅持以淨化過的日本侵華史用於學校課堂上時，便很清楚這點。神話與虛構之事係認同政治所不可或缺，今日，以族群身分、宗教或過去國界或現今國界來界定自身的那些群體，想藉由認同政治在不確定且不穩的世界裡找到某種確定性，於是便說「我們不同於且優於他人」。神話和虛構之事是我們在大學裡理應關切的事，因為炮製出那些神話與虛構之事的人，正是受過教育的人：非神職和神職學校老師、教授（我希望這樣的教授不多）、記者、電視和電台節目製作人。如今，他們之中多數人都上過大學。這點千真萬確。歷史不是對先民的記憶或集體的傳說，而是受教於神職人員、教師、歷史書作者、雜誌文章和電視節目的編纂者所傳播的知識。史學家務必要謹記自身責任，而最重要的責任就是抽離認同政治的激情——即使我們對此激情亦感同身受。畢竟我們也是人。

以色列作者阿莫斯．埃隆（Amos Elon）晚近完成的一篇文章，或許足以說明此事的非同小可。此文談及希特勒對猶太人施以種族滅絕一事，如何被轉化成賦予以色列國的存在以正當性的神話。而且不止於此：在右翼主政那些年，更被轉化為某種民族主義的儀式性主張——對以色列的國家認同及其優越性——以及官方民族信念體系裡和上帝並列的最重要項目。埃隆探究納

⑦ 譯註：茲沃尼米爾國王（Zvonimir the Great）於一〇七六至八九年間統治位於中歐的克羅埃西亞王國，並及於鼎盛。

粹「大屠殺」概念的這一轉變過程，繼之以晚近新以色列工黨政府教育部部長的發言，主張從今起，必須把歷史和民族神話、儀式、政治分開。身為猶太人，但非以色列人，我未對此表示看法。然而身為史學家，我悲痛地記下埃隆的一項觀察。此即對學界的種族滅絕史學著作貢獻最大的那些作品，不管是否出於猶太人之手，若非未被譯成希伯來文（例如希爾伯格[8]的大作），就是遲了許久才有翻譯版問世，而且有時附有主編的免責聲明。嚴肅的種族滅絕史學著作未使一場無法言說的悲劇變得較雲淡風清，只是和賦予正當性的官方神話不相符合而已。

但這個故事使我們有理由懷抱希望。因為，在這件事情上，我們看到虛構的或出於民族主義立場的歷史遭逢來自內部的批評。我注意到，在以色列建國約四十年後，以色列官方的歷史基本上不再被寫成國家宣傳品或捍衛猶太復國主義理念的文章。就愛爾蘭人的歷史來說，我注意到同樣的現象。在愛爾蘭島大部分地方贏得獨立約半世紀後，愛爾蘭的史學家不再從民族解放運動的神話角度書寫他們島嶼的歷史。愛爾蘭人的歷史，不管在愛爾蘭共和國，還是在北愛爾蘭，正處於大放異彩的時期，因為它已成功解放自己。可惜這仍是件離不開政治糾葛和政治風險的事。如今所寫的歷史，背離了從芬尼亞組織[9]至愛爾蘭共和軍一脈相承的古老傳統——如今愛爾蘭共和軍仍高舉舊神話，用槍和炸彈浴血奮戰。但新一代人已出現，他們能不帶激情地看待自己國家歷史裡那些令人痛苦難忘且對民族性格影響甚巨的重大時刻，由此令史學家對未來感到希望。

但我們不能靜待世代演替，我們必須阻止民族神話、族群神話、其他神話的形成，時值它們正在形成之際。投身此事不會讓我們受到歡迎。托馬斯・馬薩里克（Thomas Masaryk）、捷克斯洛伐克共和國的創建者，初入政壇時並不受人愛戴，因為他滿懷遺憾卻也毫不猶豫的證明，捷克大半民族神話所依據的中世紀手稿是偽造品。但他為所應為，我希望在座身為史學家的各位也是如此。

關於史學家的本分，我言盡於此，但在結束之前，我要提醒各位另一件事。各位，身為此大學的學生，是天之驕子。各位擁有一流名校學歷，出社會後，你們的優勢便是有所選擇，在社會上位居優秀的地位，比起其他人，事業更有成，賺更多錢，儘管賺的不如事業有成的企業家來得多。我想提醒各位的，便是我開始執教於大學時，我的老師告訴我的事：「你在這裡所要教的人，不是和你一樣聰明的人，而是一群普通學生，滿腦子乏善可陳的想法，以第二等成績拿到索然無味的學位，答案卷上的內容都一樣。你會喜歡教第一流的學生，可惜這種人會自行搞定一切，其他人才是需要你的人。」

這道理不只適用於大學，也適用於世界。政府、經濟、學校，社會上的一切事物，都不是為

⑧ 譯註：希爾伯格（Raul Hilberg, 1926-2007），猶太裔美國歷史學者，為研究大屠殺的權威，其最重要的作品為《歐洲猶太人的滅絕》（*The Destruction of the European Jews*）。

⑨ 譯註：芬尼亞組織（Fenians），其前身為一八五八年成立於美國的芬尼亞兄弟會（Fenian Brotherhood），指在爭取愛爾蘭脫離英國統治。

了造福天之驕子的少數人而設置——畢竟我們可以照顧好自己——而是為了造福一般人。這些人不是特別聰明或有趣（如果我們愛上其中一人，當然另當別論），教育程度不高，並非特別成功或注定平凡一生——其實無一處特別。自古以來，若這些人步出自己的居住地，以個人身分參與歷史，無非就只是在記載出生、結婚、死亡的檔案裡，社會上的一切事物就為這類人存在。凡是值得生活其中的社會，都是為他們而建造的社會，不是為富人、聰明人、特異之人而建造的社會，儘管凡是值得生活其中的社會，都必須為這些少數人提供施展身手的空間。但世界不是為我們個人利益而創造，我們活在世上也不是為了我們的個人利益。凡是聲稱這是其目的的世界，都不是好的世界，也都不會長久。

第二章　革命時代的民族主義

每個群體都有其特殊使命，各使命相輔相成，促成人類共同使命的實現。此一使命構成其民族性。民族性神聖不可侵犯。

——馬志尼（Giuseppe Mazzini, 1805-1872），〈展現手足情的行為〉（Patto di fratellazna），摘自《青年歐洲》（*Young Europe*, 1834）

這一天會到來……那時，崇高的日耳曼尼亞（Germania）會站在自由、公義的青銅臺座上，一手持著啟蒙的火把，另一手持著仲裁人的天平，啟蒙的火把會把文明的光束射進世上最偏遠的角落。人們會懇請她調解紛爭；那些人，此際正讓我們見識強權即公理，並以鄙夷不屑的長統馬靴踢向我們。

——腓利浦．雅各布．席本費弗爾（Philipp Jakob Siebenpfeiffer, 1832）

一

一八三〇年以降（……）整個革命陣營分裂，由此產生的一個結果值得特別關注：具民族主義意識的運動團體。

最能象徵此新情勢的運動團體是一八三〇年革命後不久馬志尼或創建或受馬志尼啟發的那些「青年」團體：「青年義大利」、「青年波蘭」、「青年瑞士」、「青年德意志」、「青年法蘭西」（一八三一至三六），以及一八四〇年代與上述類似的「青年愛爾蘭」——芬尼亞組織，或愛爾蘭共和兄弟會（Irish Republican Brotherhood，簡稱ＩＲＢ）的先驅，兩者係仿十九世紀初期兄弟會而創立且唯一歷久不衰、取得成果的革命組織。愛爾蘭共和兄弟會則透過其執行組織愛爾蘭共和軍（Irish Republican Army，簡稱ＩＲＡ）更為人知。這些運動團體本身無足輕重；光是馬志尼的存在，就足以使它們完全成不了氣候。從象徵意義的角度看，這些組織極其重要，從後來的民族運動團體取名為「青年捷克」、「青年土耳其」等，便可見一斑。它們的出現，代表歐洲革命陣營裂解為以民族為本的區域性組織。這些區域性組織的政治綱領、戰略、戰術無疑彼此相差不大，甚至連旗幟都差不多——幾乎都是某種三色旗。其組織成員認為，自己的要求和其他民族的要求並不牴觸，事實上，他們設想會有一涵蓋所有人的兄弟會，同時各自解放。另一方面，這時期，每個區域性組織往往擔負起解救所有人的救世主角色，藉此合理化其把自身民族當成首要關注對象之舉。透過義大利（據馬志尼的說法），透過波蘭（據密茨凱維奇①的說法），世上受苦的人民會被帶到自由境地；這一態度很容易就能和保守派、甚或帝國主義者的政策不謀而合，提倡「神聖俄羅斯」、「第三羅馬」的俄羅斯斯拉夫派、之後將不厭其煩告訴世人世界會被德意志精神治癒的德意志人，便見證了此事。老實說，民族主義的這一模稜兩可特性濫觴於法國大革命。但那時，只有一**個**革命大國，視該國為所有革命的總部，視為解放世界不可或缺的首要推手，成為順理成章（此時依舊順理成章）之舉。指望巴黎很是合理；指望曖昧不明的「義大利」、「波蘭」或「德意志」（實際上以少數陰謀家和因政治原因流亡者為代表），只為義大利人、波蘭人、德意志人亦是順理成章。

如果抱持新民族主義者只限於民族—革命兄弟會的成員，新民族主義就不值得寄予更大的關注。但它也反映了更強大許多的勢力。由於雙革命，一八三〇年代期間，這些勢力正在政治上嶄露頭角。其中當下勢力最大者，是不滿於時局的小地主——亦即地方鄉紳——和數個國家裡新興的全國中產階級，乃至中產下層階級；這兩股勢力的代言人大多是專業知識分子。

以波蘭、匈牙利為例，或許最能說明地方鄉紳在革命中的角色。在這兩個地方，大體上，擁有大片土地的權貴老早就發現，與專制政體、外族統治妥協，不但可行，而且可取。匈牙利

① 譯註：密茨凱維奇（Adam Mickiewicz, 1798-1855），波蘭詩人。

權貴大多信奉天主教，被認可為維也納宮廷社會的支柱由來已久；其中會加入一八四八年革命者少之又少。對舊波蘭共和國（Rzeczpospolita）的記憶，使得連波蘭權貴都懷有國家意識；可惜勢力最大、堪比全國性政黨的權貴勢力恰爾托雷斯基（Czartoryski）家族，此時正移居巴黎享福，以該地的蘭貝爾府邸（Hotel Lambert）為根據地，而且一再地表示，贊成和俄羅斯結盟，繼續走外交重於叛亂的路線。經濟上，除非大肆鋪張浪費，他們的財力足以滿足他們一切所需，甚至如果他們願意的話，更是足以增加地產投資，從當時的經濟擴張中獲益。塞切尼伯爵（Count Széchenyi）是出身此階層的少數溫和自由主義者之一，他提倡改善經濟，捐出一年的收入給新成立的匈牙利科學院（Hungarian Academy of Science）——約六萬弗羅林②。沒有證據顯示，他的生活水準因如此無私的慨贈而陷入絕境。另一方面，許多有高社會地位且不需為生計親自勞動的紳士，除了高貴出身，和其他貧困農民幾無差別——匈牙利人口有八分之一自稱具有紳士地位——既無錢使其名下土地變得可以獲利，也不願與德意志人、猶太人爭奪中產階級財富。如果靠收租就能過上像樣的生活，而且體能退化，無緣投身軍旅，那麼，只要不是太愚昧，他們可考慮從事法律、行政或需要專業知識的職業；但不從事資產階級活動。這些紳士，在他們各自的國家裡，長期以來強力反對專制政體、外族統治、權貴統治，（一如在匈牙利所見）棲身於喀爾文教義和郡組織的雙重庇護之後。他們之所以反對、不滿時局、欲為本地紳士爭取更多工作機會的心態，此時和民族主義合為一體，自是很自然的事。

矛盾的是，在此時期形成的全國性經商階層，民族主義成分淡化了不少。在未統一的德意志和義大利，一個一體化全國大市場的好處，的確不難理解。《德意志至上》（*Deutschland über Alles*）的作者便吟誦道：

> 火腿和剪刀、靴子和襪帶啊，
> 羊毛和肥皂，紗線與啤酒啊，[1]

因為它們已達到民族精神所未能達到的事，即透過關稅同盟打造出真正的民族統一感。只是沒有多少證據證明，熱那亞的航運業者（後來為加里波底提供不少金援的一批人）更樂於追求一全國性的義大利市場，而非在整個地中海地區貿易的更大規模的事業。在多族大帝國裡，形成於特定省分的工業中心或貿易中心，或許會對受到差別待遇有所怨言，但基本上，明顯喜愛此時向他們敞開大門的幾個大規模的市場，甚於日後民族獨立後的小規模市場。波蘭實業家有整個俄羅斯供他們大展身手，在波蘭民族主義裡仍未扮演吃重角色。帕拉基（Palacky）代表捷克人聲稱③，

---

② 譯註：弗羅林（florin），匈牙利貨幣福林（forint）別稱。

③ 譯註：František Palacký，捷克歷史學者，一八六一年擔任奧匈帝國國會議員。

「如果奧地利不存在，就必須創造出來」，他不只在呼籲這個君主國支持反德意志人，而且也表達對一個落後大帝國中，經濟最進步區域的合理經濟推論。商業利益有時帶頭推動民族主義，一如在比利時所見，因為在該地，開創基業的強大工業團體自認為，他們於一八一五年被強勢的荷蘭商人團體拴住，出於站不住腳的理由，他們認為在此荷商團體支配下，自身處於不利地位。然這只是例外情況。

在此階段，中產階級民族主義的主要支持者居於社會下層、中層的專業人員、行政界、知識界人士，即受過教育的階層（這些人當然和經商階層並無不同，尤以在鄉村，財富主要集中在法院所指定的遺產管理者、公證人、律師等人身上的落後國家為然）。精確的說，大批「新人」在教育上挺進至此前被少許菁英占據的區域，他們推進至何處，該處就是中產階級民族主義先鋒的作戰前線。隨著小學與大學數量成長，民族主義隨之進一步壯大，因為中小學，尤其大學，成為最有意提倡民族主義的場所：一八四〇年代中期，基爾（Kiel，位於今德國北部）、哥本哈根為石勒蘇益格—荷爾斯泰因起④衝突一事，正是一八四八年以及一八六四年，德意志、丹麥為此問題起衝突的先聲。

這一進展頗為顯著，但「受過教育者」的總人數依舊不多。在法國，公立高中生人數從一八〇九至四二年增加了一倍，七月王朝期間（1830-48）增速尤其快，但即使如此，一八四二年時，全國只有將近一萬九千名（當時接受中等教育[2]的孩子共約七萬人）。俄羅斯一八五〇年左右總人口六千八百萬，但只有約兩萬中學生。[3]大學生人數當然更少，儘管呈成長之勢。而令人難以理解的是，一八〇六年後被解放一說深深打動的普魯士大學青年，一八〇五年時，總共只有一千五百名多一點，而且都是年輕男子；一八一五年後，令波旁家族不堪其擾的綜合理工學院（Polytechnique），從一八一五至三〇年，總共培育出一千五百八十一名年輕男子，亦即每年入學生約一百人。一八四八年那段時間，學生在革命活動中的突出表現，讓我們忘記在整個歐陸，包括無革命活動的不列顛群島，大學生總人數大概不超過四萬。[4]不過，人數仍持續增加。在俄羅斯，從一八二五年的一千七百人增為一八四八年的四千六百人。即使人數沒有增加，社會和大學的改頭換面，還是讓他們前所未有的意識到自己屬於一社會群體。沒人記得一七八九年時，巴黎大學有約六千學生，因為他們在革命中，並不見任何獨當一面的表現。[5]未想到了一八三〇年，已沒人會忽視如此多的年輕大學生。

---

④ 譯註：石勒蘇益格─荷爾斯泰因（Schleswig-Holstein）為現今德國最北部一邦。由於地處德國、丹麥交界處，自古便是丹麥人、德意志人居住、管轄權紛亂的地區，但主要是北部的石勒蘇益格多為丹麥人，南部的荷爾斯泰因多為德意志人。十九世紀，民族主義正盛，雙方人馬於是衝突日增。一八四八年和一八六四年都因領土劃分問題而開戰，最終在一八六四年，俾斯麥的普魯士王國和奧地利聯手，擊敗丹麥王國，丹麥永久放棄此區，而石勒蘇益格、荷爾斯泰因分別由普魯士和奧地利託管。之後，在俾斯麥的盤算下，又從奧地利手中奪回荷爾斯泰因，自此石勒蘇益格─荷爾斯泰因成為普魯士王國的一部分。

人數不多的菁英能藉由外語進行活動；一旦受過教育階層的核心成員人數夠多，民族語言即自行推展開來（一九四〇年代起，印度諸邦境內爭取本族語言受承認一事就是明證）。於是，以民族語言書寫的教科書或報紙首度問世的那一刻起，或民族語言首度用於官方用途的那一刻起，代表民族演進過程裡的一個重要階段。一八三〇年代，歐洲大片區域走上此階段。因此，最早一批談天文學、化學、人類學、礦物學、植物學的捷克語重要著作，寫於或完成於這十年間；在羅馬尼亞，第一批以羅馬尼亞語書寫、取代先前通行的希臘語的教科書亦然。一八四〇年，匈牙利捨拉丁語，改以匈牙利語為匈牙利議會官方語言，儘管由維也納控制的布達佩斯大學直到一八四四年才停止以拉丁語授課（不過，爭取以匈牙利語為官方語言一事，自一七九〇年起便斷斷續續的進行）。在札格勒布（位於今克羅埃西亞），蓋伊⑤從一八三五年起，便以第一種標準化的書面語刊行其《克羅埃西亞報》（*Croatian Gazette*，後來更名為《伊利里亞人民報》／*Illyrian National Gazette*），揚棄此前混用多種方言的書面語。在老早就有官方民族語言的國家，改變不可能這麼容易看出，但耐人尋味的是一八三〇年後，德意志境內出版的德語書籍（相對於拉丁語、法語書）占總出版冊數的比例，首度超過九成，且自此不墜，而一八二〇年後，法語書所占比例降到不到百分之四。[6]從更廣的層面看，出版業的成長再再表明了類似的現象。於是，在德意志，一八二一年出版冊數和一八〇〇年差不多（一年約四千冊）；但到了一八四一年，已增至一萬兩千冊。[7]十八世紀初期，德意志境內出版的冊數，只有約六成以德語書寫；之後，此比例以頗為穩定的幅度成長。

當然，絕大多數歐洲人和非歐洲人，依舊未受過教育。事實上，除了德意志人、荷蘭人、斯堪地那維亞人、瑞士人、美國公民外，在一八四〇年的當下，沒有任何國家的人民可以稱作識字。其中幾個國家的人民，甚至可說是完全文盲，例如一八二七年時，人民識字率不到百分之〇．五的南方斯拉夫人（又過了許久以後，奧地利軍隊所徵召入伍的達爾馬提亞人，也只有百分之一有能力讀寫），或者識字率僅百分之二（一八四〇年）的俄羅斯人，以及幾乎文盲的許多國家的人民，如西班牙人、葡萄牙人（半島戰爭後，在學學童總數似乎不到八千人），更遑論倫巴底人和皮埃蒙特人之外的義大利人。就連英國、法國、比利時，一八四〇年代不識字率都達到四成至五成。[8]文盲無礙於政治意識的覺醒，卻也沒有證據證明，現代模式的民族主義是強而有力的群眾力量，除非在已被雙革命改頭換面過的那些國家裡：法國、英國、美國，以及——因為經濟、政治上依賴英國扶持的——愛爾蘭。

---

⑤　譯註：Ljudevit Gaj（1809-1872），克羅埃西亞語言學者、政治家。他最知名的，便是從捷克語、斯洛伐克語和波蘭語之中，設計出一套可用於書寫的克羅埃西亞語字母。此即文中所提「第一種標準化的書面語」，在此之前，克羅埃西亞人使用的拉丁字母，並無法統一表達某些特定音節的字母，而是因不同方言而異。

當提及民族主義等同於識字階層時，絕非表示一民族中多數人，比如俄羅斯人，在和異族或異族事物有所衝突時，不自認是「俄羅斯人」。但對平民大眾來說，民族身分的考驗仍是宗教：西班牙人以天主教徒身分區分人我，俄羅斯人以東正教徒身分區分人我。雖然這類衝突愈見頻繁，但仍屬少見，大部分人民依舊未懷有某些種民族情感，例如自覺為義大利人的民族情感，甚至不講標準書面用語，而是彼此幾乎無法理解的方言。就連在德意志，愛國神話亦嚴重誇大了反拿破崙的民族情感。在德國西部，法國極受喜愛，尤其受該地區士兵喜愛，法國雇用了眾多來自該地區的士兵。[9]心向教皇或皇帝的人民或許表達對其敵人的強烈反感，而其敵人正好是法蘭西人，但這不表示懷有民族意識，更別說想要建立民族國家。此外，民族主義以中產階級和鄉紳為其代表一事，便足以令窮人心存芥蒂。波蘭激進—民主革命分子竭盡所能地動員廣大農民，為此甚至表示要進行土地改革，南義大利燒炭黨較開明的成員和其他陰謀家亦然。這些人幾近潰敗。一八四六年，加利西亞農民起而抗爭反對波蘭革命分子，儘管這些革命分子宣稱，要廢除農奴制，樂於殘殺紳士和壟斷企業，甚於殺掉皇帝的官員。

人民離鄉背井，或許是十九世紀最重要的現象，打破根深柢固、存在已久、局限於一地的傳統作風。但直至一八二〇年代為止，在世上大部分地方，除非受迫於徵兵和飢餓，除非屬於傳統上的遷徙族群（例如在特定季節從法國中部至北部從事建造工作的農民），或除非是德意志流動工匠，還幾乎沒有人短期遷徙或長期移居他鄉。離家背井依舊衝擊甚大，其所導致的不是會成為十九世紀典型心理病症的那種輕度思鄉病（反映在無數感傷的流行歌曲裡），而是隨老瑞士傭兵赴外地作戰的醫生所首度客觀描述的那種劇烈且會要人命的思鄉病（mal de pays）或心病（mal de Coeur）。隨著因應革命戰爭的需要而徵兵，思鄉病露出檯面，在英國人身上尤其顯著。遙遠北方森林的吸引力，強勁到會使愛沙尼亞年輕女僕離開其在薩克森的優秀雇主屈格爾根家族（Kügelgens），離開那個讓她享有自由的地方，寧願回鄉去當農奴。一八二〇年代起，遷徙流動和長期移居顯著增加（從遠渡美國工作一事最能看出指標），只是規模仍達不到一八四〇年代的高比例，在那十年期間，有一百七十五萬人越過北大西洋至美國（一八三〇年代則不到此人數的三分之一）。即使如此，若不算進不列顛群島的話，唯一的人口遷徙主要民族仍是德意志人，他們早已習慣將兒子送去東歐和美國務農定居，以流動工匠的身分遊走歐陸各地，以傭兵身分赴各地打仗。

事實上，一八四八年前，真正以平民為基礎且有組織的西方民族運動團體，只有一個談得上，而且就連這個團體都享有莫大優勢——和最強勢的傳統媒介的關係密切，此即教會。而該團體便是「愛爾蘭撤廢」（Irish Repeal），其領導人丹尼爾・奧康內爾（Daniel O'Connell, 1785-1847）出身農民階級的律師，嗓音圓潤洪亮，善於煽動，係第一個——而且是一八四八年前唯一一人——在原本落後的平民裡喚起政治意識、具領袖魅力的領袖。一八四八年前可與之較量的人物，僅費爾格斯・奧康納（Feargus O'Connor, 1794-1855），此人也是愛爾蘭人，英國憲章運動（Chartism）的代表人物。又或者匈牙利人拉約什·科修特（Louis Kossuth, 1802-1894），他在一八四八年革命前，便獲得些許知名度，後續更積累出群眾威望，但一八四〇年代期間，他其實是以鄉紳利益的擁護者之姿闖出名號，而他後來被民族主義立場的史家大力推崇，教人難以清楚看出他的早期生涯。奧康內爾的天主教協會（Catholic Association）在和「天主教徒解放運動」（Catholic Emancipation, 1829）的抗爭中，贏得了群眾支持和神職人員不盡然順理成章的信任，但至少並未和鄉紳掛鉤，無論如何，鄉紳都是新教徒和英裔愛爾蘭人。這是屬於農民的運動，屬於這座貧困島嶼上、在地的愛爾蘭中下階層人民的運動。這名「解放者」被一波波農民暴亂群眾運動送上領導大位，而在那個驚濤駭浪的百年世紀裡，農民暴亂是推動愛爾蘭政治改變的最大力量，也是由祕密恐怖主義會社所籌畫，而這些會社協助打破了愛爾蘭人生活的褊狹。但他所追求的，既不是革命，也不是民族獨立，而是經由與英國輝格黨達成協議或經由與其談判，達成溫和的中產階級愛爾蘭自治。他打心底不是民族主義者，更談不上是農民革命分子，而是溫和的中產階級自治主義者。確實，愛爾蘭民族主義者在後來對他的主要批評（極似較激進印度民族主義者對甘地的批判，而他的地位之於印度歷史，就如同丹尼爾之於愛爾蘭），亦非無的放矢，便是他本可以鼓動所有愛爾蘭人反抗英國人，卻蓄意不為。但這並未改變他所領導的運動團體得到大多數愛爾蘭人真心支持一事。

二

但在現代資產階級之外，可見反抗異族統治（通常意指被其他宗教而非受他族統治）的人民叛亂團體，有時看似是日後民族運動團體的先聲。例如反土耳其帝國的叛亂、高加索地區反俄羅斯人的叛亂、印度境內和邊境上反英國人統治的戰事。對這些活動寄予過度的現代民族主義意涵委實不智，但在某些落後地區，境內充斥著武裝好鬥的農民和牧民，這些人按氏族關係組織起來，加上受到部落族長、梟雄、先知等的啟發，以致在這些地區，抵抗異族（或更貼切的說，不信己教的）統治者一事，或許才是名副其實的人民戰爭，與在規模相對沒那麼詩史般壯闊的國家裡的菁英民族主義運動大不相同。不過，分別在一八〇三至一八年和一八四五至四九年，馬拉塔人（Mahrattas，封建—軍事印度教團體）和錫克人（好戰宗教派系）抵抗英國人之舉，以及後來的印度民族主義關聯不大，並未產生他們自身的民族主義。[10]野蠻、英勇、苦於世仇對立的高加索諸部落，在嚴守教律的伊斯蘭穆里德派（Muridism）裡，在甚受敬重的領袖沙米爾（Shamyl, 1797-1871）身上，找到使諸部落暫時團結抵抗俄羅斯人入侵的紐帶；至今沒有任何高加索民族存在，只見一群散落在幾個蘇維埃共和小國境內的山區少數族群（符合現代民族意義的喬治亞人和亞美尼亞人，並未參與沙米爾運動）。至於貝都因人，曾遭阿拉伯半島上的瓦哈比派和後來成為利比亞境內一區的塞努西（Senussi）教團等恪守教義的教派所清洗，為了保住對阿拉的信仰和簡單的放牧、掠取生活，為了反抗腐化人心的稅、地方長官帕夏（pasha）、城市而挺身戰鬥；而我們如今所認知的阿拉伯民族主義——二十世紀的產物——源於城市，而非遊牧營地。

就連巴爾幹半島上反土耳其人的叛亂，尤其南部、西部很少被制伏的山民所發動的叛亂，我們都不應率爾地根據現代民族主義來解讀，儘管其中幾場叛亂的勇士和吟遊詩人（這兩種角色往往畢具於一人身上，如蒙特內哥羅〔Montenegro〕的詩人暨戰士暨主教），禁不住讓人想起阿爾巴尼亞人史坎德貝格[6]等如民族英雄般的輝煌事蹟，想起塞爾維亞人在遙遠過去於科索沃兵敗土耳其人手下之類的悲劇。在造反有其必要或值得一為的地方，向本地行政當局或日益衰弱的土耳其帝國造反，是最順理成章的事。但南斯拉夫人，甚至位在土耳其帝國境內的南斯拉夫人，之所以追求自己當家作主，大抵出於普遍的經濟落後，而南斯拉夫此一概念係奧匈帝國境內知識分子所打造出來的，而非那些真正為自由而戰的人。[11]那些信仰東正教且從未屈服的蒙特內哥羅人攻打土耳其人；但也以同樣的急切態度攻打信仰異教的阿爾巴尼亞天主教徒、信仰異教但屬道地斯拉夫人的穆斯林波士尼亞人。波士尼亞人造反以對抗土耳其人，儘管許多波士尼亞人的信仰和土耳其人一樣，而且和枝葉繁茂的多瑙河平原上信仰東正教的塞爾維亞人一樣，隨時都在造反，其造反的衝勁更甚於阿爾巴尼亞邊區信仰東正教的「舊塞爾維亞人」。十九世紀巴爾幹半島上最早起事的族群，可說是英勇豬販暨土匪黑喬治（Black George, 1760-1817）所統領的塞爾維亞人，但他起事初期階段（1804-07），連反土耳其人對當地的統治都談不上，反倒是擁護土耳其蘇丹，反抗當地統治者的濫權。從西巴爾幹半島山區叛亂的早期歷史看，若是十九世紀初期，外號「約阿尼納的獅子」（Lion of Jannina）的強勢總督阿里帕夏（Ali Pasha, 1741-1822）一度在伊庇魯斯（Epirus）成立的那種非民族性自治公國，當地的塞爾維亞人、阿爾巴尼亞人、希臘人和其他族群大概也不會就此滿意吧。

只有在一特例裡，放牧綿羊的宗族成員和梟雄，為反抗任一實質政府而展開的長年戰爭，並和中產階級民族主義、法國大革命的理念掛鉤：希臘人爭取獨立的大業（1821-30）。因此，希臘成為各地民族主義者、自由主義者的神話、啟發來源，也就順理成章。因為，只有在希臘，全體人民以看來可說是支持歐洲左派目標的方式，挺身反抗壓迫者；反之，以在希臘亡故的詩人拜倫為首的歐洲左派則伸出援手，大力協助希臘人贏得獨立。

大多數希臘人和巴爾幹半島上其他遭遺忘的戰士—農民國家、氏族極相似。但一部分希臘人構成，也定居在土耳其帝國境內之外的殖民地或少數族群僑社裡的國際經商、行政階層，而巴爾幹半島上大部分族群為東正教會成員，整個東正教會所使用的語言則是希臘語，教會較高階神職人員都是希臘人，並以君士坦丁的希臘籍牧首為首領。希臘籍公務員搖身一變為附庸國國君，治理多瑙河兩公國（今羅馬尼亞）。從某個意義上講，巴爾幹半島、黑海地區、黎凡特地區整個受

⑥ 譯註：史坎德貝格（Skanderberg, 1405-1468），阿爾巴尼亞著名將領，曾多次擊退鄂圖曼土耳其大軍。

過教育的階層和經商階層，不管原屬何族，從其活動的性質來看，都已希臘化。十八世紀期間，這一希臘化的勢頭比以往更為強勁，主要源於顯著的經濟成長，從而也擴大了散居國外的希臘人活動範圍和人脈。新興且蓬勃的黑海穀物貿易，把希臘僑民帶進義大利、法國、英國的商業重鎮，強化希臘僑民和俄羅斯的關係；巴爾幹貿易的成長把希臘商人或希臘化商人帶進中歐。最早的希臘語報紙刊行於維也納（1784-1812）。造反農民不時移居外國或重新安置，促使國外僑社更為壯大。就是在這些具有世界主義精神的僑社裡，法國大革命的理念——自由主義、民族主義、以共濟會式祕密會社創辦政治組織的方法——就此扎根。里加斯（Rhigas, 1761-1798），一個鮮為人知、可能持泛巴爾幹主義立場的早期革命運動團體的領導人，他說著法語，配合希臘國情改編了「馬賽進行曲」（Marseillaise）。而同志社（Philiké Hetairía）則是主導一八二一年叛亂的祕密愛國會社，一八一四年創立於俄羅斯的新興穀物進出口大口岸敖得薩。

他們的民族主義在某種程度上類似西方的菁英運動。除了民族主義，沒有其他因素足以解釋為何想在多瑙河兩公國境內、當地希臘籍權貴的領導下造反，以實現希臘獨立；因為，在這些悲慘的農奴地區，稱得上是希臘人的人，只有領主、主教、商人、知識分子。起事以慘敗收場，自是意料中的事（1821）。所幸，同志社也已著手吸收希臘山區（尤其伯羅奔尼撒地區）視政府如無物的當地梟雄、不法分子、氏族族長，而且成果大大優於出身高貴且也試圖招納當地土匪共襄盛舉的南義大利燒炭黨人（無論如何一八一八年後是如此）。這些在山中打游擊的希臘籍綠林好漢（klephts），心裡恐怕沒有現代民族主義意識，但其中許多人都有「文書」幫他們用雅各賓黨用語撰寫宣言——尊敬讀書人畢竟是古希臘文化的遺風。如果說他們代表了什麼，那無疑是代表了由來已久的一種巴爾幹半島精神。在此精神裡，男人應扮演的角色是英雄，逃至山裡抵抗政府、為農民洗刷冤屈的不法之徒，由此為普天下的政治典範。西式民族主義者賦予科洛科特羅尼斯（Kolokotrones）——土匪兼牛販——之類人士的叛亂領導的地位，使叛亂的格局放眼泛希臘之所在，而非只著眼於一地，反之，西式民族主義者則從這些叛亂者手中得到獨一無二且令人敬畏的某物，即武裝人民的集體起事。

新希臘民族主義的勢力大到足以贏得獨立，但把中產階級領導作風、綠林好漢的缺乏組織、大國的干涉等因素結合，雖然實現了西方自由主義者的理想，卻讓人覺得規模過小又可笑——後來在拉丁美洲等地區，同樣的情景會變得很常見。但新希臘民族主義也產生了一弔詭的結果，即把希臘精神局限在希臘，從而創造或強化其他巴爾幹族群隱伏的民族主義。希臘人身分原本幾乎無異於巴爾幹東正教基督徒的基本條件，但與此同時，希臘化程度更勝從前。一旦希臘化意味著在政治上支持希臘，希臘化即退潮，就連在巴爾幹半島上被希臘精神同化的受教育階層身上亦然。從這個意義上看，希臘獨立係巴爾幹半島其他民族主義得以演化出來所不可或缺的初步條件。

在歐洲境外，難有民族主義可言。西班牙帝國、葡萄牙帝國瓦解後繼之而起的諸多拉丁美洲共和國（確切的說，巴西於一八一六年成為獨立君主國，直至一八八九年為止），其國界的劃定，往往只是反映了支持當地某叛亂的顯貴的莊園的分布情況。這些共和國開始有了既得政治利益者和擴張領土之心。委內瑞拉的西蒙．玻利華[7]和阿根廷的聖馬丁[8]，最初抱持的泛美洲理想無實現之可能，但在被西班牙語所統一的諸多區域，此理想作為強而有力的革命潮流，原本始終風靡全境，一如泛巴爾幹主義，承襲反伊斯蘭的東正教一體性，不但歷久未消，而且至今可能仍在。拉丁美洲幅員遼闊且多樣，墨西哥、委內瑞拉、布宜諾斯艾利斯這些獨立叛亂中心的存在（墨西哥決定中美洲的走向）、祕魯境內西班牙殖民主義中心所遭遇的特殊問題（祕魯的解放係靠外力），促使拉丁美洲自然而然走上四分五裂。但拉丁美洲革命，為貴族、軍人、法國化且受過歐洲教育的非洲人這三個小群體所推動，信奉天主教的貧窮白人居民大多對革命消極被動，印第安人則對革命冷漠或帶有敵意。唯有在墨西哥，其獨立則是高舉瓜達露佩聖母（Virgin of Guadalupe）大旗的民間農民運動團體（即印第安人運動團體）的主動作為而達成，因此，自此之後，墨西哥走上不同於拉丁美洲大陸區的其他地方且政治上比這些地方進步的道路。只是就連政治立場明確的那批為數極少的拉丁美洲人，我們若說他們懷有哥倫比亞人、委內瑞拉人、厄瓜多人意識，亦即懷有「民族意識」，那就犯了時代錯置的毛病，當時，這類意識仍處於萌芽期。

不過，在東歐幾個不同的國家境內，卻可見某種原型民族主義，而矛盾的是，其所走的，是保守主義而非民族叛亂的路線。斯拉夫人到處受壓迫，除了在俄羅斯境內和巴爾幹半島上一些不受約束的據點除外；但就他們當下的觀點，壓迫者，誠如先前已提過的，不是專制君主，而是德意志裔或馬札兒裔地主和住在城市的剝削者。這些人的民族主義也未給予斯拉夫民族存在空間：就連（德意志西南部）巴登的共和主義者和民主主義者所提的成立德意志合眾國（German United States）這樣激進的計畫，都想要納入把首府設在義大利的里雅斯特境內的伊利里亞人（即克羅埃西亞人、斯洛維尼亞人）共和國、把首府設在奧洛穆茨（Olomuc）的摩拉維亞人共和國、以布拉格為首府的波希米亞人共和國。[12]於是，斯拉夫民族主義者當下寄望於奧地利、俄羅斯兩國的皇帝。各種不同形式的斯拉夫人團體一再表達親俄羅斯的態勢，吸引了斯拉夫籍反抗者——甚至反俄的波蘭人——尤以一八四六年起事失敗後挫敗、無望的期間為然。克羅埃西亞境內的「伊利里亞主義」（Illyrianism）和溫和的捷克民族主義，表達了親奧地利的心態，兩者都得到哈布斯堡王朝統治者刻意的支持，該王朝的兩位大臣——科洛夫拉特（Kolowrat）和警政首長塞德尼茨基（Sedlnitzky）——都是捷克人。克羅埃西亞人對自身文化的追求，於一八三〇年代受到保障，到了一八四〇年，科洛夫拉特已提出一項會在日後的一八四八年革命極為有用的提議，即任

⑦ 譯註：西蒙・玻利華（Simón Bolívar, 1783-1830），南美洲獨立運動領導者。一八二五年，玻利維亞宣布獨立，玻利華當選第一任總統。

⑧ 譯註：聖馬丁（San Martín, 1778-1850），和玻利華同為南美洲獨立運動領導者。

命克羅埃西亞籍軍事首長（ban）為克羅埃西亞領導者，由該員管轄與匈牙利接壤的軍事邊區，以反制不受約束的馬札兒人。[13]於是，一八四八年，投身革命，就幾乎等同於反對斯拉夫人的民族追求；「進步」和「反動」的兩民族間暗中的衝突，係一八四八年革命注定失敗的主因之一。

在其他地方，類似民族主義之物是不可能有的，因為根本不存在民族主義所賴以生存的社會條件。將傳統、宗教、貧窮的人民三者結合，產生了抵抗西方征服者、剝削者侵犯的最強大力量，然事實上，之後創造出民族主義的那些勢力，在此階段是反對結合此三者的。在亞洲國家境內成長的本地資產階級成員，便在外籍剝削者的庇護下反對此舉，而且他們大多是外籍剝削者的代理人、中間人和靠其為生者：孟買的帕西族（Parsee）僑民就是一例。即使是「受過教育並啟蒙」的亞洲人，不是買辦，就是某外族統治或外商公司的小官員（與土耳其境內希臘裔居民的情況並無不同），此人的首要政治任務仍是西化，亦即不顧傳統統治者和被傳統方式統治者的聯合抵抗，諸如把法國大革命的觀念和科學、技術現代的理念介紹給自己同胞（和南義大利紳士暨極端激進分子的情況無異）。於是，此人被雙重疏離於他的同胞。民族主義神話往往遮掩了此一疏離，其作法之一便是隱瞞殖民主義與早期在地中產階級之間的關聯，作法之二則是賦予後來出現的民族主義運動以早先出現的反外抵抗色彩。但在亞洲，在伊斯蘭國家，乃至在更為顯著的非洲，直到二十世紀，受過歐洲教育的本地人和民族主義這才有所連結，而這兩者，也才和平民大眾有所連結。

因此，在東方，民族主義是西方勢力和征服之下的產物。在埃及這個十足東方色彩的國家，這一關聯性或許最為顯著。（先不論愛爾蘭）第一個現代殖民地民族主義運動的基礎，便是在這個國家奠定。拿破崙征服埃及，帶來西方的觀念、秩序、技術，而當地一名雄才大略的軍人——穆罕默德·阿里（Mohammad Ali / Mehmet Ali）——很快就看出這些西方之物的用處。法國人撤出後，埃及陷入混亂時期，期間，他從土耳其手中奪取大權，實質上未受制於土耳其，然後，在法國人支持下，著手於外國（主要是法國）的技術援助下建立有效率且追求西化的專制政權。一八二〇、三〇年代，歐洲左翼人士盛讚這名開明的獨裁者，並在自己國家裡處處受阻的情況感到洩氣之際，索性投效於他麾下。獨樹一格的聖西門派（Saint-Simonians），既提倡社會主義，也提倡由投資銀行家、工程師發展工業，一時之間給了穆罕默德·阿里集體援助，為他擬定經濟發展計畫。他們從而不但為（聖西門主義者德萊塞普斯所⑨建造的）蘇伊士運河的興建打下基礎，也為歐洲這詐騙集團談定大筆貸款，導致埃及統治者致命地過度依賴歐洲，埃及從此成為後來帝國主義較量和反帝國主義叛亂的中心。然而，穆罕默德·阿里和其他任何東方專制統治者一樣，不是民族主義者。他的西化，並非他或他的人民所追求的，卻為後來的民族主義打下基礎。如果說埃及有了伊斯蘭世界裡第一個民族主義運動，而摩洛哥在民族主義運動風潮裡敬陪末座，那是

⑨ 譯註：德萊塞普斯（Ferdinand de Lesseps, 1805-1894），時任法國駐埃及領事。

都因為穆罕默德·阿里（出於完全可理解的地緣政治考量）走上西化的主道路，而地處最西邊且閉關鎖國的穆斯林謝里發帝國（Sherifian Empire）則不然，而且也無意走上這條路。民族主義，一如現代世界的其他許多特點，皆為雙革命之下的產物。

註釋

1 Hoffmann v. Fallersleben, 'Der Deutsche Zollverein', in *Unpolitische Lieder* (1842), p. 46.

2 G. Weill, *L'Enseigement Secondaire en France 1802–1920* (Paris, 1921), p. 72.

3 E. de Laveleye, *L'Instruction du Peuple* (1872), p. 278.

4 F. Paulsen, *Geschichte des Gelehrten Unterrichts*, vol. 2 (1897), p. 703; A. Daumard, 'Les eleves de l'Ecole Polytechnique 1815–48', *Revue d'Histoire Moderne et Contemporaine*, 5:3 (1958), pp. 226–34；一八四〇年代早期平均一學期的比利時、德意志學生，共約一萬四千人。J. Conrad, 'Die Frequenzverhaltnisse der Universitaten der haupstachlichen Kulturlander', *Jb. f. Nationalok. u. Statistik*, 56 (1895), pp. 376ff.

5 L. Liard, *L'Enseignement Superieur en France 1789–1889* (1888), pp. 11ff.

6 *Geschichte des Gelehrten Unterrichts*, II, pp. 690–1.

7 *Handworterbuch d. Staabwissenschaften* (2nd edn) art. Buchhandel.

8 *L'Instruction du Peuple*, p. 264.

9 W. Wachsmuth, *Europaische Sittengeschichte*, V, 2 (1839), pp. 807–8.

10 時至今日，錫克運動依舊大體上自成一體。馬哈拉施特拉邦境內好鬥印度教徒的抵抗傳統，使該區域成為印度民族主義的早期中心，提供了一些最早期——且極恪守傳統的——印度民族主義領袖，尤其提拉克（B. G. Tilak）；但這頂多局限於一地區，未在印度民族主義運動裡蔚為主流；如今，或許存在馬赫拉塔（Mahratta）民族主義之類的，但其社會基礎係龐大馬赫拉塔勞動階級和弱勢中產階級下層，對經濟上和直至不久前在語言上據有支配地位的古吉拉特人的抵抗。

11 戰後南斯拉夫政權把原被歸類為塞爾維亞人國家的事物，拆解為較切合實際的亞民族共和國和單位：塞爾維亞、波士尼亞、蒙特尼格羅、馬其頓、科索沃—梅托希亞（Kosovo-Metohidja）。根據十九世紀民族主義的語言標準，這些共和國大多同屬「塞爾維亞」人，只有與保加利亞人關係較近的馬其頓人和科索沃—梅托希亞境內居人口少數的阿爾巴尼亞人例外。但其實它們從未發展出單一塞爾維亞民族主義。

12 J. Sigmann, 'Les radicaux badois et l'idee nationale allemande en 1848', *Etudes d'Histoire Moderne et Contemporaine*, 2 (1948), pp. 213–14.

13 J. Miskolczy, *Ungarn und die Habsburger- Monarchie* (Vienna- Munich, 1959), p. 85.

第三章　資本時代的民族建造

只是，何謂……民族？為何荷蘭是個民族，漢諾威和帕馬大公國（Grand Duchy of Parma）不是？

——歐內斯特．勒南（Ernest Renan），〈何謂民族？〉——索邦大學演說（一八八二年）

當沒人懂得你所說的語言時，何謂國語？

——約翰．內斯特羅伊（Johann Nestroy），《晚風酋長》（*Häuptling Abendwind*, 1862）

如果偉大民族不相信只在其自身能找到真理……如果不相信只有其民族自身能勝任且注定要奮起，要以其真理拯救其他所有人，此民族將立即淪為人種誌資料，而非偉大民族……失去此信念的民族，也不再是民族。

——杜斯妥也夫斯基（Fyodor Dostoevsky），《魔鬼》（*The Demons*, 1871-72）

一

若說國際政治和國家政治在此時期密不可分，把兩者連在一塊的最顯著紐帶，正是十九世紀中期人人皆知的「民族原則」（principle of nationality）——即我們如今所稱的「民族主義」。一八四八至七〇年代，國際政治的特點為何？傳統西方史學對此已幾乎有了定論：一個由諸多民族國家組成的歐洲問世了。對於此時期這方面和顯然與此有關係的其他方面（諸如經濟進步、自由主義，或許甚至民主主義）之間的關係，也許不確定程度還很高，但對民族所扮演的中心角色，則是百分之百確定。

那麼，對民族所扮演的角色，為何會如此確定？不管這個人稱「人民之春」（springtime of peoples）的年份還具有其他哪些特點，一八四八這一年，主要從國際的角度來看，明顯也申明了民族身分，或更具體的說，申明了相對立的民族身分。德意志人、義大利人、匈牙利人、波蘭人、羅馬尼亞人和其他民族，一再申明其應擁有聯合所有同民族之人反抗壓迫其的政府，共同建立獨立自主、統一的國家的權利，捷克人、克羅埃西亞人、丹麥人等民族亦然，但對於似乎甘於犧牲自身利益的較大民族的革命追求，也是疑慮益深。法國已是獨立的民族國家，但民族主義心態同樣濃厚。

一八四八年革命以失敗收場，但接下來二十五年，歐洲的政治局勢，受到這些追求所支配。

誠如先前已提過的，人們確實達到這些追求、抱負，以某種或其他方式，只是其達成方式不具革命性質，或僅少許革命性質。法國在可笑的偉大拿破崙之下，回到可笑的「偉大國家」，義大利和德意志各在薩伏依王國、普魯士王國的統治下統一，匈牙利憑藉一八六七年「折衷協議」（Compromise of 1867）形同自治，羅馬尼亞靠合併「多瑙河諸公國」成為國家。只有未能充分參與一八四八年革命浪潮的波蘭，未能靠一八六三年叛亂贏得獨立或自治。

在歐洲最西邊，一如在歐洲最東南邊，「民族問題」強行登場。愛爾蘭境內的芬尼亞組織成員，在數百萬因饑荒和仇英情緒而被迫前往美國的同胞支持下，以激進叛亂的方式升高這個問題。多民族鄂圖曼帝國的經濟危機，以該帝國在巴爾幹半島統治已久的諸多基督教民族叛亂的形式呈現。希臘和塞爾維亞已獨立，雖然其版圖依舊比其所自認應擁有的小了許多。羅馬尼亞於一八五〇年代尾聲贏得起碼的獨立。一八七〇年代初期的人民叛亂，引發土耳其又一次的國內、國際危機，從而將促使保加利亞於一八七〇年代尾聲獨立，並加速巴爾幹半島的「巴爾幹化[1]」。這個時時盤據諸國外長腦海的所謂的「東方問題」（Eastern Question），如今演變為以如何重劃歐洲土耳其的地圖為主，數量不定、面積不定、宣稱且據認代表「民族」的諸多新興國家在這塊區

① 譯註：Balkanization，這段期間，由於該地區缺乏一強而有力的政府，再加上外國勢力的介入，以致分裂為數個敵對小國，此即巴爾幹化。

域上誕生。在更北邊一些，哈布斯堡帝國的國內問題，其癥結更是明顯地在於組成該帝國的諸多民族，其中幾個民族——而且有可能其各個民族——提出了從適度的文化自治到脫離自立的各種要求。

就連在歐洲境外，民族的打造都清楚可見。若非試圖維持美利堅民族的一統，豈會有美國內戰？若非日本境內出現一個新且自豪的「民族」，還會有明治維新？有人說，「民族建造」（**nation-making**）——《經濟學人》主編沃爾特·白芝浩（**Walter Bagehot, 1826-1877**）語——正在世界各地上演，且成為此時期的主要特點之一，此說似乎切合實情。

這個現象太顯而易見，因而其本質幾近難以察覺。「民族」被視為理所當然，因而未受到特別的關注。誠如白芝浩所說的，「我們無法想像會有人覺得難懂：『沒人問時，我們很清楚民族是什麼』，但我們就是無法輕易解釋或定義。」[1]而且認為有此必要的人，少之又少。英格蘭人肯定知道英格蘭人身分是什麼意思，法蘭西人、德意志人、義大利人或俄羅斯無疑很清楚他們的集體認同？或許不然，但在民族建構（**national-building**）的時代，這被認為間接表示，將「民族」轉化為主權民族國家，是理所當然的必要且值得追求，而且民族國家有其一致的領土，其領土以「民族」之成員所定居的區域劃定，而「民族」又以其過去的歷史、共同的文化、族群組成，以及愈來愈重要的因素——語言——來界定。但這一未言明的說法完全說不通。如果說，以諸多衡量標準來區別彼此的不同群體的存在，是無可否定且自有歷史以來便存在，這些群體間接傳達了十九世紀人眼中「民族身分」一事，則非無可否定且非自有歷史以來就存在。它們被以十九世紀那種領土型國家的形式組織起來一事更談不上，更別提那些與「民族」一致的國家。這些國家的出現，為相對而言較晚近的歷史現象，儘管有些較古老的領土型國家——英格蘭、法蘭西、西班牙、葡萄牙，或許甚至俄羅斯——可被界定為「民族國家」而不致讓人覺得太過荒誕。想從非民族國家建立民族國家一事，即使作為大綱領，都是法國大革命的產物。因此，以在此時期形成的民族和「民族主義」來說，我們切不可將之形成和民族國家的創建混為一談，反而必須區分開來。

問題不只是分析性的，也是實際面向上的。因為歐洲，更別提世界其他地方，明顯分成兩類「民族」，一類民族的國家或對其建立國家的追求，不管是對或錯，幾未受到質疑，反觀另一類，則在這方面存在諸多不確定性。了解前一類民族最不致引起爭議的依據是政治情況、體制歷史或受過教育者的文化史。法蘭西、英格蘭、西班牙、俄羅斯便是毋庸置疑的「民族」，因為他們具有與法蘭西人、英格蘭人等一致性的國家。匈牙利、波蘭是民族，因為匈牙利王國，雖屬哈布斯堡帝國，仍以獨立實體的形式存在，而波蘭國則曾存在很長一段時間，直至十八世紀末遭到滅亡為止。德意志是民族，一是因為其中許多公國，雖然一直未統一成一領土型國家，卻早已形成所謂的「德意志民族的神聖羅馬帝國」，也形成了德意志邦聯，另一是因為所有受過教育的德意志人無論書寫或閱讀，都是同一種文字及文學。義大利始終不是這樣的政治實體，但其菁英或許擁有最悠久的共同文學文化。[2]諸如此類。

因此，衡量民族身分的「歷史」標準，間接表示統治階層或受過教育的菁英的建制（institutions）、文化具有決定性的重要性，並認為它們與一般人民的建制、文化關係密切，或彼此扞格不是太明顯。但用以支持民族主義的**意識形態**論點則大不相同，而且更是激進、民主、革命性。此論點建立在一個事實上，即不管有什麼樣的歷史或文化，愛爾蘭人與愛爾蘭有關，和英格蘭無關，捷克人與捷克有關，和德意志無關，芬蘭人與俄羅斯無關，任何民族都不該受另一民族剝削、統治。或許可找到或創造出某些歷史論點來支持此說法——要找出歷史論點始終不難——但捷克人的運動團體基本上不建立在歸還聖溫茨拉夫王冠（Crown of St Wenceslas）②的主張上，愛爾蘭人的運動團體也不建立在廢除一八〇一年生效的《一八〇〇聯合法令》（Act of Union1800）的訴求上。這種自治獨立的意識，未必以「族群」為依據，也就是未必以身體外觀、乃至語言方面一眼可認出的差異為依據。此前探討的這個時期，愛爾蘭人、挪威人或芬蘭人的運動團體，未以根本上建立在語言方面的論點來支持自身主張，如今愛爾蘭人大多講英語，挪威人的書面語和丹麥語差異不大，芬蘭的民族主義者同時會瑞典語、芬蘭語。若是文化性的運動團體，也不會是建立在「高雅文化」上（數個相關的民族這時幾乎與「高雅文化」沾不上邊），而是建立在一般大眾（實際上就是廣大農民）的口述傳統上——歌曲、民謠、敘事詩之類，「常民」的習俗和生活方式。「民族復興」的第一階段，向來是收集、恢復這一民間遺產並著手為此遺產自豪的階段。只是這個階段本身和政治無關。而開此先河者，往往是外族統治階層或菁英中有文化素養的人，例如在波羅的海地區蒐集拉脫維亞或愛沙尼亞農民的民間傳說或古物的德意志籍路德宗牧師或關心知識的紳士。愛爾蘭人不算是民族主義者，因為他們相信世上有會指點出金幣所在的小妖精[③]。

為何會有民族主義者，而他們的民族主義又有多強烈，後文將會探討。在此，我們將著重在於典型的「非歷史性」或「不完全歷史性」（semi-historical）民族也是**少數**民族（small nation），而這些民族面對十九世紀民族主義，陷入了一個鮮少被認識到的兩難局面。因為，提倡建立「民族國家」者，不只認為該國家必須是民族國家，還必須是「進步」國家，亦即此國家要有能力發展出獨力生存的經濟、技術、國家組織、軍隊，也就是說此國家至少不能太小。事實上，此國家會是發展現代的、自由的、進步的、實際上資產階級社會的「當然」單位。「統一」和「獨立」同是其原則，而找不到歷史論點來支持統一時——例如在義大利、德意志——若能把統一制定為

---

② 譯註：聖溫茨拉夫王冠是神聖羅馬皇帝、波西米亞國王查理四世為其加冕典禮所打造的皇冠，完成於一三四六年，並獻給波西米亞王國的第一位聖人聖溫茨拉夫。日後，凡在波西米亞國王的加冕典禮上，國王都須配戴此王冠。

③ 譯註：小妖精（leprechaun），愛爾蘭古神話中的精靈，傳說他生性狡猾，保護著一罐金幣，人們怎麼也找不到這罐金幣。某個愛爾蘭人抓到小妖精，逼迫他說出金幣的藏匿處——原來在森林某棵樹下。於是，那人趕緊在那棵樹上綁上一條紅手帕，再回去拿鏟子。沒想到，等他拿著鏟子回來時，卻發現，森林的所有樹木，都綁著同樣的紅手帕。

綱領，那就制定為綱領。沒有證據證明，巴爾幹斯拉夫人曾自認同屬一民族，但十九世紀上半葉出現的民族主義倡導者在思考「伊利里亞④」時，其伊利里亞和莎士比亞的伊利里亞同樣背離現實，其所思考的「南斯拉夫」國，企圖統一塞爾維亞人、克羅埃西亞人、斯洛維尼亞人、波士尼亞人、馬其頓人和其他族群，但至目前為止，他們委婉表示，他們的南斯拉夫民族主義和他們身為克羅埃西亞人、斯洛維尼亞人等情感相牴觸。

馬志尼是「諸民族構成之歐洲」（Europe of nationalities）一說最有說服力、最典型的提倡者，他在一八五七年提出他心中理想的歐洲地圖：[3]此地圖由僅僅十一個這類民族所構成。美國總統威爾遜在一九一九至二〇年的巴黎合會上，主持了唯一一次按照民族自決原則有系統重劃歐洲地圖一事，顯然和馬志尼所認知的「民族國家」完全不同。威爾遜所設想的歐洲，由二十六個或（包括愛爾蘭的話）二十七個主權國家構成，而根據威爾遜的標準，本也可為另外數個主權國家的成立提出有利理由。至於少數民族呢？他們則以聯邦或其他方式，直接被整併為得以獨力生存的民族國家，並擁有或不擁有尚待定案的某種程度的自治地位，儘管這看似完全忽視馬志尼所提及的，一個提議將瑞士與薩伏依（Savoy）、德意志蒂羅爾（German Tyrol）、卡林西亞（Carinthia）、斯洛維尼亞合併在一起的人，根本沒有立場以踐踏民族原則為由批評哈布斯堡帝國。

那些把民族國家和進步畫上等號的人，其所持最簡單的論點，便是認為少數且落後的族群不具有「真」民族的性質，又或者主張，進步必然把他們貶為只是較大的「真」民族裡的省，乃至使他們被同化為某種文明人，從而消失。這似乎背離現實。畢竟，雖身為德意志一員，梅克倫堡人（Mecklenburgers）並沒有就此不再講近似荷語更甚於高地德語且沒有任何巴伐利亞人聽得懂的方言，或盧薩蒂亞斯拉夫人（Lusatian Slav）未因此不願接受一個以德意志人為主的國家。法國境內有布列塔尼人，以及部分巴斯克人、加泰隆尼亞人、法蘭德斯人，更別提還有以普羅旺斯語、蘭格多克語為主的人，但他們的存在似乎與他們所屬的法蘭西民族毫無扞格之處，而亞爾薩斯人唯有在和另一個大民族國家——德意志——爭論效忠的議題時，才會出現問題。此外，還有一些人數甚少的語族，其受過教育的菁英眼看自己的語言終會消失，卻未感憂心。十九世紀中期，許多威爾斯人認命接受此事，有些人更是樂見此事，視之為有助於將進步帶入一落後地區。

在這類論點裡，可見極其強烈的不平等成分，或許還有更強烈的辯解成分。有些民族——大、「先進」、屹立已久的民族，肯定包括提倡者自身所屬的民族——因歷史之故，注定要占上風，或（如果這名提倡者偏愛用達爾文式措詞的話），注定要在生存競爭中勝出；其他民族則不然。但絕不可將此解讀為只是某些民族欲壓迫其他民族的陰謀，儘管是未被承認的民族的代言人這麼認為，也只能說是情有可原。因為此論點的矛頭，既針對外人，也針對民族本身的地區語

④ 譯註：伊利里亞（Illyria），南歐古國，大約位在今日克羅埃西亞、塞爾維亞以及阿爾巴尼亞等地區。

言和文化，而且未必認為它們會消失，只認為它們會從「語言」降為「方言」。加富爾⑤未否定薩伏依人在統一的義大利裡講自己語言的權利（薩伏依語近似法語甚於義語）：他在家裡大多以薩伏依語為主。他和其他義大利民族主義者不過是堅持只能有一種官方語言和教學媒介——義大利語——其他語言則應自求多福，生死自負。而在此階段，的確出現此情況，不管是西西里亞人，還是薩丁尼亞人，都未堅持自成一個民族，因此，他們的問題，充其量可被界定為「地域主義」。直到有個少數族群要求被視為民族，例如一八四八年捷克人之所為，這才演變為重大政治問題。當時，德意志自由主義者邀請捷克人參與法蘭克福議會，捷克人的代言人當下拒絕。德意志人未否認境內有捷克人，他們只是，不無道理的，認為所有受過教育的捷克人都能讀寫德語，共享德意志高雅文化，以及（誤）以為他們因此是德意志人。捷克籍菁英也講捷克語、享有當地常民文化一事，在政治上似乎無關緊要，就如一般人民和廣大農民的態度無關緊要一樣。

於是，面對少數族群希望被承認為民族的心聲，提倡「民族歐洲」（national Europe）者有了三種選擇：徹底否定他們的正當性或存在、將他們貶為追求地區自治的運動團體，或者，接受他們是無法否認卻也無法掌控的事實。德意志人往往以第一種觀點對待斯洛維尼亞人等族群，又或者匈牙利人之所以對待斯洛伐克人。[4]加富爾和馬志尼以第二種觀點對待愛爾蘭運動團體。他們未能視擁有確切群眾基礎的一個民族運動團體符合民族主義模式，世上再沒有比這更矛盾的事了。所有的政治人物不得不以第三種觀點看待捷克人。當時的捷克人民族運動團體並未想到過要完全獨立，只是在一八四八年後，外界已不再能對此多所辯解。當然，在任何可能的情形下，政治人物會完全忽視這些運動團體。幾乎沒有哪個外國人士會費心指出，幾個最悠久的「民族」國家其實是多民族國家（例如英國、法國、西班牙），因為威爾斯人、蘇格蘭人、布列塔尼人、加泰隆尼亞人等族群並未構成國際問題，而且未在自己國家的內政上帶來重大問題（加泰隆尼亞人可能例外）。

二

因此，追求建立民族國家和「民族主義」，有個根本上的差異。前者是旨在打造一政治人造物的綱領，並藉此宣稱此人造物是依後者打造而來的。許多因為某些目的自認是「德意志人」的人，無疑不相信這意味著要成立單一德意志國家、某種特定的德意志國家，更別提如其國歌所述說的，西起默茲河、東迄尼曼河、北至丹麥的海峽（貝爾特海峽）、南抵阿迪杰河這區域內的所有德意志人都納入其中的德意志國。例如，俾斯麥不接受這個「大德意志」綱領，但不會因此

---

⑤ 譯註：加富爾（Camillo Benso Conte di Cavour, 1810-1861），義大利統一運動的領導人物。

認為他不是德意志人，或不是普魯士貴族地主（Junker）和國家的僕人。他是德意志人，但不是德意志民族主義者，很可能連「小德意志」民族主義者都不算，不過，他的確統一了國家（不包括奧地利帝國裡原屬神聖羅馬帝國的區域，但包含普魯士從波蘭手中奪來、此前從不是德國一部分的區域）。義大利是民族主義與民族國家分道揚鑣的極端例子。義大利大部分地方於一八五九至六〇年、一八六六年、一八七〇年統一於薩伏依國王之下。從阿爾卑斯山至西西里島這整個區域，即梅特涅極為貼切地稱之為「只是個地理名詞」的地方，自古羅馬以來，未有全境受一政府治理的情況。據估計，一八六〇年統一之際，這個區域僅百分之二·五的居民在日常生活上確實講義大利語，其他人交談時的方言和義大利語差異甚大，因而在一八六〇年代，由義大利官方派送到西西里島的學校教師被誤認是英格蘭人。[5]當時或許較此前有更高比例的人會認定自己是義大利人，但仍是相對少數。難怪政治家馬西莫·阿澤廖（Massimo d'Azeglio, 1792-1866）會在一八六〇年時忍不住激動說道：「我們已打造出義大利，如今竟必須打造出義大利人。」

無論體現「民族理念」的運動團體其性質和綱領為何，這類團體不但壯大且數量大增。但若說它們體現二十世紀初時已成常規的（和極端的）民族綱領，這樣的情況並不常見——或甚至並非常態——即主張完全獨立、領土上與語言上同一、世俗化——以及可能是共和制／議會制——國家為每個「人」而存在。[6]然而，它們都意味著要促成大體上甚為浩大的政治改變，而正因如此，它們具有「民族主義」性質。接下來，我們必須試著審視它們，在這過程中既要避免以今度古的事後之明，也要避免一狀況，即把最大聲表達主張的民族主義領袖的想法和其追隨者抱持的真實想法混為一談。

我們也不該忽略新、舊民族主義間的重大差異，舊民族主義不只包含尚未有自己國家的「歷史上知名」的民族，也包含老早就有自己國家的這類民族。英國人覺得自己有多英國？不是很英國，儘管在此階段實質上還沒有任何追求威爾斯、蘇格蘭自治的運動團體。英格蘭民族主義是有的，只是那並非不列顛島上較小民族所共有。外移到美國的英格蘭人自豪於自身民族，因而不願入籍美國，但移入美國的威爾斯人、蘇格蘭人沒有這般忠誠。他們身為美國公民，仍可以像身為英國公民那樣自豪於威爾斯人、蘇格蘭人的身分，毫無罣礙的融入當地。法蘭西人對身為「偉大民族」一員作何感想？我們不得而知，但十九世紀更早時的逃兵統計數字，間接表明了在西部、南部的某些地區（更別提科西嘉人的特殊情況），義務兵役被視為擾民的負擔，而非法國公民的國民義務。德意志人，誠如我們所知，對未來統一的德國的版圖、性質、結構，看法並不一致，但其中有多少人真關心德國統一？德意志農民公認不關心此事，即使在民族問題主宰政局的一八四八年革命時亦然。這些國家具有無可否認的群眾民族主義和愛國心，卻也讓人認識到，把民族主義的普適性、同質性視為理所當然有多不智。

在其他多數民族中，尤其在新興民族，十九世紀中期時，只有神話和宣傳會視民族主義為理所當然。在這些民族裡，「民族」運動團體往往走過訴諸情感、民俗學研究的階段，接著步上政治階段，出現了龐大的核心成員，這些核心成員獻身於「民族理念」，出版民族刊物和其他著作，創建民族組織，欲建立教育和文化機構，投身於數種較能坦然表達政治立場的活動。但在此階段，一般而言，運動團體依舊得不到人民大眾熱中支持，其主要成員是中間階層（strata intermediate）——位於大眾和原屬當地資產階級或貴族階層（如果曾存在此階層的話）之間——尤其識字者：教師、下層神職人員、某些城中店家老闆和工匠，或者在等級體制社會裡，已躋身卑微農民之子所能爬上的最高階層的那些人。最後，則是學生——來自某些關心民族前途的大學院系、神學院、高中——為他們提供了一批隨時可派上用場的活躍好鬥分子。「歷史上知名」的民族，除了要求推翻外族統治，以便國家得以再次崛起，他們所求無多。而在這些民族裡，本地菁英——匈牙利、波蘭境內的鄉紳、挪威境內的中產階級官員——當然為民族主義提供了較現成的政治核心成員，有時也提供較大的基礎（見本書〈革命時代的民族主義〉）。整體來看，這個民族主義階段，在北歐、西歐、中歐等地區，止於一八四八至六〇年代之間，但許多位在波羅的海、斯拉夫等少數族群才剛開始要進入此階段。

出於不難理解的理由，一族群裡最傳統、最落後或最窮的那些人，會是最晚參與這類運動團體的人：工人、僕人、農民將追隨「受過教育的菁英」所走過的路。因此，群眾民族主義階段通常受到帶有民族主義立場的自由主義—民主主義中間階層的組織所影響，只有在遭獨立自主的勞動黨、社會主義黨抵銷其影響下例外，而且此階段在某種程度上與經濟、政治發展相關。在捷克人所居地域，群眾民族主義始於一八四八年革命之際，專制統治的一八五〇年代衰落，卻也在一八六〇年代經濟快速成長且政治環境較為有利期間大幅成長。這時，本土捷克資產階級的財力已足以創辦一家經營有成的捷克銀行，最終則足以創辦成本高昂的機構，例如布拉格的國家劇院（一八六二年臨時啟用）。更切合我們觀點的，是索科爾（Sokol）體操協會（一八六二年）等大眾文化組織，此時已涵蓋鄉間，而締結奧匈折衷條約⑥後出現的政治運動，則透過一連串大型露天群眾集會進行——一八六八至七一年，據估計一百五十萬人參與[7]——這些集會無意間既讓人見識到群眾民族運動團體的新穎，也讓人見識到這些團體在文化上的「國際性」。由於找不到適切的字眼來指稱這類活動，捷克人最初從他們所欲師法的愛爾蘭人運動團體中借用「meeting」一詞來指稱。法國人和西班牙人也借用「meeting」一詞指稱工人階級的群眾大會，卻有可能是來自英格蘭人的經驗。不久，有人追溯至十五世紀的胡斯⑦信徒（Hussites）——捷克民族好戰性格的當然榜樣——想出「tabor」這個符合傳統的名稱；然後，克羅埃西亞民族主義者採用此名詞

---

⑥ 譯註：the Austro-Hungarian Compromise，一八六七年，奧地利皇帝法蘭茲·約瑟夫一世給予匈牙利自治權，並簽定《奧匈折衷條約》，奧匈帝國成立。他和其皇后伊莉莎白（即西西皇后）於匈牙利正式加冕，可惜匈牙利人民並未真心支持。

⑦ 譯註：揚·胡斯（Jan Hus）為十五世紀捷克宗教改革家，卻被教會視為異端，並活活燒死。由此，以捷克農民為首，爆發了胡斯戰爭，藉以抗議教會。

指稱其群眾集會，儘管胡斯信徒與他們毫無歷史淵源。

這種群眾民族主義前所未見，截然不同於義大利或德意志運動團體的菁英民族主義或中產階級民族主義。還有一種群眾民族主義已存在久遠：較傳統、革命性質較濃，而且較不受本地中產階級左右（只要這些階級在政治、經濟上無足輕重）。但當農民、山地人因反外族統治而叛亂，僅憑受壓迫意識、恐外、眷戀於古老傳統、原始信仰、含糊的族群認同感而同仇敵愾時，我們能把這些叛亂稱作「民族主義」叛亂嗎？只有在出於某個原因，正好和現代民族運動團體搭上關係時，才稱得上吧。在東南歐，這類叛亂摧毀土耳其帝國多數地方，尤以一八七〇年代為然（波士尼亞、保加利亞），而叛亂是否和現代民族運動團體有關聯，或許未有定論，但無可否認的，它們產生出自稱是民族國家的獨立國家（保加利亞、羅馬尼亞）。充其量我們或許可以說，存在原型民族主義（**proto-natinalism**），例如在意識到自己的語言不同於周遭語言，且和斯拉夫人、匈牙利人、德意志混居的大多數羅馬尼亞人身上，或在意識到某種「斯拉夫性」的大多數斯拉夫人身上（此處探討的這個時期，知識分子和政治人物試圖把這種「斯拉夫性」發展成泛斯拉夫主義意識形態），存在這樣的民族主義；而即使在這些人身上，認為東正教徒與俄羅斯大東正教帝國休戚與共的想法，在這個時期，都很有可能賦予此種民族主義實現的力量。泛斯拉夫主義既打動俄羅斯保守、帝國主義政治人物，給了他們施展俄羅斯影響力的場域，也打動了哈布斯堡帝國裡較少數的斯拉夫族群的同類政治人物，給了他們一強大的盟友，或許也給了他們些許希望，形成一「道地」的大民族，而非形成諸多小且看來無法獨力生存的民族集合體（無政府主義者巴枯寧〔Bakunin〕那種革命的、民主主義泛斯拉夫主義或許可視為不切實際而予以否定）。因此，泛斯拉夫主義受到左派強烈反對，而左派亦把俄羅斯視為國際反動力量的主要據點。

不過，有個運動團體毫無疑問是民族團體：愛爾蘭人運動團體。愛爾蘭共和兄弟會（「芬尼亞組織成員」），連同其尚存的愛爾蘭共和軍，為一八四八年前期祕密革命兄弟會的直系後裔、存世最久的相關組織。農村集體支持民族主義政治人物，並非此時才有，因為愛爾蘭蒙受外族征服、貧窮、壓迫之苦，還有廣大天主教徒農民被以英裔新教徒居多的地主階層踩在腳下，把最不關心政治的愛爾蘭人都動員了起來。十九世紀上半葉，這些群眾運動團體的領導人，就出身自（人數不多的）愛爾蘭中產階級，而他們的目標——受到教會這個唯一有效的全民組織支持——便是和英格蘭人達成適度的和解。芬尼亞組織成員，自一八五〇年代晚期首度以運動團體的姿態出現，其新穎之處在於他們完全不受中產階級溫和派左右，他們的支持者完全來自平民——甚至即使受到教會（部分農民）的公開敵視亦然——而且他們率先提出徹底脫離英格蘭自立且要以武裝叛亂予以實現的綱領。芬尼亞一詞源自古愛爾蘭的英雄神話，儘管如此，他們的意識形態不受限傳統，而其世俗的、乃至反教權的民族主義，卻也掩蓋不了大部分芬尼亞愛爾蘭人以天主教信仰評斷是否同族類（而且至今仍是）這個事實。他們一心要靠武裝爭得愛爾蘭共國，藉此取代社經綱領、乃至國內政治綱領；而他們史詩般英勇的反叛槍手、烈士傳說，時至今日仍頑強到令想要制定綱領者無法如願。此即「共和傳統」，直至一九七〇年代不但仍存在，而且在阿爾斯特（Ulster）內戰的「臨時」共和軍裡重出江湖。芬尼亞組織成員願意與社會主義革命分子結盟，願意承認芬尼亞主義的革命性質，但我們不該由此而產生錯覺。

而我們也不應低估這個運動團體的新穎之處及其歷史重要性。這個團體從美國境內愛爾蘭裔勞工大眾取得金援，而其新血，則是來自美國、英格蘭境內愛爾蘭裔移民無產階級（在現今屬愛爾蘭共和國的境內，當時幾無工業工人）以及愛爾蘭「農村恐怖主義」的古老據點裡的年輕農民和農場工人；其核心成員則是這些人和最下層的城市白領革命工人，其領導階級無不一生都奉獻給叛亂。該團體為二十世紀低度開發國家的革命民族運動團體開啟先河。它缺乏社會主義勞動組織的核心，或者也許只是缺乏社會主義意識形態的啟發，而這將促使民族解放和社會轉型結合，在這個國家成為一股難以對付的力量。在愛爾蘭，沒有一處可見一絲社會主義，更別提社會主義組織，而本身也是社會革命分子的芬尼亞組織成員，尤其麥可・戴維特（Michael Davitt, 1846-1906），其成就也不過是在「土地聯盟[8]」中，闡明群眾民族主義和農民集體不滿之間始終未言明的關係；就連此事，都直到此處探討的這個時期結束後——即一八七〇、八〇年代農業大蕭條（Agrarian Depression）期間——才發生。芬尼亞主義是自由主義志得意滿時代的群眾民族主義，除了拒斥英格蘭並透過革命為受壓迫人民爭取完全獨立，也希望由此解決所有貧窮、剝削問題，其他則成不了多少事。而它甚至在解決貧窮、剝削問題方面成效不大，因為儘管有芬尼亞組織成員的犧牲自我利益和英勇作為，零星的叛亂（一八六七年）和入侵（例如從美國入侵加拿大）等，效率再再明顯不彰，而且他們的驚人之舉，一如這類行動所慣有的結果，除了得到短暫的宣傳效果，幾乎一無所成；偶爾更是不利其形象的宣傳。他們打造出要為大多數天主教愛爾蘭贏得獨立的一股力量，但由於他們除此之外，別無所成，他們根本是把愛爾蘭的未來交給這個小型農業國家的中產階級溫和派、富裕農場主、小鎮商人。這些人將接收他們的遺產。

愛爾蘭的情況依舊獨一無二，但不容否認的，在這個時期，民族主義日益成為群眾力量，至少在白人國家是如此。儘管《共產黨宣言》（*Communist Manifesto*）說，「工人無祖國」，因而比人們往往所認為的還要不切實際，但它在工人階級裡推進的速度大概和政治意識一樣快，而僅僅因為革命傳統本身是民族性的（一如在法國所見），僅僅因為新勞工運動團體的領袖和提倡者本身深入參與民族問題（一如一八四八年在幾乎每個地方所見），便會帶來這樣的結果。「民族」政治意識的替代品，其實不是「工人階級國際主義」，而是一種次政治意識——在比民族國家的規模小上許多、甚或完全不相干的規模中運作。左派陣營裡，在忠於國家或忠於超國家（例如忠於國際無產階級大業）之間做出明確抉擇者，可謂少之又少。左派的「國際主義」其實意味著同心協力並支持其他民族裡為同一目標而戰的那些人，而就政治難民來說，意味著願意參與他們所

⑧ 譯註：土地聯盟（Land League），成立於一八七九年的愛爾蘭組織，旨在爭取土地所有權。

在之處的鬥爭，不管身在他處。但誠如加里波底、巴黎公社（協助在美的芬尼亞組織成員）的居斯塔夫・克呂塞雷[9]、許多波蘭戰士的例子所表明的，這與狂熱的民族主義信仰並不相牴觸。

左派的「國際主義」也可能意味著拒絕接受政府和其他人所提出的「民族利益」定義。但一八七〇年參與抗議「自相殘殺」的普法戰爭的德、法社會主義者，並非對**他們**眼中的民族主義毫無所感。巴黎公社不約而同地從社會解放口號、巴黎雅各賓愛國主義中取得支持，而李卜克內西（Liebknecht）、貝貝爾（August Bebel, 1840-1913）的馬克思主義德意志社會民主黨所得到的支持，有許多來自他們訴諸一八四八年激進—民主民族主義、反對普魯士版民族綱領之舉。德意志工人所深惡痛絕者，是反動作風，而非德意志愛國主義；最不能接受的反動作風之一，則是稱社會民主黨人為「沒有祖國的同志」（vaterlandslose Gesellen），從而使他們沒有權利既當工人、又當個好德意志人。當然，要不從民族角度界定政治意識，也幾乎不可能。無產階級，一如資產階級，作為國際事實，只存在於概念裡。事實上，的確存在無產階級這麼一個由諸多群體組成的集合體，可惜這些群體以他們帶有獨特族群／語言的民族國家而區分彼我：英國人、法國人，或在多民族國家裡，德意志人、匈牙利人或斯拉夫人。在那些建立建制、支配公民社會者的意識形態中，「國家」和「民族」被認為是一而二、二而一，據此，從國家角度出發的政治，意味著從民族角度出發的政治。

三

然而，不管民族情感有多強烈，不管（民族轉變為國家或國家轉變為民族時）忠誠之心有多強烈，「民族」絕非自發形成，而是人造。民族不只是基於歷史的創造物，民族也體現了某些非常古老的群體成員所共同擁有的一切，或他們所共同擁有有別於「外人」的想法，但民族其實經人為打造。那些能將民族一致性強加於人民身上的建制，因此極為重要。建制主要指國家，尤其指官方教育、公務員體系、徵兵（例如在法蘭西、德意志、義大利、比利時、奧匈帝國境內）。在這時期，已開發國家的教育體系，在各層級，再再大幅擴展。從今天的標準來看，大學生人數依舊出奇的少。先不論神學院學生，德意志於一八七〇年代尾聲在這方面獨占鰲頭，有將近一萬七千人，義大利、法國居次，只是人數差了一大截，各為九千至一萬，奧地利約八千人。[8]只有在民族主義壓力下、只有在美國，大學生人數才大幅成長。在美國，此時正廣設高等教育機構。中等教育跟著中產階級一起成長，但（一如為中產階級而設的較高級資產階級教育機構），中等學校依舊是菁英氣息非常濃厚的機構，同樣只有在美國例外。在美國，公立「中學」開始走

⑨ 譯註：居斯塔夫・克呂塞雷（Gustave Cluseret, 1823-1900），法國軍官、政治人物，曾在美國南北戰爭期間擔任聯邦軍將軍。

上普及之路（一八五〇年，全美只有一百所公立中學）。在法國，接受中等教育者的比例，從一八四二年的三十五分之一成長為一八六四年的二十分之一；反觀中學畢業生——一八六〇年代前半期，每年平均約五千五百人——只占役男五十五分之一至六十分之一，但已好過一八四〇年代（九十三分之一）。大部分國家介於完全無教育機構和英、德等徹底限制受教機會之間。在英國，有兩萬五千男學生，受教於名為「公學」（public school）、實為私立學校的教育機構裡，德國人則渴求教育，一八八〇年代，境內的「高級中學」（gymnasia）或許有約二十五萬學生。

但進展最大的領域是初等教育。初等教育的宗旨，公認不只在傳授基本的識字、算術能力，甚或是為了把社會價值觀（道德、愛國精神之類）灌輸給學童。這是原本被政府冷落的教育領域，而其成長與群眾參政密切相關：英國於施行一八六七年改革法（Reform Act of 1867）的三年後成立公立初等教育體系，法國在第三共和的前十年裡大幅擴大初等教育體系，兩者皆是明證。成長的確顯著：一八四〇至八〇年，歐洲人口成長百分之三十三，但上學孩童卻成長了百分之一四五。就連在教育已很完善的普魯士，初等學校的數目也在一八四三至七一年之間增加了百分之五十以上。而在此章節所討論的這個時期，義大利受教人口成長幅度最大：百分之四六〇，其原因不只在於義大利原本便教育落後。義大利統一（1861）後的十五年裡，初等學校學生增加了一倍。

事實上，對新興民族國家來說，這些教育機構至為重要，因為光是透過教育，「國語」——

此前，「國語」的打造，大多靠私立教育——便能真正成為人民的書面、口說用語，至少就某些目的來說得以如此。因此，為爭得「文化自主」而奮鬥的那些民族運動團體，同樣至為重要，所謂的「文化自主」，換言之，即掌控官方建制裡的相關領域，諸如用自己的語言作為學校的授課語言以及官方行政事務。在此階段，這個問題對不識字者和少數族群沒有影響，前者從母親口中習得方言，後者則完全被同化，以統治階層的主流語言為主。歐洲猶太人樂於繼續使用本族語——源自中世紀德語的意第緒語（Yiddish）、源自中世紀西班牙語的拉第諾語（Ladino）——作為家人交談之用的母語，與非猶太教徒的鄰居交談時，則視情況需要而使用相應的語言，一旦他們成為資產階級，則會捨棄他們的古老語言，改用周遭貴族、中產階級的語言，即英語、法語、波蘭語、俄語、匈牙利，尤其德語。不過在此階段，猶太人不算是民族主義者，他們未能看重「民族」語言，也未能擁有民族領土，以致許多人懷疑他們能否算得上是一「民族」。接著，可見把意第緒語、拉地諾語發展成標準書面語的運動，後來接下此大業者，其實是猶太革命（馬克思主義）運動團體，而非猶太民族主義（猶太復國主義）。另一方面，這個問題對出身自落後或下級族群的中產階級、受過教育的菁英卻是至為重要。正是他們特別反感以「官方」語言為母語者享有出任要職的特權；而就在這樣的情況下（例如捷克人），他們迫於環境不得不兼說兩種語言，其實只是讓他們在就業升遷上，比單會一種語言的波西米亞地區德意志人更占上風罷了。克羅埃西亞人何必為了成為奧地利海軍軍官而學習義大利語這個少數族群語言？

然而，隨著民族國家創建、進步文明國家的公務職缺和職業倍增以及學校教育更普及，尤其隨著農村人民因遷徙而都市化，這些反感愈發引起共鳴。因為學校和高等教育機構強制使用一種教學語言時，無疑也是強行推廣一種文化、一種民族身分。在居民同屬一族的區域，這無關緊要：如奧地利一八六七年的憲法承認以「地方語言」實行初等教育。但為何遷入德意志城市的斯洛維尼亞人或捷克人，為了識字，就該成為德意志人？即使屬少數族群，他們要求有權利進自身族群的學校。又布拉格或盧布里雅那（Ljubljana，德文稱「Laibach」）的捷克人和斯洛維尼亞人，在已把德意志人降格為少數族群後，為何仍必須面對用外語命名的街名和城市規定？哈布斯堡帝國位處奧地利的那一半，其政治複雜，政府行事不得不從多民族角度去考量。而如果其他政府利用學校教育——形成他們宣稱所屬民族的最有力工具——來有系統的馬札兒化、德意志化或義大利化，則又會出現什麼情況？民族主義的弔詭之處，在於形成自身民族之際，隨之迫使其他族群在被同化和淪為次等族群之間做選擇，從而自然而然激蕩出那些族群自身的民族主義。

自由主義時代未理解到此弔詭之處，事實上未認識到其所贊同、其所考慮體現、在合適的情況下其所積極支持的那個「民族原則」。當代觀察家毫無疑問認為（或讓人覺得），民族和民族主義大體上尚未成形，仍具有可塑性，或讓人覺得如此。例如，美利堅民族建立在一個假設上：數百萬歐洲人橫越大洋過來，會很乾脆且快速揚棄其對祖國的政治效忠，不再要求讓其母語和文化享有官方地位。美國（或巴西或阿根廷）不會是多民族國家，而是把移入者吸併入其本身的民族。而在本章所探討的這個時期裡，情況正是如此，但移入者在新世界的「熔爐」裡未失其去認同的身分，反倒依舊、乃至開始意識到自己的愛爾蘭人、德意志人、瑞典人、義大利人等身分，並對此自豪。移入者說不定是其母國裡重要的民族力量，一如美國愛爾蘭裔在愛爾蘭政局裡所扮演的角色；而在美國，他們是角逐市鎮公職者所必須爭取的選民。布拉格的德意志人，因其存在，給哈布斯堡帝國帶來影響最深遠的政治問題；但在辛辛那提或密爾瓦斯的德意志人，卻未給美國帶來這些問題。

因此，在資產階級自由主義的框架裡，民族主義似乎仍可輕鬆駕馭，而且與該框架兼容。人們認為，由諸民族構成的世界會是自由主義世界，自由主義世界則會由諸民族構成。只是日後的事態表明，兩者的關係並非如此單純。

註釋

1 Walter Bagehot, *Physics and Politics* (London, 1873), pp. 20–1.

2 現今的英國人、德國人或法國人，若不花上如同學習一門外語的工夫，沒人看得懂十四世紀時在他們國家寫成的書，反觀今天的義大利人，只要受過教育，都能看懂但丁的作品，比今日說英語者看懂莎士比亞作品還要容易。

3 Cited in Denis Mack Smith, *Il Risorgimento Italiano* (Bari, 1968), p. 422.

4 這一態度絕不可和社會革命分子的態度混為一談，後者不是很看重民族主義，因而純粹從是否有用的角度看待，至少在本章探討的這個時期是如此。對馬克思來說，一八四八年匈牙利、波蘭民族主義無疑是好的，因為被用來動員革命，捷克、克羅埃西亞民族主義則不好，因為客觀來說，是站在反革命的那一邊。只是，不能否認的是，這類看法裡有偉大民族民族主義的成分，這在沙文主義氣息濃厚的法國革命分子（尤其布朗基主義者／Blanquists）身上清楚可見，而且，甚至在恩格斯身上，也難以否認其存在。

5 Tullio de Mauro, *Storia linguistica dell'Italia unita* (Bari, 1963).

6 提出極端主張的猶太復國主義，正清楚說明了這點，因為猶太復國主義暗示要取得領土、創造語言，而此前完全以信仰同一宗教而達成具歷史性意義的一體性單一族群政治結構，則和宗教完全分離。

7 Jiri Korˇalka, 'Social problems in the Czech and Slovak national movements', in Commission Internationale d'Histoire des Mouvements Sociaux et des Structures Sociales, *Mouvements Nationaux d'Independance et Classes Populaires*, vol. 1 (Paris, 1971), p. 62.

8 Johannes Conrad, 'Die Frequenzverhaltnisse der Universitaten der hauptsachlichsten Kulturlander', in *Jahrbucher fur Natinonalokonomie und Statistik* (1891) 3rd ser. 1, pp. 376ff.

第四章 帝國時代的愛國狂熱

「走開，祖國要來了。」（Scappa, che arriva la patria）

——義大利農婦對兒子說

他們的語言變得複雜，因為如今他們閱讀。他們閱讀書本——或說，總之，他們懂得讀出書中的意思……書面語的詞語和成語，書面語字詞的拼法所要表達的發音，往往凌駕地方慣用法。

——威爾斯[①]，《預期》（*Anticipations*, 1901）

① 編註：威爾斯（H. G. Wells，1866-1946），英國科幻小說家，重要作品包括《隱形人》、《世界大戰》、《時間機器》等，被喻為「科幻小說界的莎士比亞」。

民族主義……攻擊民主主義，摧毀反教權主義，打擊社會主義，削弱和平主義、人道主義以及國際主義……而且，宣告自由主義綱領的結束。

——阿爾弗烈多・羅可[2]，《何謂民族主義，以及民族主義者何所求》（*Che cosa è il nazionalismo e che cosa vogliono i nazionalisti*, 1914）

一

如果說工人階級黨的興起是民主化政治的主要副產品，民族主義在政治領域裡的興起則是另一個副產品。民族主義本身並非嶄新。但在一八八〇至一九一四年這期間，民族主義有了飛躍的進展，其意識形態及政治內涵完全轉化，其語彙指出此期間的重大意義。因為「民族主義」一詞出現於十九世紀末，用以形容法國、義大利境內的右翼理論倡議團體。這些人熱中於揮舞民族大旗，反外族、自由主義者、社會主義者，支持自己國家的侵略性擴張，而這樣的擴張成為這類運動團體的一大特點。這也是「德意志至上[3]」取代得以與之抗衡的曲子，成為德意志國歌的時期。「民族主義」一詞最初只是用來形容右翼心中的氛圍，但後來人們發現，它比「民族原則」——約一八三〇年起，一直是歐洲政治語彙的一部分，卻不太適用——更為貼切，於是，民族主義逐漸被用來形容所有把「民族大業」視為最高政治目的的運動團體，亦即這些運動團體為以民族角度界定的團體爭取自決權，亦即歸根結柢為這些民族團體爭取獨立建國的運動團體。因為，在本章所探討的這段時期，相關運動團體和他們的政治分量顯著增加，或者，最起碼，聲稱為這類運動團體發言的領導人顯著增加。

各種「民族主義」的基礎都一樣：人們願意在情感上認同「他們」的民族，並且願意以捷克人、德意志人、義大利人等身分接受政治動員。而這份意願有可能被有心人用於政治用途。政治的民主化，尤其選舉，為動員這些人提供了充裕機會。官方如此作為時，便稱之為「愛國主義」，而在最初的民族國家裡出現的原「右翼」民族主義的核心分子，則獨斷地聲稱，只有極端政治右派愛國，從而把此外的人都扣上叛徒的帽子。這是前所未見的現象，因為在十九世紀大半期間，民族主義原一直被視為同屬自由主義運動團體、激進運動團體，以及法國大革命的傳統。但在其他地方，民族主義不必然和政治光譜裡的任何政治立場有關聯。就仍未能有自己國家的民

---

② 編註：阿爾弗列多・羅可（Alfredo Rocco, 1875-1935），義大利政治家、法學家。他所創建的統合主義（cortoratism）成為日後法斯西黨的思想體系之一。

③ 編註：「德意志至上」（Deutschland über Alles）原為一七九七年音樂家海頓所作的音樂，後在一八四〇年代，被填上歌詞，用以鼓舞德意志人成立統一的德國。歌詞的一開始便是「德意志，德意志至上，高於世上的一切」（Deutschland, Deutschland über alles, über alles in der Welt）。

族運動團體來說，我們會在其中碰到支持右派或左派的團體，或對左右派都漠不關心的團體。誠如先前已提過的，的確有一些運動團體以民族為基礎動員了男女，而且並非最沒有影響力的運動團體，但這可說是無心插柳的結果，因為他們的主要訴求是社會解放。而由於在這段時期，民族認同顯然是國家政治裡的重要因素之一或成為重要因素之一，把民族訴求視為與其他訴求相牴觸，則是大錯特錯。民族主義政治人物和其對手自然喜歡說，某種訴求不能與另一種訴求並存。但就歷史及觀察方面來看，則並非如此。在本章所探討的這個時期，一個人絕對有可能既是具有階級意識的馬克思主義革命分子，也是詹姆斯・康納利（James Connolly, 1868-1916）——因主導都柏林的復活節起義④，於一九一六年遭處決。

但在施行群眾政治的國家，各政黨爭取同一批人的支持，在此情況下，就不得不在這兩者中擇其一。

新出現的工人階級運動團體，根據階級認同來打動其潛在的選民，一發現對手政黨要求無產階級、潛在的社會主義者基於捷克人、波蘭人或斯洛維尼亞人的身分支持他們時（在多民族地區慣有的情況），很快便理解到這件事。於是，他們一成為群眾運動團體，立即把「民族問題」時時放在心裡。從考茨基（Kautsky）和羅莎・盧森堡⑤，到奧地利馬克思主義者，再到列寧、年輕史達林，幾乎每個有分量的馬克思主義理論家，都參與了此時期關於此主題的激烈辯論，正間接表明此問題的急迫和重要。[1]

於是，在民族認同開始影響政局的地方，民族認同成為政治的某種普遍基礎，其多種陳述，因此極難予以界定，即使那些陳述挑明具有民族主義或愛國情操亦然。誠如後面會提到的，在本章所探討的這個時期，民族認同幾可確定更為盛行，民族訴求在政治上的分量增加。然而，也幾乎可以確定，相形重要的，是政治民族主義裡一連串的重大質變，將對二十世紀造成重大影響。

此質變的四個方面，是非提不可的。首先（……）是民族主義和愛國主義化身為政治右派的意識形態出現。在兩次世界大戰之間那段時期的法西斯主義——其意識形態的原型可在此發現——便可看到其最極端的體現。第二，是在民族運動團體的自由主義階段所想像不到的一個假設，即以建立獨立主權國家為極致的民族自決，不只適用於能在經濟、政治、文化上表現出獨立生存能力的某些民族，也適用於任何自稱是「民族」的團體。十九世紀民族主義的大先知馬志尼，設想以十二個較大的實體構成「由諸民族組成的歐洲」（見本書〈資本時代的民族建造〉），而一次世界大戰結束時，根據美國總統威爾遜的民族自決原則，誕生了二十六個國家——若包括愛爾蘭在內，則是二十七個，這十二個實體和二十六個國家，正說明新、舊假設間的差異。第

---

④ 編註：復活節起義（the Easter Rising），一九一六年，支持愛爾蘭共和的武裝派在都柏林發動起義，企圖脫離英國，獲得獨立。但起義六天後，為英軍鎮壓，所有領袖盡皆遭到逮捕並處死。

⑤ 編註：羅莎·盧森堡（Rosa Luxemburg, 1871-1919），德國馬克斯主義政治家、社會主義哲學家和革命家，也是德國共產黨創始人之一。在一九一九年一連串右翼鎮壓起義的行動中，盧森堡被捕，最後遭到殺害。

三，是一種愈見明顯的傾向，即認為凡是未能臻於國家完全獨立的自治，都無法滿足任何形式的「民族自決」。十九世紀大半時候，多數自治要求皆未想到完全獨立這一步。最後，是從族群的角度，尤其從語言的角度，界定民族的新傾向。

一八七〇年代中期之前，已有國家（大多在歐洲西半部）自認代表「民族」（例如法國、英國或新生的德國、義大利），也有些國家雖以其他政治原則為基礎，卻由於可被看成類似民族的原因，而視之為代表其主體居民（沙皇就是如此，身為俄羅斯人的統治者兼東正教徒的統治者，他無疑享有大俄羅斯人民的效忠）。先不論哈布斯堡帝國，或許也不論鄂圖曼帝國，在已建制為國家的境內，那諸多的民族主義者並未帶來多大的政治困擾，尤以德意志國、義大利國建立之後為然。當然，有些波蘭人雖分屬俄、德、奧，卻始終心存恢復獨立波蘭國家的念頭。而在聯合王國境內，則有愛爾蘭人。有相當多的民族，寧可被納入某個民族國家，卻因某種理由，而無緣成為該相關國家的人民，儘管只有某些民族平添政治困擾，如一八七一年遭德國強行合併的洛林—亞爾薩斯居民（一八六〇年被後來會成為義大利的那個國家轉交給法國的尼斯、薩伏依，卻未露出顯著的不滿）。

毋庸置疑的，自一八七〇年代起，歐洲境內的民族主義運動團體大幅增加，但其實，一次大戰之前四十年裡，歐洲境內所建立的新興民族國家數量，遠少於德意志帝國成立之前四十年裡新建立的，而且那些新建立的民族國家也並未具象徵意義：保加利亞（一八七八）、挪威（一九〇七）、阿爾巴尼亞（一九一三）。一八三〇至七一年間建立或得到國際承認的國家，包括德國、義大利、比利時、法國、希臘、塞爾維亞、羅馬尼亞。而所謂的一八六七年「折衷協議」，也形同哈布斯堡帝國給予匈牙利影響深遠的自治。

這時有一些「民族運動團體」，不只出現於此前始終被視為「不存在於歷史中」的族群裡（亦即此前始終未擁有獨立國家、統治階層或文化菁英的族群），例如芬蘭人、斯洛伐克人，也存在於此前除了有熱中民間傳說者思考過、幾乎無人放在心裡的族群中，例如愛沙尼亞人、馬其頓人。而在立國已久的民族國家裡，特定地區的居民此時開始以「民族」的身分在政治上動員；在威爾斯、西班牙就出現此情況，一八九〇年代，威爾斯出現一「青年威爾斯」運動團體，其領導人是日後將更為人所知的當地律師大衛・勞合・喬治[6]，而在西班牙則有「巴斯克民族黨」（Baque National Party）於一八九四年成立。約略同時，特奧多爾・赫茨爾（Theodor Herzl, 1860-1904）在猶太人群體裡推動猶太復國主義，其所代表的諸如此類的民族主義，是猶太人此前所未聽聞且毫無意義的。

---

⑥ 編註：大衛・勞合・喬治（David Lloyd George, 1863-1945），一九一六至二二年期間，擔任英國戰時內閣，並在第一次世界大戰時，領導英國擊敗德國及其盟友，更是英國社會福利政策的奠基者。他是唯一一位成為英國首相的威爾斯人，一直以來，都以威爾斯語為他的第一母語。

這些運動團體聲稱為特定群體發聲，但其中大多仍未得到該群體多數人的支持，不過，由於集體外移，此時，有更多生活困苦的人思鄉心切，油然生起對故土的認同之心，他們也開始接受新政治觀念。然而，對一「民族」的集體認同之心，大致可確定正逐步成長，而民族主義的政治問題，很可能令國家和非民族主義的競爭對手，漸漸棘手了起來。一八七〇年代，或許大部分歐洲情勢觀察家都覺得，歷經義大利、德國統一和奧匈簽定折衷協議，「民族原則」引起動亂的可能性比以往還低。就連奧地利當局，即便被要求在人口普查中納入一關於語言的提問（一八七三年國際統計大會〔the International Statistical Congress of 1873〕建議的措施），雖然意願不高，卻也沒拒絕。不過，他們咸認為，必須讓過去十年高漲的民族情緒有時間慢慢冷卻。而且，他們認為，一八八〇年人口普查時就會冷卻下來。他們的誤判莫此為甚。[2]

但是，長遠來看，所謂重大發展，與其說是當時民族大業在一群體裡所爭取到的支持程度，不如說是民族主義的定義及綱領的轉變。如今，我們習於從族群—語言角度去定義民族，因而忘記這定義基本上草創於十九世紀後期。我們不必花多大工夫探討此事，就足以讓人想起愛爾蘭運動團體的提倡者直到一八九三年蓋爾語聯盟創立一段時間後，才開始連結起愛爾蘭民族大業和保護蓋爾語；而巴斯克人直到同一時期，才以自身語言（而非其地方特權／fueros）作為其民族主張的根本；關於馬其頓語是否近似保加利亞語，更甚於近似塞爾維亞—克羅埃西亞語的激烈爭辯，則是被用來決定馬其頓人該和這兩個族群的其中哪個合併的最後論點之一。至於猶太復國主義猶太人，他們更勝一籌，認為猶太民族等同於希伯來語——一種自「巴比倫之囚⑦」時期以來，根本沒有猶太人用於日常生活的語言。那時，作為日常使用語——而非神聖或儀式用的語言或學者通用語——的希伯來語，才剛問世（一八八〇年），賦予此古老語言新生命者，發明了相應於「民族主義」的一個希伯來語詞，藉此為提供該語言合適的詞彙一事揭開序幕，學習希伯來語被標舉為矢志投入猶太復國運動的標記，而非溝通工具。

這並不表示語言此前並非重要的民族議題。語言是評斷民族身分的諸多標準之一；一般來講，語言愈是受冷落，大眾對所屬族群的集體認同愈是強烈。對於只是講某語言，未對該語言寄予特殊意涵的人來說，語言不是意識形態戰場，光從母親要用何種語言和孩子交談，丈夫要用何種語言和妻子交談，鄰居彼此要用何種語言交談，幾乎不是外人所能左右這一點來看，語言本就不會是意識形態戰場。大多數猶太人實際操持的語言，即意第緒語，在非猶太復國主義立場的左派以此大作文章之前，幾乎與意識形態無關，而以意第緒語為主的猶太人，也大多不在意許多當權者（包括哈布斯堡帝國當權者）根本不願視之為獨立語言一事。數百萬猶太人選擇成為美利堅民族的一員——顯然沒有單一族群基礎——同時，出於客觀需要或方便的考量而學習英語，費心

⑦編註：巴比倫之囚（the Babylonian captivity），西元前五八六年，新巴比倫王國消滅猶大王國，並將大批的猶太菁英俘擄至巴比倫，此即「巴比倫之囚」。直到西元前五三九年，波斯帝國消滅新巴比倫，這些猶太人才得以返家。

學習說英語一事並未被賦予民族靈魂或民族存亡之類沒必要的民族大義。語言民族主義是讀寫該語言的人所創造出來，而非講該語言者。他們所據以從中發現所屬民族本質的「民族語言」，往往是人為打造出來，因為為了滿足當前時代、書寫之需，必須將語言編輯、標準化、同一化、現代化，以擺脫諸多方言並陳的雜亂局面（生活中真正使用的方言，構成非書面語）。立國已久的民族國家或有書面語的文化，其主要的民族書寫語老早已走過這段編輯、「修正」的階段：德語、俄語是十八世紀；法語、英語十七世紀；義大利語、加泰隆尼亞語則更早。對大部分人數較少的語言族群來說，十九世紀是偉大「當權者」為他們的語言建立詞彙和「正確」用法的時期。而對數個語言——加泰隆尼亞語、巴斯克語、波羅的海語——來說，則是在十九、二十世紀之交。

書寫語與領土、建制關係密切，卻也不是必然如此。公認的標準民族主義意識形態和綱領的民族主義，基本上和領土密切相關，因為其基本模式是法國大革命這類領土國家，或者至少是能對邊界明確的領土和其上的居民具有完全政治控制的國家。猶太復國主義又再度提供了這方面的極端例子，這純粹因它顯然是個自外借來的綱領，在數千年來賦予猶太民族持久性、凝聚力、堅不可摧的身分認同傳統裡，從未有和此綱領相關的先例，或和該傳統沒有自然形成的關聯性。猶太復國主義要他們取得領土（且是有他人居住的領土）——對赫茨爾來說，領土根本沒必要與猶太人——以及和他們已數千年未使用的語言——有歷史關聯。

把民族與獨有的領土視為一整體，在集體遷徙地區的數大片區域，乃至在非遷徙地區的數大片區域，再再引發棘手問題，另一種民族定義隨之應運而生，尤其在哈布斯堡帝國境內和流散各地的猶太人之間。在此定義中，民族是固有的、與生俱來的，不是存在於地圖上歸屬於一群居民的任一區域，而是存在於這群不管生活在哪裡，都自認屬於某民族的人身上。作為這類群體的成員，他們享有「文化自主」。支持屬地、屬人的角度界定「民族」的兩派人，陷入激烈論戰，在國際社會主義運動團體和猶太人圈子的猶太復國主義團體、崩德黨（Bundists）⑧之間更是如此。這兩派「民族」理論都不是很讓人滿意，但屬人理論較無害。無論如何，此理論未促使其支持者先去創造出一塊領土，再把其上的居民捏就成應有的民族形貌；或套用一九一八年後獨立不久的波蘭領導人皮烏蘇茨基（Pilsudski）的話，「國家打造民族，非民族打造國家。」[3]

就社會學來說，非屬地派的看法大可確定切合事實。這並非說人們——一些遊牧族群或離散族群例外——未深深固著於他們稱之為「家園」的某塊土地；尤其一旦考慮到在大半歷史裡，他們之中的大多數人屬於人類中最安土重遷的一群人，是以務農為生的。而是說「母土」（home territory）不同於現代民族所謂的領土，就和「祖國」（fatherland）這個較現代的詞裡的father一

⑧ 譯註：立陶宛、波蘭與俄羅斯猶太工人總聯盟（General Jewish Labour Bund in Lithuania, Poland and Russia），成立於俄羅斯維爾納（Vilna，今立陶宛首都維爾紐斯）。

詞，不同於真正的父親一樣。「母土」是成員彼此有真實社會關係的一個**真實存在**的人類共同體所在地，而非在數千萬人口——如今甚至數億人口——的成員之間創造出某種連結的想像的共同體。詞彙本身便足以證明。在西班牙語裡，**patria**（母土、祖國）一詞直到十九世紀後期才與西班牙同義。十八世紀時，仍只意指某人出生的地方或城鎮。義大利語裡的**paese**（「國家」）、西班牙語裡的**pueblo**（「人民」），既可以指國家領土或其上的居民，也可以指稱村，如今仍是如此。民族主義和國家為領土與其上的居民接管了由親屬、鄰居、家園組成的聯合體，而領土之廣與人口之眾使親屬、鄰居、家園都成了象徵。

但隨著人們所習於置身的真實存在的共同體——村與親屬、堂區與巴里奧（barrio，西班牙語國家裡城鎮的一個區）、行會、兄弟會之類——逐漸式微，而此一式微的發生，肇因於這些共同體明顯不再如過去那樣，涵蓋在人們生活裡大部分可能發生的事情中，於是，其中的成員覺得，有需要某種事物取而代之。而「民族」這個想像的共同體便足以填補此空缺。

民族不由得、也不可避免的成為十九世紀「民族國家」此一特有現象的一部分。就政治來說，皮爾烏蘇茨基說的沒錯。國家不只打造民族，而且是有必要打造民族。這時，透過平凡卻又無所不在的代理人（從郵差、警察，到教師，再到（許多國家裡的）鐵路員工——政府把其觸角往下直接延伸到領土範圍內每個國民的日常生活中。政府或許要求其男性國民，最終甚至要求其女性國民，積極奉獻國家：其實就是要國民「愛國」。在日益民主的時代，當權者不再能倚賴以傳統方式自發順服於更高社會地位者的社會體制，或不再能靠傳統宗教來有效確保社會遵從，反而需要找方法凝聚起國家的子民，以防顛覆和異議。「民族」是國家的新公民宗教，提供了把所有國民與國家連繫在一起的接著劑，提供了把民族國家直接帶到每個國民跟前的方法，提供了反制那些呼籲忠於其他對象——宗教、和國家沒有關係的民族或族群，或階級（也許這才是最重要的）——而非忠於國家之人的工具。在立憲國家，群眾愈是被選舉拉進政治裡，這類呼籲發酵的空間愈大。

此外，就連非立憲國家，此時除了體認到，以臣民服從上帝所認可的權威為由來呼籲人們，其所激發出的政治力，也逐漸體認到，以民族為由（且無損民主地）呼籲其臣民所能激發的政治力。一八八〇年代，即便是俄羅斯沙皇，面對革命騷亂時，也開始祭出一八三〇年代人們向其祖父建言卻未獲採納的政策，即將其統治不只建立在獨裁、正統信仰這兩個原則上，同時建立在民族上：亦即俄羅斯人當個道地俄羅斯人。[4]從某個意義上說，十九世紀的君王，理所當然幾乎個個都得披上花俏的民族外衣，因為他們無一是土生土長於他們所統治的國家。（大多數）德意志裔的王子和公主，在嫁娶到英國、希臘、羅馬尼亞、俄羅斯、保加利亞或其他需要國王或王后的國家後，無論是身為統治者或統治者配偶，盡是把自己打造成英國人（如女王維多利亞）或希臘人（如巴伐利亞的奧圖），或學習一口帶著腔調的語言，藉以向民族原則致敬，儘管他們與這個國際君主工會——或者更確切的說，國際君主家族，畢竟他們都有親屬關係——的其他成員的共通之處，遠高於他們與自己子民。

而促使國家民族主義更不可或缺的因素，在於科技時代的經濟及其公私管理的性質有賴集體初等教育，或至少有賴人民識字。十九世紀是口頭溝通垮掉的時代，當權者和子民的距離變大，集體遷徙耗時數天或數星期，甚至連母與子、新郎與新娘都相隔遙遠。從國家的觀點看，學校另有一個有利之處，而且是非常重要的有利之處：教導所有學童如何當個好子民、好國民。在電視大行其道之前，說到非關宗教的宣傳，最普遍的媒介莫過於教室。

於是，從教育的角度看，在大部分歐洲國家，一八七〇至一九一四年這段期間是初等學校擅場的時代。即便是原本教育就很完善的國家，初等學校教師的人數也是倍增。在瑞典，增加了兩倍，在挪威，幾近兩倍。而相對較落後的國家則迎頭趕上。在尼德蘭，初等學校學童增加了一倍；在英國（一八七〇年前沒有公立教育體系），增加了兩倍；在芬蘭，增加了十二倍。就連在文盲充斥的巴爾幹半島，初等學校學童都增加了三倍，教師則增加將近兩倍。但全民教育體系，亦即絕大多數由官方籌辦、監督的教育體系，需要全國性的教學語言。教育結合法庭、官僚體系，形成一股勢力，促使語言成為民族的首要條件。

因此，國家尤以急迫且積極的心態打造「民族」，亦即民族愛國主義，並在語言上和行政上同質化國民（至少出於某些目的考量）。法蘭西共和國把農民改造為法蘭西人。義大利王國遵照達采利奧⑨的口號，在「打造義大利」之後，竭盡所能透過學校和兵役「打造義大利人」，結果有成有敗。美國把對英語的理解列為入籍美國的條件之一，自一八八〇年代尾聲，開始透過每所美國學校裡每日向國旗致敬的儀式，導入新公民宗教下的崇拜活動（在對上帝存在與否持不可知立場的憲法下，這是唯一獲許可的宗教）。匈牙利國竭盡所能使其多民族的居民全部變成馬札兒人；俄羅斯國致力於將其較弱小的民族俄羅斯化，也就是致力於使俄語成為唯一的教學用語。而在多民族性受到承認，使初等、乃至中等教育得以用其他地方語教學的地方（例如哈布斯堡帝國），官方語言不可避免在最高等教育機構享有明確優勢。於是，對非主導國政的民族來說，爭取自有大學，變得相形重要，例如在波希米亞、威爾斯或法蘭德斯境內所見。

因為不管是真實存在的國家民族主義，又或者是為了一時需要而創造的國家民族主義（如君主所發明者），國家民族主義都是雙面刃策略。它動員了某些居住者的同時，也疏遠了其他人——這些人不屬於或不想屬於被認為與國家畫上等號的那個民族。簡而言之，它分離出那些不管出於什麼原因抗拒官方語言和官方意識形態的族群，從而有助於確立被排除在官方民族之外的民族身分。

⑨ 編註：達采利奧（Massimo d'Azeglio, 1798-1866），義大利政治家、作家。

二

只是，為何有些人抗拒，又有許多人未表抗拒？畢竟，若成為法蘭西人，可以為農民帶來偌大的好處，對他們的下一代來說更是如此，或者，不管是誰，除了會講自身方言或地方語，又懂有助於提升文化和個人事業的重要語言，也是受益良多。一九〇〇年後來到美國的德意志人，每人身上平均只帶四十一美元，而一九一〇年時，已有七成德裔移民成為講英語的美國公民，儘管他們仍一心只想講德語、仍自覺是德意志人[5]（老實說，只要少數民族的語言、文化未挑戰主宰國政的民族的最高公共地位，少有國家會真試圖遏制該語言、文化的私領域活動）。非官方語言很可能敵不過官方語言，除非用於宗教、詩歌和表達族群或家族情感。今人或許難以相信，在進步中的世紀裡，會有民族意識濃厚的威爾斯人接受自身古老凱爾特語屈居次要地位，會有人認為該語言將無疾而終，而當時真有這樣的人。事實上，有許多人選擇從一階級遷徙到另一階級，而非從一處領土遷徙到另一處；一次的遠航往往意味著民族身分的改變或至少語言的改變。中歐逐漸出現許多顯然取了斯拉夫名的德意志民族主義者，許多馬札兒人的名字則是從德語名直譯而來或斯洛伐克名改過來的。在自由主義和流動的時代，有些民族和語言公開邀請入籍，而美利堅民族和英語只是其一。許多人樂於接受此類邀請，而當他們可以不必因此否定自己的出身時尤然。在十九世紀大半時候，「同化」遠非負面語彙：許多人希望被「同化」，尤以那些想加入中產階級者為然。

至於有些民族成員為何不願被「同化」，其中顯而易見的原因，在於他們未獲准成為主宰國政的民族的正式成員。歐洲殖民地裡的本土菁英，是這類人的極端例子。他們學會掌權者的語言和文化，因而足以代表歐洲人治理殖民地，但顯然未被平等看待。在這樣的情況下，衝突遲早爆發，而尤有甚者，在於西方教育其實提供了表達主張的語言。一九一三年，一名印尼知識分子（在荷蘭）寫道，為何印尼人該慶祝尼德蘭擺脫拿破崙宰制一百週年？如果他是荷蘭人，「我不會在人民的獨立自主已被偷走的國家舉辦慶祝獨立的活動。」[6]

殖民地人民是極端例子，因為從一開始就很清楚，由於資產階級普遍心存種族歧視，深膚色的殖民地人民再怎麼同化，都不會成為「真正」的英國人、比利時人或荷蘭人，即使他們的財力、高貴血統、嗜好體育一如歐洲籍權貴亦然——在英國受過教育的許多印度羅闍（rajah）就是例子。但即使在白人世界裡，還是存在一突兀的矛盾，即一方面表示，凡是表明加入民族國家之意願及能力者，都不在同化上加諸任何限制，實際上卻不願讓某些族群加入。基於極為煞有其事的理由，此前，原以為同化便可達到無差別的人，此矛盾的情況尤其顯著：中產階級、西化、有文化素養的猶太人。法國軍中參謀德雷福斯⑩因猶太人身分而蒙冤一案，為何不只在猶太人圈

⑩ 編註：德雷福斯（Alfred Dreyfus, 1859-1935），法國猶太裔軍官，於一八九四年被判犯判國罪。而究其被定罪的原因，在於可就此讓一些具純正法國血統且真正涉案的人（包括情報部門首長）免於遭到定罪。此即「德雷福斯事件」。而直到一九〇六年，他才獲得平反。

子，也在自由派圈子，激起超乎尋常的恐懼，並直接催生出猶太復國主義（主張猶太人建國的民族主義），原因便在於此。

一九一四年之前的五十年，是恐外主義的典型時期，從而也是恐外主義激起民族主義反彈的典型時期，因為——即使先避談全球殖民主義——這是集體流動、遷徙的時期，以及社會局勢緊張的態勢張顯或隱而未顯的時期（尤以經濟大蕭條期間為然）。舉個例子來說：截至一九一四年，已有約三百六十萬人（約占人口的百分之十五），在兩次大戰之間的那段時期永遠離開了波蘭，這還未計入一年五十萬的季節性移工。[7]因此而引發的恐外心態，不只來自下層。最令人意想不到的恐外反應，反映了資產階級自由主義的危機，其實來自已成形的中產階級。這些中產階級不可能遇到定居於紐約下東城區的那些移民工入，或住在薩克森臨時工房裡的那些收割工人。心胸開闊的馬克斯．韋伯（Max Weber）是德意志資產階級學術界的驕傲，卻對波蘭人充滿敵意（他曾指責德意志地主輸入大量波蘭人作為廉價勞力，的確也沒說錯），因而在一八九〇年代加入極端民族主義泛德意志聯盟（Pan-German League）。[8]美國境內某些人對「斯拉夫人、地中海人、閃族人」存有種族偏見，而將此偏見真正系統化者，則是美國本土白人，尤其生來親英的新教中、上階級。甚至，在這時期，這些中、上階級白人，竟以馳騁於廣闊天地的白種盎格魯撒克遜（且幸運的未加入工會）的牛仔為主角，創造出自身的本土主義英雄神話。而這些白人牛仔大不同於住在日益膨脹的大城市裡危險蟻丘般建築中的下層人民[9]。此番神話的主要造就者——順帶一提，不包括墨西哥人，即打造出牛仔文化和牛仔詞彙的主角——出自美國東北部菁英，即歐文．韋斯特（Owen Wister，《維吉尼亞人》〔*The Virginian*〕一書作者）、畫家佛雷德里克．雷明頓（Frederick Remington, 1861-1909）以及後來當上總統的西奧多．羅斯福。

對這些資產階級來說，這些格格不入的窮人湧入，凸顯且體現了日增的城市無產階級所引發的問題，因為無產階級兼具內部、外部「野蠻人」的特點，使正派體面人士眼中的文明有遭吞沒之虞。他們也凸顯了社會看來無法因應倉促改變所引發的問題，以及新湧入的群眾無法接受舊菁英地位高人一等這個無法原諒的事，尤以在美國境內為然。波士頓是傳統白種盎格魯撒克遜裔新教資產階級的中心，他們受過教育又有錢，而就在這裡，限制移入協會（Immigration Restriction League）於一八九三年創立。中產階級的恐外，對政局的影響理應可確定高於勞動階級的恐外，後者反映了鄰居間的摩擦和對低工資工作可能遭剝奪的憂心。只有在一個方面例外。把外國人拒於勞動市場之外的真正因素，係地區性工人階級的壓力，因為，對雇主來說，輸入廉價勞工，可說是抗拒不了的誘惑。一八八〇、九〇年代，在加州和澳洲，明令禁止非白人移入，把非我族類完全拒於門外，而此一排外措施並未衍生出民族或族群摩擦，但在已針對境內群體（例如白人南非境內的非洲人或北愛爾蘭境內的天主教）有差別對待的地方，這類措施自然很容易產生上述摩擦。然而，在一九一四年以前，工人階級恐外很少造成強烈排外。整個來看，史上最大規模跨國性人員遷徙，即使在美國，其所產生的反外來勞工騷亂都出奇的少，有時則幾乎未產生這類騷亂，如在阿根廷、巴西所見。

儘管如此，移入他國的群體，很可能會意識到自己的民族情懷，不管在當地是否遭遇排外心態皆然。波蘭人和斯洛伐克人日漸意識到自己的民族身分，不只因為他們一離鄉背井，就不再能理所當然的自認是不需要界定族群身分的人，也因為他們所移入的國家強行重新定義他們，把原本自認來自西西里或那不勒斯的人，乃至原本自認來自盧卡或薩雷諾的人，在他們入境美國時，全數歸類為「義大利人」。人在異鄉，需要同鄉互助。來到陌生地方，過著未知的新生活，除了指望同樣來自母國的親友幫助，還能指望誰？（就連國內的地區性移工通常都會緊挨在一塊）。誰能理解他，或更貼切的說，誰能理解**她**——女人只為家務打轉，以致更是僅熟悉單一語言？除了教會之類的團體，還有誰能為他們打造為共同體，而非只是一群外地人？理論上，教會沒有族群、地域之分，但其實與民族脫離不了關係，因為教會的神職人員與他們的會眾屬同個族群，斯洛伐克籍神職人員必須用斯洛伐克語和他們交談，不管他們用什麼語言進行彌撒，不是嗎？於是，「民族」成為實實在在的個人關係網，而非只是想像的共同體，而這純粹因為置身異鄉，每個斯洛維尼亞人遇到其他同鄉時，都與他們每個人有潛在的個人關聯。

此外，如果這些人想要組織起來，以利於在他們所置身的新社會過活，必須彼此能夠溝通，才組織得起來。誠如先前已提過的，勞工、社會主義運動團體走國際主義路線，甚至如自由主義者那般，憧憬所有人講一種世界語的未來——在人數不多的世界語提倡群體，仍懷著這樣的憧憬。最後，誠如考茨基一九〇八年時仍希望的，全世界所有受過教育的人會使用單一語言，合為單一民族。[10]但與此同時，他們面臨巴別塔這種語言不同的問題：匈牙利工廠裡的工會，號召罷工時必須用四種語言宣告。[11]不久，他們便發現民族混雜的分會運作無法順暢，除非會員已具備雙語能力。國際勞工運動團體則是不得不由民族團體或語言團體組合而成。在美國，實際上成為工人群眾黨的那個黨——即民主黨——也不得不以「族群」同盟的形態發展。

族群遷徙規模愈大，把離鄉背井的群體湊在一塊的城市和工業發展愈快，離鄉背井者的民族意識就會愈濃。於是，就新民族運動團體來說，異鄉往往是主要孵化地。後來將出任總統的馬薩里克（Tomáš Garrigue Masary, 1850-1937）之所以簽署協議——從而創造出統一起捷克人與斯洛伐克人的國家（捷克斯洛伐克）——的地點是匹茲堡，正是因為有組織的斯洛伐克民族主義的群眾基礎在賓夕法尼亞，而非在斯洛伐克。奧地利境內人稱魯西人（Ruthenes）的喀爾巴阡山脈落後山居族群，將在一九一八年起也被併入捷克斯洛伐克，直至一九四五年為止。而魯西人的民族主義，只在美國境內的魯西裔移民身上，才得以有組織的形態呈現。

移出者彼此間的互助和保護可能促進所屬民族的民族主義壯大，卻不足以完全說明為何壯大。不過，只要民族主義建立在移出者對故鄉生活的懷念上，而且是難以言喻且不盡然有對錯的懷念，民族主義就和勢必會促進母國民族主義的一股勢力有共通之處，尤以少數民族為然。此即一種新傳統主義，一種防禦性或保守的反應，針對的是鋪天蓋地而來的現代性、資本主義、城市與工業對固有社會秩序所造成的崩潰，更遑論這其中所自然催生出的無產階級社會主義。

在天主教會對巴斯克、法蘭德斯⑪民族主義等運動團體的支持裡，或甚至根據定義，被自由民族主義斥為無法形成能獨力生存的民族國家等諸多少數族群的民族主義中，傳統主義的成分昭然若揭。此時人數倍增的右翼理論提倡者，也往往開始傾心於扎根在傳統的文化地域主義，例如普羅旺斯語保護團體（félibrige）。事實上，二十世紀晚期，西歐大部分的分離主義—地域主義運動團體（布列塔尼人、威爾斯人、說奧克語者等）的意識形態起源，可在一九一四年前的右派知識分子身上找到。相對的，在這些少數族群裡，不管是資產階級，或是新興無產階級，大多找不到合意的微型民族主義（mininationalism）。在威爾斯，工黨的崛起削弱了原本可能接管自由黨的「青年威爾斯」民族主義。至於新興的工業資產階級，可想而知，中意的是大民族或世界性的需求，更甚於小國或地區性的需求。俄屬波蘭和巴斯克地區都是較大國家裡工業化程度特別高的地區，而在這兩個地方，本土資本家並不熱中於民族大業，此外，以法裔為主的根特市⑫資產階級，始終是法蘭德斯民族主義者的眼中釘。對民族主義興趣缺缺並非各地皆然，卻也足以使羅莎・盧森堡誤以為波蘭民族主義得不到資產階級支持。

而令傳統民族主義者更加沮喪的，是最傳統主義的階級，即廣大農民，對民族主義也是興致缺缺。巴斯克民族黨創立於一八九四年，以保衛所有古老事物，使之不受西班牙人和不信神的工人侵害為宗旨，未想說巴斯克語的農民對該黨甚為冷淡。一如其他大部分這類運動團體，該黨的支持者主要是都市中間階層和較低的中間階層。[12]

事實上，在本章所探討的這個時期，民族主義的進展，大多得力於這些中間階層的推動。因此，當時的社會主義者稱之為「小資產階級」的民族主義，甚有道理。而民族主義與這兩個階層的關聯，有助於說明我們所觀察到的三個新特點：民族主義轉向語言方面的激進好鬥、轉向要求獨立建國而非較低度的自治、政治上偏右和轉向極右。

對自平民出身的較低中間階層來說，個人職業生涯和地方用語密不可分。從社會開始建立在群眾識字之上那一刻起，口說語從某個意義上來說，就必然是官方用語——行政、教學用語——前提是口說語未淪為純粹口頭交談之用、偶爾置於民俗博物館裡展示以示推崇的非主流用語。大眾教育——亦即初等教育——的施行是極重要的發展，因為大眾教育得以推行，唯有靠一種多數人口可理解的語言。在教室裡禁止說威爾斯語或某種當地語言、方言，無疑對當地學者和知識分子留下難以平復的傷痛記憶，而此一禁止之舉，並非出於主宰國政的民族的極權要求，而是幾可確定出於一份誠摯的信念，即真心認為不靠國語，不可能辦好教育，只會一種語言的人必然無

⑪ 編註：巴斯克（Basque），被認為是歐洲原住民，使用的語言和現今的歐洲語言分屬不同語系，該族群所分布的範圍的巴斯克區，位於今西班牙北部、法國南部。法蘭德斯（Flanders），西歐中世紀的伯國，其區域約莫分布在今比利時、法國東北等。

⑫ 編註：根特市（Ghent），位於今比利時東法蘭德斯省。

法善盡公民的責任義務，也不必指望未來。只有付得起時間、金錢、心力去學好全然陌生的語言（不管是活語言，或是死語言）而且經過挑選、有時人數極少的群體，才有可能學習、掌握一種陌生語言，也才能接受教育。官僚體系的角色同樣舉足輕重，既因為它決定哪個語言為官方語言，也因為在大部分國家，官僚體系提供最大一批需要讀寫能力的職缺。因此才有一八九〇年代起，造成哈布斯堡帝國政局一片混亂的無止盡瑣碎抗爭——在民族混居的區域，街道名牌該用哪種語言表示，或特定郵政局副局長或鐵路局局長的族籍等相關事務。

但只有政治力足以改變次要語言或方言的地位（誠如大家所知的，這類語言與官方語言的差異，只在於它們沒有軍隊和警隊）。於是，在這時期精心設計的語言普查（例如，最值得一提的，一九一〇年比利時、奧地利的語言普查）背後，有人施壓，也有人反施壓，不同語言的政治要求能否如願，即取決於普查結果。因此之故，或者部分因此之故，在比利時境內，雙語法蘭德斯人口顯著增加之際，或在巴斯克地方急速擴張的城市裡，巴斯克語幾乎無人使用之際，有民族主義者為此政治動員。[13]因為，單靠政治壓力，就能為實際上「拚不過其他語言」的語言，爭取到作為教育媒介或公共溝通文字的地位。因此之故，而且單單因此之故，比利時明令官方為雙語（一八七〇），法蘭德斯語成為法蘭德斯中等學校的必修科目（晚至一八八三年仍是）。只是一旦非官方語言已爭取到官方語言地位，自然會為自身打造出一批能讀寫該語言的龐大政治選民。一九一二年，哈布斯堡奧地利的初等、中等學校的四百八十萬學生，收容的潛在民族主義者和真正民族主義者人數，顯然比一八七四年兩百二十萬學生多上許多，更遑論此時約十萬名增額教師，正教授他們數種以之抗衡的語言。

然而在多語社會裡，那些以地方語接受教育且能利用此教育在事業上更上一層樓者，大概仍覺得自己低人一等、屬於被剝奪的一群。因為他們雖然比那些自視甚高的菁英分子遠更有可能具備雙語能力，從而在實質爭取次要職缺上占上風，無可非議的是，他們仍感覺到，在尋覓高階職缺上處於劣勢。於是，他們促請將地方語教學從初等學校擴及中等學校，最終擴及整個教育體系的最頂層，即要求設立以地方語教學的大學。在威爾斯和法蘭德斯兩地，設立這類大學的要求，由於此緣故，無不出於強烈、也是獨有的政治考量。事實上，不同於英格蘭，對那些未有相關行政機構或其他機構的小國來說，威爾斯的民族大學（一八九三年）一度成為該小國族群所擁有的第一個且唯一一個民族機構。那些以非官方語言為第一語言的人，大多可確定仍無緣置喙較高階的文化事務或公私事務，除非執行上述事務勢必會用到的官方、優勢語言是他們所擅長的。簡而言之，這些新興的較低中間階層、乃至中間階層接受斯洛維尼亞語或法蘭德斯語教育一事所凸顯的，莫過於最大好處和高階地位仍歸於那些說法語或德語的人，即使他們從未費心學習次要語言亦然。

只是要打破這道固有的障礙，需要更多政治壓力，事實上，是需要政治力。直白的說，必須強迫那些為了某目的而更傾向使用某語言的人使用地方語。匈牙利堅持教學馬札兒語化，即使當時每個受過教育的匈牙利人，一如現在，非常清楚理解至少一種國際通行語，是匈牙利社會生活所絕不可少，除了在最不重要的場合時例外。強制，或者形同強制的官方壓力，把馬札兒語打造為在本國境內得以滿足所有現代需求的書面語，而其所付出的代價是，在本國之外的人根本一個字也看不懂。光憑政治力——總而言之公權力——就可指望達到如此成果。民族主義者，尤其是那些生計與事業前途和他們的語言密不可分的民族主義者，不可能會進一步探問，是否還有其他辦法才能讓語言發展、壯大。

就此而言，語言民族主義本身具有走向脫離自立的傾向。相對的，要求擁有自己國家領土一事，和語言似乎愈來愈密不可分，於是我們看到官方維護蓋爾語的決心，成為愛爾蘭民族主義的一部分（一八九〇年代），儘管——或許其實因為——多數愛爾蘭人甘於只說英語，而猶太復國主義者創造出希伯來語，以作為日常用語，因為猶太人的其他語言都未要求他們投身於打造一領土型國家。這類基本上出於政治考量的語言工程作為所造成的各種結果，頗值得玩味，有些以失敗收場（例如愛爾蘭人再次使用蓋爾語一事），或以半失敗收場（例如打造更道地的新挪威語Nynorsk一事），反之，有些則如願以償。不過，一九一四年前，通常缺乏必要的公權力。一九一六年，真正在日常生活中講希伯來語的人不超過一萬六千人。

而民族主義卻也以另一種方式和中間階層有了關聯，且此方式意外使得民族主義和中間階層的政治立場雙雙往右傾。因工業經濟發展而受到威脅的商人、自立門戶的工匠、一些農民，很容易染上恐外心態，尤以難熬的二十世紀那場經濟大蕭條期間為然。外族成為破壞舊俗的象徵，而從一八八〇年代起遍及西方世界的資本主義制度，與被斥為資本主義制度推手的猶太人實際人數關係不大：法國人口數四千萬，猶太人只有六萬，德國人口數六千五百萬，猶太人五十萬，維也納的猶太人占人口的百分之十五，而在法國和德國，資本主義制度的猖狂和在維也納無分軒輊（在布達佩斯，猶太人占人口四分之一，而在該地，資本主義制度不構成影響政治的因素）。這股反猶風氣，矛頭指向被認為與資本主義蹂躪「小老百姓」一事脫不了關係的銀行家、企業家等人。在美好時代[13]，呈現在漫畫中的典型資本家形象，不只是戴高帽抽雪茄的胖男子，而且該男子有著猶太鼻子——因為猶太人所擅長的那些事業，與小店家老闆有競爭關係，也是貸款或拒絕貸款給農民和小工匠的人。

於是，德意志社會主義領袖奧古斯特・貝貝爾認為，反猶是「傻子的社會主義」。然而，十九世紀末興起政治反猶一事令我們印象深刻之處，與其說是把「猶太人與資本家畫上等號」——在東中歐大部分地區這麼說不無道理——不如說是政治反猶和右翼民族主義扯上關係。這可不只是緣於興起了某些社會主義運動團體。這些團體有系統打擊本身支持者潛在或公然表露的恐外心態，致使在那些地方對外族和猶太人根深柢固的厭惡，往往比以往更加讓人無地自容。從此在各大國，民族主義意識形態明顯右傾，尤以一八九〇年代為然。例如，在那期間，德意志民族主義

[13] 譯註：belle époque，普法戰爭結束至一次世界大戰爆發這段期間。

的舊有群眾組織——體操協會（Turner），從傳承自一八四八年革命的自由主義，轉而為具侵略性、軍國主義、反猶的立場。此時正值愛國主義旗幟變成政治右派的重要資產，致使左派覺得難以掌握它們，甚至在愛國主義牢牢與革命、人民的狀況有所牽扯——一如法蘭西三色旗和革命、人民密不可分——之際亦然。左派認為，揮舞民族名號和旗幟，恐有沾染上極右派污點之虞。直到希特勒當政時，法國左派才得以再度盡情利用雅各賓愛國主義。

愛國主義在政治上右傾，不只因為其先前的意識形態同志——資產階級自由主義——陷入失序，也因原本似乎使自由主義、民族主義可以並行不悖的國際情勢已不在。直到一八七〇年代為止——或許甚至直到一八七八年柏林會議止——可以說一民族國家的得，不必然是另一民族國家的失。事實上，在既未爆發戰爭、國際的國家體系也未受到無法忍受的破壞下，兩大新興民族國家（德國、義大利）的創建和巴爾幹半島上幾個小民族國家的形成，已使歐洲地圖改觀。經濟大蕭條來臨之前，極其類似全球自由貿易的秩序，一直令所有國家受益，或許英國的受惠更甚於其他國家。可惜自一八七〇年代起，這類說法不再讓人覺得可信，而且全球衝突的發生，再度被視為大有可能，甚至被視為不久後即將發生，而挑明視其他民族為威脅或受害者的那種民族主義，將占有優勢。

從自由主義危機中現身的政治右派團體，既孕育也助長這種民族主義。事實上，那些最早以「民族主義者」這個新詞自稱的人，常因本國戰敗經歷的刺激而展開政治行動，例如一八七〇至七一年德國打敗法國後的莫里斯・巴雷斯（Maurice Barrès, 1862-1923）和保羅・德魯萊德（Paul Derouléde, 1846-1914），以及一八九六年由於衣索比亞使得義大利的戰敗更顯屈辱⑭的恩里科・科拉迪尼（Enrico Corradini, 1865-1931）。他們所創立的運動團體把「民族主義」一詞帶進一般詞典裡，係為「對抗當時當道的民主主義」——亦即對抗議會政治——而刻意創立。[14]這類法國運動團體依舊不成氣候，例如一八九八年創立的「法蘭西行動」（Action Française），迷失於在政治上無足輕重的君主政體、乏味的辱罵文章裡。義大利的此類團體最終在一次世界大戰後與法西斯主義合流。它們具有新式政治運動團體的特點，以沙文主義、恐外以及與日俱增的理想化民族擴張、征服和戰爭為基礎。

對於無法確切說明不滿何在的人，這類民族主義特別適合表達他們的集體怨恨。都是外人的錯。德雷福斯事件促使法國反猶風氣愈演愈烈，不只因為被告是猶太人（非我族類在法國參謀總部裡做什麼？），也因為他遭指控的罪名是為德國偵刺情報。相對的，「好」德意志人一想到自己的國家被其已彼此結盟的敵人徹底「包圍」（他們的領導人不時如此提醒），他們無不心驚膽戰。與此同時，英格蘭爆發歇斯底里的反異族風，英國王朝考量形勢，把原以德意志家族取名的

⑭ 編註：一八九四年，義大利試圖占領衣索比亞，使之成為殖民地。沒想到，衣索比亞皇帝號召人民衛國家，並於一八九六年擊敗義大利。自此，雙方簽定條約，衣索比亞成為獨立國家，義大利甚至賠償大筆費用給衣索比亞。

王朝改為盎格魯撒克遜人的「溫莎」王朝，從而（一如其他參戰國）為迎接世界大戰爆發做好準備。無疑地，每個土生土長的公民都在某種程度上被沙文主義打動，只有為數不多的國際主義社會主義者、少數知識分子、四海一家的商人、由貴族和王族成員組成的國際社團的成員例外。毋庸置疑，幾乎所有人，甚至包括許多社會主義者和知識分子，受十九世紀文明世界的基本種族主義薰陶甚深，因而也間接易受誘惑，認為自己所屬階級或族群天生高他人一等。帝國主義只會使帝國主義國家的成員更抗拒不了這些誘惑。但幾乎毫無疑問的是，對民族主義號角響應最熱烈者，可在社會上層階級和底層農民、無產階級之間的階層裡找到。

就這愈來愈多的中間階層來說，民族主義的吸引力或大或小。民族主義給了他們一個集體身分，即民族的「真正捍衛者」（儘管民族不把他們這個階層看在眼裡），或躋身他們所夢寐以求的最高資產階級地位。愛國主義彌補了社會地位低下的事實。於是，在沒有兵役義務的英國，志願從軍參加帝國南非戰爭（1899-1902）的工人階級軍人的人數變化，根本反映了經濟情況的好壞，亦即隨著失業率變動而消長。反觀受召入伍的較低中間階層青年和白領青年的人數變化，則清楚反映了愛國主義宣傳的感染力。從某個意義上說，愛國從軍能提高社會地位。在德國，十六歲前，完成中等教育的男孩一旦從軍，便有可能取得後備軍官的身分，即使未受更高等教育亦然。在英國，誠如一次大戰期間所見，就連基層職員和銷售員，只要服役，都有可能成為軍官，並且——套用英國上層階級的直白用語——成為「暫時的紳士」。

三

然而，卻也不能把一八七〇年代至一九一四年間的民族主義，局限成打動受挫的中間階層或法西斯主義的反自由主義（和反社會主義）先驅的那種意識形態。因為，毋庸置疑的，在這期間，政府和政黨，或者能向全民發出或間接發出呼籲的運動團體，很可能另有優勢；相對的，那些無法或不願這麼做的人，則處於某種程度的劣勢。不容否認的，一九一四年大戰的爆發，在各大參戰國催生出雖然間或為時短暫卻是發自肺腑的群眾愛國情緒。而在多民族國家，全國性工人階級運動團體知其不可為而為之，雖力阻所屬團體裂解為以民族為區分的諸多工人運動團體，終究未能如願。哈布斯堡帝國的勞工、社會主義運動團體，因此比帝國本身更早分崩離析。

儘管如此，作為民族主義運動團體和鼓吹愛國的政府的意識形態，其與打動更多人心的民族號召，這之間有個重大差異。前者僅指望建立「民族」或提升「民族」地位，其綱領係抵抗、驅逐、打敗、征服、制伏或消滅「外族」，其他都不重要。只要能在只屬於自己民族的獨立國裡申明愛爾蘭人、德意志人或克羅埃西亞人獨樹一格的愛爾蘭人特性、德意志人特性或克羅埃西亞人特性，宣告其光榮未來，且為實現此未來不計任何犧牲，便已足夠。

正是因為這樣的想法，致使民族主義只能打動一批位居核心且慷慨激昂的民族主義提倡者和好戰者，也只能打動尚未確認好惡的中間階層。這些中間階層不斷尋求團結和自圓其說的依據，尋找能把自己的所有不滿歸咎於可惡外人——以及，當然，歸咎於要國民只要愛國就夠了的政府——之類的團體（同樣以活得辛苦的「小老百姓」為主）。

但對大部分人來說，光有民族主義還不夠。弔詭的是，這在尚未實現自決的民族運動團體裡最為顯著。在本章所探討的時期裡，贏得群眾真心支持的民族運動團體——想要贏得群眾真心支持的這類團體並非個個如願——幾乎都是那些既以民族和語言打動人心，而且祭出更有影響力的利益或動員力（古老的或現代的動員力）的團體。宗教是動員力之一。若沒有天主教會，法蘭德斯、巴斯克運動團體在政治將無足輕重，而就被另一種宗教信仰的統治者統治的愛爾蘭人、波蘭人來說，天主教使他們的民族主義有了一致性和群眾力量，這點沒人會懷疑。事實上，愛爾蘭芬尼亞組織原是世俗的、實際上反教權、打動各教派愛爾蘭人的運動團體，卻在這段時期，該組織的民族主義成為政治上一大勢力，正因為它讓愛爾蘭民族主義從根本上與天主教愛爾蘭人畫上等號。

更令人意外的是，誠如先前已提過的，原以建立國際階級和社會解放為初衷和主要目標的政黨，此時不覺間也成為民族解放的工具。重建獨立波蘭如願以償，但並非在一心只想獨立的十九世紀諸多政黨中的任一政黨領導下實現，而是在來自第二國際的波蘭社會主義黨領導下完成。亞美尼亞民族主義如出一轍，猶太領土民族主義亦然。打造出以色列者，不是赫茨爾或魏茨曼⑮，而是（受俄羅斯人啟發的）勞工猶太復國運動。有些這類政黨因為看重民族主義遠甚於社會解放，而在國際社會主義陣營裡受到不無道理的批評，而基於同樣理由而批評其他社會主義政黨

——赫然發現自身已成為特定民族的代表——乃至馬克思主義政黨，卻是有失公允：芬蘭社會主義黨、喬治亞的孟什維克黨、東歐大部分地區的猶太崩德——甚至，拉脫維亞境內嚴守非民族主義路線的布爾什維克黨。反之，民族主義運動團體認識到闡明社會綱領的可取之處，即使並非明確的社會綱領亦然，而在當時，社會綱領最起碼關注經濟、社會問題。最典型的，莫過於工業化的波希米亞的情形，在受勞工運動團體吸引的捷克人、德意志人兩方拉扯之下，不知該往哪個方向走，以致明確定位自身屬於「民族社會主義」的運動團體便出現在該地。波希米亞的捷克民族社會主義者最終成為獨立的捷克斯洛伐克典型政黨，並給出最後一任總統——愛德華．貝奈什（Edvard Beneš, 1884-1948）。波希米亞的德意志民族社會主義者則啟發了一名年輕奧地利人，此人接收了他們的名稱——national socialists——以及他們既採取反猶極端民族主義又走含糊民粹社會主義蠱惑人心路線的作風，並帶進戰後德國：阿道夫．希特勒。

因此，民族主義在被調成雞尾酒喝下肚之際，果真大行其道了起來。其魅力不只在於本身的風味而已，也在於它和其他某個成分或某些成分結合起來，那個（或那些）成分被寄予厚望，以消解飲者精神與物質之渴。但這類民族主義雖然發自內心，並未像鼓吹愛國的右派所希望的那般好戰、意念堅一，也肯定不如他們所希望的那麼反動。

⑮ 編註：魏茨曼（Chaim Azriel Weizmann, 1874-1952），猶太復國主義領導者，以色列首任總統。

即將承受不住諸多民族壓力而解體的哈布斯堡帝國，矛盾的說明了民族主義的局限。由於二十世紀初時，該帝國多數人民雖已確實意識到自己屬於某個民族，然其中僅少數人認為，這與支持哈布斯堡君主國相抵觸。即使在一次大戰爆發後，民族獨立也不是重大議題，堅決反對國家之舉，只在哈布斯堡帝國諸民族中的其中四個，而且其中三個得以取法邊境外的民族國家——義大利、羅馬尼亞、塞爾維亞、捷克。中間階層和較低中間階層的狂熱分子樂於把哈布斯堡帝國稱作「諸民族的囚牢」，但大部分民族未明顯表露脫離自立的想法。而在一次大戰期間，民心不滿與革命心態真的高漲時，體現民族主義的運動團體，最初並非追求獨立，而是追求社會革命。[15]

至於西方參戰國，在一次大戰期間，反戰心態和社會不滿日益沉重地壓在平民軍隊的愛國主義上，卻未全然壓垮愛國主義。唯有謹記一九一四年自願參戰、甚至熱烈響應參戰的人，其實是受到無法被局限在民族主義口號裡的愛國理念打動，我們才得以理解一九一七年俄國革命在國際上格外巨大的衝擊：因為此愛國理念包含了對公民所應得之物的認知。這些軍隊參戰，不是出於對打仗、對暴力和英雄主義的喜好，或者不是為了實現右派民族主義的無條件民族自負和民族擴張，更不是出於對自由主義、民主主義的敵視。

反之，一九一四年所有施行大眾政治的參戰國，其國內宣傳表明，重點不在於榮耀和征服，而在於「我們」是侵略行動的受害者，或侵略政策的受害者，「他們」則代表對我們所體現的自由、文明價值觀的致命威脅。更重要的，除非人們覺得這場戰爭不只是普通的武裝戰鬥，一旦「我們」得勝，世界會更好，「我們」的國家會是——套用勞合．喬治的話——「適合英雄居住的國度」，就不可能成功動員他們投入戰場。因此，英法兩國政府宣稱要捍衛民主和自由，使不受君主國武力、軍隊、野蠻作風（「匈奴人」）傷害，反觀德國政府，則聲稱要捍衛秩序、法律、文化的價值觀，使不受俄羅斯獨裁、野蠻作風傷害。在殖民地戰爭裡，可以宣傳征服、帝國擴張的前景，但在大型戰役裡不可行——儘管在檯面下諸國外長滿腦子這般前景。

一九一四年，上戰場的德國、法國、英國大眾，不是以戰士或冒險家的身分參戰，而是以公民和平民的身分。然而，此事既說明了愛國主義是在民主社會裡運作的政府所不可或缺，也說明了愛國主義的威力。因為，只有在大眾認為國家目標正是他們自身奮鬥目標的情況下，才可能有效動員大眾：一九一四年，英國人、法國人、德國人都這麼認為。他們受到如此動員，直到這長達三年空前未見的殺戮和俄國革命讓他們認識到自己錯了為止。

註釋

1 See Georges Haupt, Michel Lowy and Claudie Weill, *Les Marxistes et la question nationale 1848–1914: etudes et textes* (Paris, 1974).

2 Emil Brix, *Die Umgangssprachen in Altosterreich zwischen Agitation und Assimilation: Die Sprachenstatistik in den zisleithanischen Volkszahlungen 1880–1910* (Vienna, Cologne and Graz, 1982), p. 97.

3 Hans Roos, *A History of Modern Poland* (London, 1966), p. 48.

4 Hugh Seton-Watson, *Nations and States* (London, 1977), p. 85.

5 Naturalization and Citizenship', in Thernstrom et al. (eds), *Harvard Encyclopedia of American Ethnic Groups* (Cambridge, Mass., 1980), p. 747.

6 Benedict Anderson, *Imagined Communities: Reflections on the Origins and Spread of Nationalism* (London, 1983), pp. 107–8.

7 Celina Bobin'ska and Andrzej Pilch (eds), *Employment- Seeking Emigrations of the Poles World- Wide: XIX and XX C.* (Cracow, 1975), pp. 124–6

8 Wolfgang J. Mommsen, *Max Weber and German Politics 1890–1920* (Chicago, 1984), pp. 54ff.

9 Lonn Taylor and Ingrid Maar, *The American Cowboy* (Washington DC, 1983), pp. 96–8.

10 Hans Mommsen, *Nationalitatenfrage und Arbeiterbewegung* (Trier, 1971), pp. 18–19.

11 *History of the Hungarian Labour Movement. Guide to the Permanent Exhibition of the Museum of the Hungarian Labour Movement* (Budapest, 1983), pp. 31ff.

12 Marianne Heiberg, 'Insiders/Outsiders; Basque Nationalism', *Archives Europeennes de Sociologie*, XVI (1975), pp. 169–93.

13 Aristide Zolberg, 'The Making of Flemings and Walloons: Belgium 1830–1914', *Journal of Interdisciplinary History*, V (1974), pp. 179–235; Hans- Jurgen Puhle, 'Baskischer Nationalismus im spanischen Kontext'in Heinrich August Winkler (ed.), *Nationalismum in der Welt von Heute* (Gottingen, 1982), especially pp. 60–5.

14 *Enciclopedia Italiana*, 'Nazionalismo'.

15 Peter Hanak, 'Die Volksmeinung wahrend den letzten Kriegsjahren in Osterreich- Ungarn', in R. G. Plaschka and K. H. Mack (eds), *Die Auflosung des Habsburgerreiches: Zusammenbruch und Neuorientierung im Donauraum* (Vienna, 1970), pp. 58–67.

第五章　工人有祖國嗎？

如果說工人無祖國一說不實，工人只有一個祖國而且我們知道那個祖國為何一說，同樣讓人產生誤解。我們談到法國、德國或義大利的工人階級，由此，我們也頗為正確的指出，界定特定工人階級的諸多最重要因素，大多是工人所置身的國家其民族經濟因素，以及該國的法律、建制、慣例、官方文化等。移民至波士頓的愛爾蘭籍勞動者、他定居格拉斯哥的兄弟、前去雪梨的另一個兄弟，仍會是愛爾蘭人，卻會成為三個彼此大不相同且有不同歷史的工人階級。與此同時，誠如此例所間接表明的，若認為這類全國性工人階級的成員如今是一群彼此毫無差異的法國人、英國人、義大利人，或認為過去始終是如此者的話，那就大錯特錯，又或者，甚至在他們自認如此時，我們則認為他們未被其他族群藩籬分割，或他們所認同的，是把他們的確實存在界定成一個階級、一個有組織的運動團體的國家，那也不對。而若認為此認同永恆存在且不變，同樣不實。這些說法無不建立在現代民族主義的迷思上，而現代民族主義係十九世紀所創造出來的。

雖並非全然不實，但比起民族認同或族群認同和無產階級無關這完全對立的說法，切合實情的程度高不了多少。

毋庸置疑的是，就這層意義上，要找到境內工人階級全由同一類人組成的國家不無可能（……）然實際上，這類事例可能未受重視。所有的全國性工人階級往往來自各個層面，而且有諸多身分，儘管出於某些目的，在某些時候，某些身分可能比其他身分重要。在英格蘭斯勞（Slough）的印度籍工會代表可能出於某目的而自認為是英國工人階級一員（有別於他留在印度的兄弟），出於另一個原因自認為是有色人種的一員（有別於白人），出於別的原因自認為是印度人（有別於英國人或巴基斯坦人），或出於另一個原因自認為是錫克人（有別於基督徒、印度教徒或穆斯），旁遮普人（有別於古吉拉特人），或許也自認為是出身自旁遮普某區域某村的人，理所當然，也自認為是某親屬網的一員。其中某些身分，就日常目的（例如在安排兒女婚姻上）來說再怎麼重要，就政治來說，當然實屬次要。

此外，不同身分可以並存。安達盧西亞人、巴斯克人、加泰隆尼亞人等，以西班牙人的身分共同對抗拿破崙，但依舊很清楚使他們分屬不同民族的差異。更重要的，這類身分除了隨著行動的環境而變，也隨時間而改變。西西里籍和卡拉布里亞籍工人去美國，成了美國人，由此，他們也開始視自己為義大利人——他們此前大概從未這麼界定自己。他們眼中的義大利人，在某種程度上，不只屬於義大利這個古國，而且屬於成員散布自阿根廷、巴西至澳洲的世界各地的一個民族。反之，說著兩種各不相同、如雞同鴨講的語言的工人，曾自認主要是比利時人，如今卻自認根本上是法蘭德斯人或說法語的瓦龍人（Walloons）。

這些多重身分，只有在彼此嚴重扞格時，才會在工人階級內部產生類似「民族」的問題。在南威爾斯的礦場裡，英格蘭籍移民、說英語和威爾斯語的威爾斯人、幾個西班牙人，無疑還有一些少數族群成員等，他們一同工作，並加入南威爾斯礦工聯合會，支持工黨，而根據可取得的資料研判，一九一四年，沒有什麼嚴重的民族問題。反觀在德國西部的魯爾，則有嚴重的民族問題。眾多從波蘭移民來的礦工，因為語言差異而和德國人有著你我之別，因為天主教信仰而和有自由思想的社會民主黨疏遠，對於代表他們階級的黨派，明顯表露出不願支持的心態。再以美國這個極端例子說明。在那裡，工人階級的成員大多是最初不懂所在國語言的移民或其他移民群體：他們在民族、語言上的差異，並未完全抑制工人階級意識的形成，但無疑使此意識的形成較有難度，而且這些差異肯定無礙於廣大貧窮移民形成共有的政治意識——雖以集體身分互鬥，卻構成大城市裡民主黨基礎的「美國人」。不過，他們確實未給在官方立場上歡迎他們且對他們的宗教持中立態度的這個國家帶來重大政治問題。有些人在母國構成「民族問題」，從而可能危害母國的政治一體性、乃至母國的存在——例如英國境內的愛爾蘭人、俄國和德國境內的波蘭人、奧地利境內的捷克人——而同樣的一群人，在大洋彼岸的美國，其政治分量則幾乎只表現在選擇誰出馬角逐市鎮公職上。

事實上，英國境內的愛爾蘭人，也說明了同樣的現象。他們大多既是工人，也清楚意識到自己天主教徒、愛爾蘭人的身分。在愛爾蘭島二十六郡脫離英國自立之前，他們大多支持表態贊成民族身分、階級身分或敵視這兩種身分的政黨和團體，或與這些政黨和團體結盟，藉此找到結合這兩種身分的辦法（在英國，參選公職的愛爾蘭民族主義者少之又少，而在蘇格蘭的利物浦區之外，未有一人當選）。愛爾蘭色彩強烈的工會——全國碼頭工人工會（National Union of Dock Labourers），通常稱之為「愛爾蘭人工會」——行事和其他工會差不多。有件事無疑有利於此現象的形成，即聲稱為「人民」或工人階級發聲的團體——自由黨、工黨、社會黨——反對壓迫愛爾蘭，加入反壓迫愛爾蘭的抗議活動，甚至支持愛爾蘭民族主義者讓整個愛爾蘭自治的要求。愛爾蘭如願脫離自立後，英國境內大部分天主教愛爾蘭人，若形成組織且出門投票，立場無疑都偏向他們階級的政黨。他們享有雙重政治權利一事，似乎也未製造出大問題：甚至今日，在英國境內把票投給工黨的愛爾蘭人，回到愛爾蘭共和國時，也未必覺得必須把票投給工黨或工人階級政黨。

當我們想起，英國境內一般民眾反天主教、反愛爾蘭的心態強烈且有時殘酷——而且絕非只在利物浦和格拉斯哥如此——這個相對來講較為順利的整合，就更加引人注目。此外，以烏爾斯特工人或英國奧蘭治（Orange）兄弟會工人為例，新教認同無疑不為階級認同、民族認同所限。但對愛爾蘭人居多數的團體而言，或許正因為他們明顯占多數，愛爾蘭籍工人和（在英國境內時）英國籍工人的雙重身分似乎相對來說問題不大。

於是，凡是所謂的「民族性」工人階級都由錯綜複雜的諸多異質性團體組成。一方面，歷史發展往往把這些團體融合成大體上全國性的團體，於是愛爾蘭共和國凱里郡人和蒂伯雷里郡人之間的差異被共有的愛爾蘭人特性壓了下去（或許在運動競賽時例外），或天主教德國人與路德宗德國人之間的差異泯為共有的德意志人特性（爭取選民認同時例外）。這類全國性的「民族意識」，是直到晚近才有的，儘管某些例子（或許「英格蘭人特性」）歷史較久。但另一方面，當時社會裡人員的流動和遷移——那時或許基本上可稱作一個不斷在移動的世界——創造出新連結，創造出打破這些團體的新摩擦。

於是，人員（以來自英格蘭者為主）大量移入南威爾斯的礦場一事，創造出威爾斯色彩濃厚的工人階級，但此階級不再講威爾斯語，從而激化占威爾斯人口多數的英語族群和集中於特定地區、人數漸少、居人口少數的威爾斯語族群之間隱伏的緊張。往北威爾斯、規模小上許多的移民者——但未融入當地社會結構——誠如大家所知，已在該地區威爾斯人、英格蘭人之間製造出不少摩擦，而且在某些區域，致使政治效忠對象從全英國人的工黨（全英國人的自由黨的後繼者）轉為威爾斯黨（Plaid Cymru）。同樣的，即使沒有人員遷徙，經濟、社會、政治上的改變也可能打亂不同群體之間行之已久且穩定的關係模式，帶來不可預測且有時嚴重的後果。在希臘人和土耳其人原本長期共存的塞普勒斯，還有境內諸多族群交錯的黎巴嫩——包括馬龍派教徒、東正教徒和數種天主教徒、遜尼派和什葉派穆斯林、阿拉伯人、亞美尼亞人、德魯茲派教徒（Druzes）和其他數個族群——我們都已目睹到這樣的情況。但打亂關係的主要力量，多可確定來自群眾流動，來自造成國內和國與國間大量遷徙的經濟、社會轉變。不管是資本主義工業化，抑或是社會主義工業化，若沒有群眾流動，不可能實現，而這產生了「外地人」或「外國人」的特殊問題——前資本主義時代的定居、殖民模式已在許多地區製造出的問題。工人階級明顯受到了直接影響。

不同族群的混合，有兩個方面值得注意，而以「本地人」與移民之間關係為例，尤其有助於說明。

首先，兩族群間存在四重平衡模式。第一種情況，沒有工人階級外移或移入的國家太罕見，我們或許可略而不提。第二種情況，外移少但移入多的國家，相對來講也少見，不過，法國或許符合這條件。法國人自工業化起，接受了大量外籍工人，但法國人始終未移出。第三種情況較常見：移入少但外移多的國家：十九世紀的挪威和後來成為愛爾蘭共和國的那片地區是顯而易見的例子。第四種情況，大概是工業歐洲最普遍的情況，由外移、移入規模都甚大的國家構成，十九世紀英國和德國就是例子。人口移入和外移都對民族工人階級的歷史有影響，因為，誠如每個愛爾蘭人所知道的，外移並未打斷外移者和母國之間的連結，在母國勞工運動團體的歷史上，這尤其顯著。身為一次大戰期間和之後挪威勞工運動團體的領袖，馬丁・特蘭梅爾（Martin Tranmæl）

在母國嶄露頭角之前，曾待在有挪威人移入的美國，並參加了「世界產業工人」（Industrial Workers of the World）這個國際工會。英國工運人士湯姆．曼（Tom Mann）曾遷至澳洲，然後返英。至於愛爾蘭運動團體，其歷史上有許多外移再返國的人士：麥可．戴維特、詹姆斯．拉爾金[1]、詹姆斯．康納利。

第二個方面與遷徙模式的複雜和遷徙群體的分布有關。移出某國或某個民族者，若非全部一逕地移往某地區或其他任一地方（例如從法國中部克勒茲前去巴黎當建築工人的農民），就是呈扇形散開，成為短暫或永遠的僑民，而且可能遍及世界各地。十九世紀的地球上，哪裡有開採硬岩礦物，那裡就會有英國的康沃爾人。與此現象相左的情形，才是我們的目的。

在某些地區或國家，「外來者」遊戲只會有兩個玩家：魯爾地區的波蘭人和德意志人、巴斯克的巴斯克人和西班牙人。更常見的情況，則是工人階級裡有一部分由多種「外地人」構成，這些外地人既和本地人各過各的生活，其本身也分為不同群體，在極端情況下，工人階級成員大多是外來移民，如一九一四年之前的大量遷徙潮期間在美國、阿根廷、巴西所見。但此遊戲的玩家人數有多有少，發展出的模式通常是職業專門化，或某種民族分層化。

① 編註：麥可．戴維特（Michael Davitt, 1846-1906），愛爾蘭共和激進分子；詹姆斯．拉爾金（James Larkin, 1876-1947），愛爾蘭工會的領導者，後成立愛爾蘭工黨，現今在都柏林可見他的雕像。

於是，一九一四年，魯爾境內某些礦場，波蘭籍礦工未占多數，甚至今日，英國境內每個人都認為建築工地到處都是愛爾蘭人。往往使工人中不同的民族群體或宗教群體或種族群體相對抗的因素，與其說是職業專門化本身，不如說是一群體想占有最高技術、較高工資、較受青睞工作的傾向，或欲獨占這類工作的傾向。這類分化和分層化，甚至發生在同屬一民族的工作階級裡，但當它們與語言、膚色、宗教信仰或族籍差異同時存在時，分化、分層化的程度勢必更為深化。貝爾法斯特（**Belfast**）的不幸，正足以說明這一點。

但單只有族群差異的話，勞工運動團體還是跨越上述藩籬，把工人組織起來。維也納一有力的社會民主黨把捷克籍、德意志籍工人團結在一塊。一九一四年之前，比利時境內法蘭德斯籍、瓦龍籍工人間的差異，在政治上無足輕重，因而兩名比利時工黨領導人以該國社會主義為題所寫的權威之作，對於「法蘭德斯問題」，連提都沒提。如今，比利時所有政黨都因語言差異而分裂，以法蘭德斯語銘刻在根特「勞工會所」（**Labour Hall**）上的箴言「各地的工人，團結起來」，仍悠悠的提醒人們這一失去的團結。已有高度一體化且具有強烈階級意識的工人階級，結合本地人與多種移民團體組成，例如在阿根廷境內所見。甚至有工人階級運動團體，結合多個相互敵視且語言不通的種族、語言團體、宗教團體而創立，例如在印度境內所見。甚至，在烏爾斯特，擔心出了造船廠或碼頭大門可能遭信天主教或新教的無產階級下毒手的人，如有必要都願意攜手同心解決勞資糾紛——如今或許仍是。實際問題和歷史問題在於探明，在何種情況下這類階級一體性能出現、運行或停止運作。

三種情況或許可用以說明在這些情況下，本就會有的區隔或族群區隔可能致使工人階級瓦解。這類瓦解可能源於工人階級之外的民族主義運動團體或其他政治運動團體的影響；源於該階級的結構（或更廣而言之，社會的結構）出現既有模式所無法應付的重大改變；源於欲藉由對加入工人階級一事嚴格設限，以維持特別有利的環境。

最後一個情況大概最少見，畢竟想塑造出「勞動貴族」雖然頗為常見，但完全不讓特定群體加人則絕非一般，除非是基於膚色、性別此等一眼可見、難以跨越的障礙。不過，在針對特定群體而祭出排外措施的地方，例如施行白澳政策的澳洲、施行排華法案的美國、歧視黑人的南非產業界，推動這類措施的主力，肯定來自當地特別受照顧、唯恐失去其格外有利地位的工人階級。在排外措施施行得很徹底的地方，工人階級沒有分裂，因遭排斥者完全被拒於門外。在受惠者和無特權者共存的地方，例如在南非，往往發展出兩個相似但或許相互敵視的工人階級。而在資本主義工業化的過程中，少見勞工持續享有優惠或勢力大到足以永遠阻止特定群體的人加入，在社會主義工業化的過程中或許也是如此。因此，就連以打造勞工貴族群體為企圖的勞工運動團體，例如在十九世紀中期英國的這類團體，無不致力於打造具包容性的勞工運動團體，亦即他們意識到，理想狀況下他們應建立涵蓋所有工人的組織，而且該組織必須吸納所有可能打進他們保留給自身行業或職業領域的工人。在如此廣納各方工人的團體裡，勞工貴族的特殊有利地位，當然要予以保住。

一旦破壞既有的社會模式，使該階級內的對立染上民族色彩或族群色彩，或使階級界線和民族界線或族群界線重疊，諸如此類造成工人階級的社會結構改變的事，都有可能引發分裂。在加泰隆尼亞等地區，已出現類似的危機，在巴斯克地方，這類危機更是明顯，因為在這些地方，工業發展導致大量西班牙工人流入，而這些工人遲遲才開始學習加泰隆尼亞語，且更晚才學習巴斯克語，加泰隆尼亞本地人相當瞧不起他們，巴斯克本地人則是怕他們。凡是熟悉英國境內有色少數族群問題的人，都不會想低估隨之而來不同工人群體之間的敵視狀況，乃至他們之間的恐懼。以傳統方式組建的勞工運動團體積極壓制民族偏見、種族偏見或宗教偏見，因此上述情況更加引人關注。與此同時，有人或許會想，這些摩擦本身真有什麼大不了。主要在官方和官方機構涉入時，例如要求只用一語言時，或要求法律上平等待遇時，或要求自治或脫離自立時，這些摩擦才會引發動亂——例如在烏爾斯特令人遺憾的事件。事實上，歷來在全國、在地區性的少數族群團體，尤其由工人組成的這類團體，在其他因素不變的情況下，往往支持屬於多數民族進步派的大眾政黨，認為該黨最可能捍衛他們少數族群的利益。即使今日，互無好感的美國黑人和白人，往往是票投民主黨，而在英國，儘管許多票投工黨的工人階級白人懷有種族歧視心態，亞裔、西印度群島裔工人大多還是把票投給工黨。

但最有影響力的分裂力道，來自工人階級之外，並以政黨和運動團體的形式出現，例如受民族主義啟發而成立的運動團體。放眼歷史，這類團體鮮少創立於工人階級之內，卻急欲爭取工人階級的支持。這類團體得以製造分裂，不只因為本來就強調異質性工人階級裡「他們自己人」和其他人之間在語言、宗教、外觀等方面的差異，還因為其所追求的事物，本質上和階級意識所追求的根本大相徑庭。它們想以「民族」（包括施行剝削的民族和受剝削的民族）與「外人」（包括所有可歸類為外人的工人）之間的區隔線，取代階級界線。此外，在民族主義運動團體的早期階段，民族主義者若非對參加工會或非參加工會之工人所心心念念的問題淡然以對，就是認為這類問題的解決取決於民族主義目標的先行達成。發現民族解放和社會解放必須共同完成的人，通常不是民族主義運動的先驅，而為何有些最能鼓動風潮的民族主義政黨和組織誕生自社會主義運動的原因便在於此（例如波蘭社會主義黨和勞工猶太復國主義運動，前者的領導人皮烏蘇茨基於一次大戰後成為獨立波蘭的元首，後者則成為以色列的真正締造者）。即使在民族主義運動團體內發現了這個道理，把社會解放視為最優先的行動主義者還是令人難以忍受。麥可．戴維特的民族主義形象因此受損。

放眼歷史，要否定階級意識、阻止階級意識出現有其難度，因為無產階級環境催生出階級意識，係自然而然且順理成章之事，至少以「工會意識」這個基本的階級意識形態來說是如此——所謂的工會意識，即工人認識到必須集體組織起來對抗雇主，以保衛、改善他們身為受雇者的處境。於是，天主教工會的成立，不是因為十九世紀末多數「社會主義天主教徒」贊成成立該工會

——套用政治家阿爾貝爾．德．蒙（Albert de Mun, 1841-1914）的話，他們把這些工會視為「一群體對抗另一群體的特定作戰組織」，本身更中意於那些結合雇主與工人的混合性協會——而是因為這些混合性協會未符合天主教工人的工會需要。在法國，一八九七至一九一二年，「社會主義天主教徒」之所以接受天主教工會，多少是迫於無奈。即使在境內工人普遍極忠於自身民族的國家，工會運動同樣往往不願見到工會因民族差異而四分五裂。捷克籍工人對自我身分的認定勢必不同於德意志籍工人，但捷克籍工人雖然傾向於票投捷克人政黨，而非他族政黨或全奧地利型的政黨，企圖根據民族差異把奧地利工會運動團體分裂的壓力，卻也並非來自勞工運動團體內部。此壓力出現在社會民主黨分裂為諸民族派系已成定局的一段時間後，而全奧地利工會抗拒此壓力更甚於其他團體。事實上，即使已分裂，大部分捷克籍工運人士依舊待在全奧地利組織裡，而在這些組織裡，他們當然有權利自組捷克人分部，以波希米亞人的身分組成領導班底。同樣的，如今，西班牙境內諸左派政黨已依民族之別或地域之別分裂，卻未出現以同樣方式分裂全西班牙工會運動團體的趨勢。原因顯而易見。工人為了經濟理由罷工時，所有工人團結一致大有助於罷工目標的達成，即使他們可能為了其他目的而把自己的主要身分界定為天主教徒或新教徒、黑人或白人、波蘭人或墨西哥人，為了爭取較高工資等目標，把這些差異擺在一旁才是上策。

但同樣也很明確的是，若說階級意識無法根除，確實就無法排斥民族情懷，一般而言，也未支配民族情懷。一九一四年，第二國際瓦解為諸多社會主義政黨和工會運動團體一事——其中大部分支持本國的參戰政府——是我們再清楚不過的了。而我們相對不清楚的，則是某些政治激進勞工階級裡的強烈沙文主義思潮，因為國際主義方面的勞動史學家並未著重於此。托馬斯・萊特[②]曾報導一八六〇年代英格蘭工人階級的情況，明確指出較資深一輩、激進、憲章派的（**Chartist**）工人，既對不是工人的人非常不信任，而且抱著典型英國人的愛國主義。強烈民族情操本身，在政治上或許無足輕重。英格蘭、法蘭西的工人，對於他人的祖國，大多自認為了解，而且也不喜歡，但自一八一五年起，從未有人認為，他們會攻打各自位於英吉利海峽對岸的鄰國。有時，社會—革命心態或反戰心態可能凌駕愛國主義之上，一次世界大戰後期正是如此。即使在這種時期，愛國主義都未必無關緊要。已有人指出，在法國（不同於英國），一般工人階級對俄國革命的支持度明顯的冷淡，直到明白此革命不致波及西方，才有了顯著的支持。在哈布斯堡帝國，或許亦可觀察到類似現象。一九一八年一月著名的反戰罷工浪潮，始於維也納附近的兵工廠，迅即擴及奧地利裔、匈牙利裔的機械工廠，但未擴及波希米亞的捷克人地區。同時也有人提到，民族主義運動團的政策抑制了反戰動員（這時此政策已得到許多捷克裔工人支持），而該

② 編註：托馬斯・萊特（Thomas Wright, 1839-1909），英國社會評論家。身為鐵匠之子，他從小自學，後來成為運輸工，接著任職於一家機械公司，也因此，在其作品會署名為「出師技工」（Journeyman Engineer）。其作品內容，主要談論他所處環境下的工人生活。

團體指望協約國勝利，以助其目標實現——獨立建國，即不久後誕生的捷克斯洛伐克。

在某些情況下，民族主義或愛國主義可能特別能打動工人。其中一種狀況的發生，在於當工人能以公民身分（而非只是順服的子民）認同某個既有的民族國家時，亦即他們逐漸融入政治性、支配性的規則體系之際，尤其透過公共初等教育體系（由上而下遂行社會化的主要媒介）融入。大多數英格蘭、法國、德國工人，未因為階級及個人不滿而不把英國、法國、德國視作「他們的國家」，反觀一九一四年奧地利工人，並不認為奧地利是他們的國家（因為沒有民族國家），或義大利工人和農民並不認為義大利是他們的國家（因為講義大利語的義大利人甚少，看得懂義大利語者更少，而且他們幾乎個個享有投票權未超過一年）。在某些地方，工業工人階級尚未發展出來，便存在著民族騷動，大多是強化對前一政治國家或自主地位的記憶，或存在體現一民族之自成一體性的組織（例如子民信仰天主教，有別於統治階級信新教或東正教）。而這正是愛爾蘭人、波蘭人、捷克人所體現的情況。然而，誠如先前已提過的，民族情懷之所以會引發動亂並足以摧毀工人階級的跨民族團結，肇因於民族情懷與直接影響國家及國家建制的問題緊密交織在一起。於是，當語言不再只是人與人溝通的媒介，而且某語言或某方言（而非另一語言或方言）成為「官方」語言時——亦即成為法院、學校、公告的用語時——語言民族主義可能引發動亂。

這一切意味著工人階級意識，再怎麼必然且不可少，在政治上的分量大概都屈居於其他意識之下。誠如人們所知，在二十世紀，工人階級意識與民族或宗教或種族等意識起衝突時，通常是讓步後退。大家都很清楚，受限於某些目的，工人階級意識和其所凝取起的勞工運動——所有處於最初「工運」階段的運動——確實非常有聲勢。它們並非堅不可摧，因為這類運動常毀於暴力，即使這些團體都有可能運行不輟且東山再起。晚近我們已目睹到這類意識和運動團體在巴西、波蘭這兩個迅速工業化的國家東山再起，只是兩者情況大不相同。它們很可能是促成重大政治改變的決定性力量，一九八〇至八一年，波蘭就讓人覺得可能如此。而史學家則有必要指出，同樣清楚的是，只有工人階級意識和其他數種集體身分認同共存，既不消滅它們，也不取代它們。列寧說得很對，工人階級意識會自發性地、全面地凝取起「工運」作為，而且會（在可以產生組織或其他旨在遂行全體性壓力和自衛的運動團體之處）產生組織或類似團體，但工人階級意識並未自動產生帶有社會主義意識的大眾政黨。

在特定歷史時期，主要是一八八〇年代至一九三〇年代間，這類政黨幾乎順理成章就誕生一事，很值得注意，不過，此事所需的歷史解釋，光靠一般說法是不夠的。這些政黨，或直系後繼者，如今仍存在且往往具影響力，但在先前並不存在這類政黨的地方，或者說二次大戰前社會主義者／共產主義者在勞工運動團體裡影響力甚大的地方，自那之後幾乎沒有這類政黨從工人階級裡嶄露頭角，尤以在所謂的「第三世界」裡為然。這可能會對傳統社會主義者對工人階級、工人階級政黨在催生出社會主義上所起的作用，在看法上有所影響（至於起了什麼作用，在此無須討論）。

這對愛爾蘭工人階級的形成有何影響？需要解釋的重點——至少對外人來說——在於作為一股獨立政治勢力的勞工，在愛爾蘭，相較於在聯合王國的英格蘭、蘇格蘭、威爾斯，為何過去相對而言稍顯無足輕重。不管是在北愛，還是南愛，都沒有具政治分量的工人階級運動團體。以直到晚近烏爾斯特一地工業化程度都不高為由，並不能充分解釋為何如此。此外，從工會在都柏林甚有勢力的時代，至貝爾法斯特和都柏林都上演過聯合王國境內一些最大規模、最引人注目的勞資糾紛的一次大戰前那段時期，勞工鬥爭在愛爾蘭司空見慣。最容易理解的解釋，係那些可能支持這類工人階級運動團體的愛爾蘭選民，在政治上自認是天主教民族主義者或新教統一派（主張與不列顛聯合的新教徒），而非「勞工」——但在某些時候或出於頗有特定工運目的時例外。在西歐，恐怕沒有別的國家，其境內的工人階級有如此顯著且持久不消的特點。

在不做太過牽強的類比的情況下，以愛爾蘭和比利時相較，或許有助於我們了解這點。比利時是晚近才脫離自立的國家，而且有著分裂的工人階級。位於愛爾蘭島東北部的烏爾斯特和愛爾蘭其他地方在經濟發展上走不同的路，比利時南部的瓦龍尼亞和法蘭德斯亦然。瓦龍尼亞工業化程度高，法蘭德斯雖擁有一座大港口（安特衛普）和工業重鎮（根特），依舊以農業為主，且自認屈居弱勢。十九世紀傳統基礎產業在烏爾斯特、瓦龍尼亞一再式微，法蘭德斯以及在某種程度上的愛爾蘭共和國，則更加工業化、富裕；但它們並非像舊區域那般作為英國工業經濟或——實際上——法國工業經濟的一部分而更加工業化、富裕，而是在歐洲、跨國架構裡更加如此。天主教徒和新教徒在貝爾法斯特是無法分割的，法蘭德斯人和說法語者在布魯塞爾同樣是無法分割的。

比利時間或遭外人占領，但長期以來自成一體，獨立於其鄰國（法國和尼德蘭）之外，而且自一八三〇年起，就是個獨立國家，至於愛爾蘭，其與英國的關聯始終支配著愛爾蘭的公共事務，如今也仍支配著烏爾斯特。在比利時工人階級裡，兩個團體幾乎是涇渭分明，因為語言差異是如此的明確。在某些地方，例如布魯塞爾，這兩個團體確實合而為一，可惜布魯塞爾的城市人口成長緩慢——從十九世紀初期占人口百分之六成長為一九一一年約百分之九——因而不足以將移入的法蘭德斯人同化，儘管他們似乎有意願，而且並未有所抗拒。另一方面，人口極少的貝爾法斯特，在十九世紀期間成長至占六郡人口約三分之一，其成長最初歸因於烏爾斯特天主教徒的大量流入，且幾乎在十九世紀中葉時壓過新教徒，後來則歸因於烏爾斯特新教徒的大幅成長，致使天主教徒淪為處境艱困且永遠擺脫不掉少數族群的地位。到了一九一一年，相較於該省其他地方，貝爾法斯特境內新教徒比例已是出乎意料的高，而且和八七〇年時相較，天主教徒更是徹底的被有計畫、有步驟的拒於該市技術性行業之外。

比利時勞工運動團體從一八八〇年代起逐漸壯大，起初是個強而有力且團結一致的團體，跨越語言藩籬，在一九一四年之前大體上投身於爭取男性普選權，而這個共同目標，把工人階級內部的分歧降到最低限度。直到二次大戰後，才以語言為界而嚴重分裂。在愛爾蘭則不然，表面上信誓旦旦地說要建立一個單一的、全愛爾蘭人的勞工運動團體，實則往往湧動著民族主義暗潮，矛頭指向由技術性工人所組成且滿足於在全英勞工組織下之自主地位的工會運動團體。此外，全民性議題（自治或脫離英國自立）長久以來處於優勢，全然剝奪了勞工擁有一致對外的政治動員議題，例如在比利時爭取全男性選舉權等。

此時期——從一八八〇年代底至一九一四年，即「新工會主義」和「勞工騷動」時期——愛爾蘭本被認為會出現一主流勞工運動團體，然愛爾蘭情勢的弔詭之處，在於三個因素的和合，把天主教工人和芬尼亞民族主義綁在一塊。群眾民族主義動員和奧蘭治兄弟會的抵抗，把愛爾蘭人據認應有的政治立場和天主教牽絆在一起。（集中於工業烏爾斯特的）技術性工人的舊工會主義，對非技術性工人來說，無論如何用處不大，只是日益徹底地將天主教徒拒於烏爾斯特技術性行業之外，加劇了工人階級兩個群體之間的緊張關係。最終，想要揚棄舊工會謹慎、「改良主義」作風的「新」工會領袖和組織者，其激進主義，乃至社會主義信念和革命信念，在愛爾蘭產生了其在英國所未產生的政治影響；因為，參加工會的技術性工人不只是「舊」統一派，還往往是奧蘭治兄弟會成員（Orangeman），至少在烏爾斯特是如此。簡而言之，此前未參加工會、無法參加工會的工人，其所受到的政治動員（民族派和統一派的政治動員）和階級動員，同時分化了工人階級。要建立一勞工運動團體，同時帶有政治性及工業性色彩，而且足以聯合起新教徒與天主教徒（即橘派〔Orange〕和綠派〔Green〕）、技術性和非技術性工人，變得不可能。只有不同工人群體的區隔未與天主教徒、新教徒的區隔（愈來愈意味著綠派及橘派的區隔）重疊，才有其可能性，一如在貝爾法斯特，兩種區隔重疊的情況下，要建立起結合不同族群的愛爾蘭勞工運動顯得困難重重。無論如何，只有不看重脫離英國自立一事，亦即把作為愛爾蘭政治之主要特點的此事用處視為和這類工黨無關，這樣的運動團體才可能出現。設想成立這樣的團體並非不可能，只是一八八〇至一九二一年間，懷抱這樣的憧憬，似乎不切實際。若說有政治性勞工運動團體在橘派、綠派之間保持中立，而且其中許多成員就個人來說並不中立，最可能稱得上者會是爭取工會特定利益的施壓團體，或爭取將工人的特定利益立法的施壓團體：事實上，此即全愛爾蘭勞工代表委員會（Labour Representation Committee）之類的團體。但勞工代表委員會的行事，理論上超脫於自由黨、保守黨的政治紛爭領域之外，而且這兩黨爭鬥的激烈程度明顯不如愛爾蘭民族派（Nationalist）與統一派的爭鬥，而即使在英國，此一委員會，受制於許多工會工人對這兩黨其中一黨的政治效忠，受制於支持一黨者對支持另一黨者的懷疑，想要擺脫由此而來的掣肘，直到一次大戰之後，依舊是不盡人意。

這是愛爾蘭勞工領袖的困境，而且此困境與他們個人的信念無關。詹姆斯．康納利選擇倒向「綠派」，有其說得過去的理由，因為多數愛爾蘭人是天主教徒，且新教貝爾法斯特的那些陰鬱、可敬的「舊統一派」（和「統一派」）看來無助於社會革命大業的實現。但如果信仰天主教的勞動大眾讓革命分子覺得更有利於革命大業——畢竟就連不屬康納利那種愛爾蘭民族主義者的詹姆斯・拉爾金，都在這類勞動大眾裡取得最了不起的成就——一旦選擇倒向綠派，自然就不會有康納利所夢想建立的那種結合所有愛爾蘭工人的聯合運動團體。而康納利決定建立一個不只會在根本上打動南方人和天主教徒、而且會懷抱著民族主義志向的愛爾蘭勞工運動團體一事，有更為深刻的影響。此決定意味著要南愛爾蘭勞工服從民族主義。馬克思主義政黨有時在拿下民族解放運動團體的領導權後如願改造其社會，可惜幾乎是不敵其他人所領導、勢力強大的舊有民族運動團體。儘管康納利付出心血並在一九一六年成為領導者，接掌綠營者卻是愛爾蘭共和軍，而非愛爾蘭公民軍（Citizens' Army）。康納利死後，其歷史角色被官方定調為芬尼亞組織的烈士，而非馬克思主義革命分子。這或許是勢所必然。若做其他論定，總讓人有心虛之感。但這代表不管在北愛爾蘭，還是在南愛爾蘭，都沒有強大且獨立的政治性勞工運動團體發展出來，儘管，如今在南愛，有相對較好的條件足以出現這類運動團體，因為在愛爾蘭共和國，脫離自立實際上已不再是重要議題。而在北愛，誠如大家所知，此議題依舊在風頭上。

難道，這意味著愛爾蘭有兩個而非一個工人階級，乃至，如某些人所認為的，有兩個而非一個民族？就字面上的意思來說，顯然不是如此。在烏爾斯特，天主教徒和新教徒不再像在克萊德河畔地區（Clydeside）那樣，各自形成經濟型或營運型的工人階級。這類疑問之所以出現，主要是因為常有人不假思索地認為，工人階級或其他任何人數眾多的階級，除非如鐵板一塊般龐大，否則，根本就無所謂「存在」，因為人們認為，除非生活在一民族之領土上且確定不是外國人或不屬「少數族群」的每個成員，都被據認正當的民族染料徹底染上同樣的顏色，否則該民族不是「真正」的民族。如今，充當染料者通常是語言，儘管愛爾蘭人已透過痛苦經驗體認到這染料並非總是想染就染得上。在某些歐洲國家和更多的亞非國家，仍舊是宗教。而右派美國人則認為，是一套傳統作法和信念，沒有了它們，就「非美國」。事實並非如此。界定階級、民族的一體性，是以他們相對於其他群體的共通處為準，而非以他們內部的同一性為準。世上沒有任何國家，其人民不存在地區、地方等方面的差異，而這些差異可能破壞一體性，晚近西歐境內分離主義運動團體的興起就是明證。愛爾蘭和巴伐利亞兩者基本上的唯一差異，在於愛爾蘭境內天主教——新教差異破壞了一體性，而在巴伐利亞，有人欲證實巴伐利亞北部（佛朗科尼亞／Franconia）居人口少數的新教徒遭居多數的天主教徒壓迫，但如今，這類人只限於根本稱不上主流的狂熱極左、學生出身的人士。同樣的，所有工人階級都有內部衝突，然這些衝突通常只算是次要的衝突。

另一方面，歷史進程既能整合社會，也能分裂社會，從而整合、分裂社會裡的階級。歷史進程就分裂了愛爾蘭。由於如今在南愛和北愛各存在自成一體的政治單位和經濟體，已不可能有單一愛爾蘭人工人階級可言，就和不可能有單一孟加拉人工人階級或德意志人工人階級可言一樣——除了愛爾蘭人，另有數個遭分裂的民族，孟加拉人和德意志人只是其中二例。分立的國家，各自發展出自成一體的經濟和社會。這不表示兩愛爾蘭的共同之處不再和兩德一樣多——尤以親屬關係、文化方面為然。我們可以推測，一旦兩者統一，會出現哪些情況——由於分歧漸大，愈來愈難用「重新統一」一詞——但就愛爾蘭人、德意志人這兩個例子來說，此問題目前只處於學界探討層次。至目前為止，歷史已促成兩個愛爾蘭人工人階級問世。

其中的烏爾斯特工人階級分裂程度尤其劇烈，甚至可以說是獨一無二的劇烈。若說有哪個例子與此類似，唯一一下子就浮現腦海者，係印度次大陸上的印度教徒—穆斯林族群緊張。由於上述原因，從烏爾斯特得不出大體上適用於工人階級和民族的結論。在這方面，愛爾蘭依舊是獨一無二。其他任一國家或民族，一旦歷史學家寄以足夠密切的關注，肯定亦然。令人遺憾的是，愛爾蘭歷史進程的獨一無二——至目前為止——多半是在傷害自身工人階級和自身勞工運動團體的形成下，呈現於世人眼前。

第六章　發明民族傳統

這世上還能有什麼比不列顛君主國進行公開儀式時的盛況，看起來更亙古通今呢？那排場實在再古老不過了。不過，究其現代形式而言，這種盛況其實是十九世紀末與二十世紀的產物。許多看起來古老，或是自稱古老的「傳統」（traditions），其起源往往距今不久，有時甚至是人為發明出來的。不列顛有些大學歷史悠久，熟悉各學院機構的人，便能從地方的層次理解這種「傳統」的形成。只不過有些傳統，例如每年平安夜在劍橋大學國王學院禮拜堂舉辦的玖段經課唱頌節（Festival of Nine Lessons and Carols），已經透過近代大眾媒體——廣播——而舉國聞名。

「被發明的傳統」（invented tradition）一詞雖顯廣義，卻也相當貼切。其中包含兩種「傳統」，一種其實是經世人所發明、建構並正式制定下來的傳統；另一種則是在特定的短時間內（說不定幾年而已）迅速形成、確立下來的傳統，只是不太容易追本溯源。不列顛王室的聖誕文告（Christmas broadcast，始於一九三二年）屬於前者，英格蘭足總盃決賽的出現，以及比賽相關慣例（practice）的發展，則屬於後者。很顯然，「傳統」不見得都源遠流長，但我們最關心的，其實不是這些「傳統」的生存機率，而是「傳統」的出現及建立過程。

我們以「被發明的傳統」來指稱一套通則（practices），這套通則通常是由眾所周知或心照不宣的規則所主導，具有儀式性、象徵性的特質，藉此灌輸特定的價值觀和舉止規範，畢竟只要把事情多重複幾遍，自然就會讓人感覺到跟昔日有所「連續」（continuity）。其實，只要有機會，這些傳統都會試圖透過合適的、真實發生過的史事，來建立自身的連續性。十九世紀不列顛國會大廈重建時，人們刻意選擇哥德式風格的作法，就是個明顯的例子。第二次世界大戰後，當局按照原本的設計圖重建國會議場，這也是有意為之的決定。雖然新的傳統必須植入真實發生的史事中，但兩者之間相隔的時間不用久，新傳統無須把其連續性回溯到所謂的「時間的迷霧」中。本質上，「革命」與「進步浪潮」都是跟往昔有所斷裂，但它們也有各自的歷史，只不過是斷在特定的時間點，比如一七八九年。「被發明的」傳統固然指向一段真實的過去，但這種傳統的特殊之處，在於傳統與過去之間的連續性泰半出於虛構。簡言之，「被發明的傳統」其實是對新情勢的回應，只是採取舊情勢的樣貌，或是藉由半強制的重複以建立自己的過去。現代世界就是個不停在改變、創新的世界，而人們在建構其中的社會生活時，卻試圖至少讓幾個環節不變也不動。過往兩個世紀的歷史學家之所以對「傳統的發明」（invention of tradition）興味盎然，就是因為這種「變與不變」之間的對比。

我們必須把這個意思的「傳統」，跟主導所謂「傳統」社會的「習俗」（custom）明確區分開來。「傳統」（「被發明的傳統」也不例外）的宗旨及特性在於「恆久不變」。而「過去」（past）一詞所指的對象無論是真的，或是發明出來的，都會透過不斷反覆的方式，將固定下來的（亦即經過標準形式化的）通則強套於其上。傳統社會中的「習俗」具備雙重的功能——既是產生動力的發動機，亦是積蓄動力的飛輪。「習俗」不見得會妨礙革新和改變，只不過會要求這些變革必須看起來與前例相容，甚或一模一樣，而這樣的要求形同對變革套上大幅度的限制。「習俗」的作用，在於用「前例」、「社會連續」（social continuity）以及「自然法」（natural law）等名義，來批准人們所渴望的改變（或是為創新所受到的阻力提供認可）。這在歷史上屢見不鮮。研究農民運動的學者都曉得：假如哪個村子「根據自古以來的習俗（custom）」，主張村民擁有某塊公有土地，或是擁有某種權利，那些村民的說法也通常不是史實，而是這個村子不斷跟地主或其他村子鬥爭之後達成的均勢。研究不列顛勞工運動的學者都知道：「這一行」或「這家店」的「行規」（custom），代表的恐怕不是什麼古老的傳統，而是勞工從過往慣例中確立的權利（無論確立的時間是長是短）；如今，勞工為了延伸或捍衛這些權利，於是試圖為這些權利賦予「恆久」的認可。「習俗」經受不起永恆，畢竟連「傳統」社會的生活方式也不是永恆的。習慣法或普通法至今仍展現出「實質彈性」與「墨守成規」的相得益彰。「傳統」與「習俗」的差別，我這麼比喻你就明白了：「習俗」好比法官斷獄的行為，而「傳統」（此指被發明的傳統）則是圍繞著實質審判活動而誕生的假髮、律師袍等專業周邊，以及業經儀式化的通則（ritualized practices）。「習俗」通常跟「傳統」糾纏在一起，而「習俗」的式微也勢必造成「傳統」的改變。

接下來雖然比較次要，但我得將我所說的「傳統」，與慣例（convention）或常規（routine）區分開來。慣例或常規本身並不具備重大的儀式或象徵作用，只是順帶得到了這些作用。但凡必須反覆進行的社會性通則（social practice），都會因為方便及效率的緣故，而發展出一套慣例與常規；這套慣例與常規會在理論或實際上得到形式化，以利新的實踐者（practitioners）能夠盡快上手。大家已熟知的通則如此，史無前例的職業（practice）（例如擔任飛機駕駛員）亦如此。工業革命以來的社會，自然必須比以往的社會更常去發明、制定或發展出綿密的新慣例或新常規。新慣例或新常規要轉變為習慣、無意識的作法，甚或是反射動作，才能發揮最大效用。為此，此兩者需要不變性（invariance），但不變性卻妨礙通則的其他必要條件，導致應對意料之外或不尋常偶發事件的能力大打折扣。「常規化」（routinization）或「科層化」（bureaucratization）就是有這種人盡皆知的缺點，尤其是發生在底層的時候更是如此，畢竟大家都覺得，始終如一的執行才最有效率。

就功能上來說，這些彼此錯縱的慣例或常規並非「被發明的傳統」；因此，它們的理據（justifications）屬於技術性的，與意識形態無涉（用馬克思風格的措辭來說，慣例或常規屬於「下層建築」（base），而非「上層結構」（superstructure））。慣例或常規之所以設計出來，是為了讓實際運用得以順利進行，而且隨時都可以為了滿足實際需求的變化而調整，甚至揚棄；日子一久，任何的通則都會產生慣性，依附這些慣性的人則會為所有的變革帶來情感阻力，而慣例或常規永遠會為慣性與情感阻力留下餘地。這個道理適用於人人都接受的比賽「規則」（rules），或是其他既有的社會互動模式，甚或是任何一種以「實事求是」為基礎所立下的規範。一旦「慣例」或「常規」與「傳統」相合而存在，兩者的差異便是一目了然。騎馬帶硬盔有其實質上的道理，就像機車騎士要戴安全帽，士兵要戴鋼盔；但是，配戴特定種類的硬盔，再搭配猩紅色的獵裝，就是另一碼事了。如果兩者可以相提並論，那麼把「傳統的」獵狐服換掉，應該就跟軍隊（是個相當保守的組織）改用不同形狀的鋼盔一樣容易，畢竟只要能證明新的鋼盔防護力更高就沒問題了。我們不妨說，「傳統」和具有實際作用的「慣例」或「常規」呈現負相關。只要像猶太教自由派一樣，從實用角度為飲食禁忌提供理據，主張古代希伯來人是出於衛生才會禁吃豬肉，「傳統」的弱點便會暴露出來。反之，唯有不再受到實際用途的束縛時，「物品」或「通則」才能徹底發揮象徵性及儀式性的用途。唯有在不騎馬的情況下，近衛騎兵軍官軍禮服配的馬刺才更有「傳統」的重要性；一旦步衛隊軍官身著便服，配傘未緊緊收摺好（配傘就是要收摺好），配傘就失去意義了；等到大家都不再戴假髮，律師的假髮才獲得其現代意義。

究其本質，「傳統的發明」是一段與「過去」有所關聯，憑藉外力施加的反覆所勾勒出的形式化與儀式化進程。關於創造這種儀式和象徵複合體的實際過程，泰半仍撲朔迷離，史學家對此研究得還不夠充分。至於由單一發起人有意識發明、建構的「傳統」，貝登堡（Baden-Powell）創辦的童軍可說是公認最明確的例子。如果想為官方制定、規畫的儀式追本溯源，應該不會比研究童軍傳統困難多少，畢竟官方儀式多半有完備的典章，就像納粹符號與紐倫堡黨代會（Nuremberg party rallies）的建構。最難抽絲剝繭的，恐怕就數私人團體中一部分來自發明、一部分出於演化的傳統（私人團體不太可能一板一眼把過程記錄下來），或是國會殿堂和法律業界在一段時間裡不經意間形成的傳統。之所以困難，不光是因為史料，也是因為研究方法——專門研究象徵與儀式的專業學問確實存在，例如紋章學及禮儀學等，此外瓦爾堡歷史學派（Warburgian historic disciplines）也研究類似的主題，但研究工業時代的歷史學者偏不擅長象徵與儀式。

但凡歷史學家感興趣的時代和地點，大多存在這種傳統的「發明」。然而，「舊」傳統之所以發明出來，是因為有特定的社會模式。我們必須假設：一旦社會急遽轉型，削弱或摧毀了上述的社會模式，而「舊」傳統不再適用於新創的社會模式，或是舊傳統及其乘載機制和傳播者不足以適應變化、彈性不足，甚至遭到淘汰的話——簡言之，只要需求方或供應方的變化夠大、夠快的話，「發明」的頻率就會更高。過去兩百年間，高強度、快速的變化尤其明顯，我們自然能合理想見，這些一瞬間變得有板有眼的新傳統，多集中在這兩百年間出現。根據十九世紀自由主義與晚近的「現代化」理論，這種形式化只會發生在所謂的「傳統」社會。但事實正好相反，形式化也會以非此即彼的樣貌，發生在「現代」社會中。話雖如此，我們也得小心別過度延伸，先是誤以為舊的社群型態和權力結構，以及隨之而來的相關傳統，就是無法適應新社會，或是一下子就變得行不通；其二則是誤以為「新」傳統只有在舊傳統派不上用場或無法修正時才會出現。

每當在新情勢中採用舊的作法，或是將舊模式用於新目的，就是一種適應（adaptation）。具備既有功能，跟「過去」和儀式性表述及實踐有關聯的舊機構，就得採用上述這種調節方式，例如天主教會面對新的政治和意識形態挑戰，以及信徒組成結構的重大改變（平信徒與神職人員出現明顯的女性化〔feminization〕）；[1] 職業軍人面對徵募兵；法庭等古老的機構如今在不同的脈絡中運作，有時甚至在新脈絡中發展出不同的功能。也就是說，某些機構雖然有名義上的連續性，但實質內容已經變成非常、非常不同，比方說大學。日耳曼地區的大學本來有一種學生大批出走（mass student exodus）的傳統通則（因為衝突，或是為了表達抗議），但這種傳統卻在一八四八年之後突然式微。卡爾斯騰．巴恩宗（Karsten Bahnson）[2] 於是從大學學術性格的轉變、大學生年紀的提高、城鎮／大學之間的緊張關係以及大學生鬧事情況因學生的資產階級化（embourgeoisement）而減少、大學之間因新制度而能自由交流、隨之而來的學生組織變化與其他因素等角度來分析傳統的式微。[3] 上面這些例子，「新」就新在它們可以不費吹灰之力，便套上「古老」的外衣。

在我看來，人們為了嶄新的目的，運用古老的材料來建構嶄新型態的「被發明的傳統」，這件事更是妙不可言。每一個社會在過去都累積了大量的古老素材，若需要某種縝密的象徵性實踐

（symbolic practice）和溝通語言的時候，都可以信手拈來，毫不費力。新傳統有時候可以輕鬆移植到舊傳統之上，有時候甚至可以直接從滿倉庫的官方儀式、象徵以及道德勸誡中借出來用——例如宗教、隆重的盛典、民間故事與美生會（freemasonry，美生會本身就是先前「發明」出來，具備強大象徵力量的「傳統」）。魯道夫・布勞恩（Rudolf Braun）對於隨著十九世紀瑞士現代聯邦制成形而來的瑞士民族主義有精妙的探討。[4]布勞恩進行這樣的研究可謂得天獨厚，一來他受過相關學術訓練（「民俗學」〔*Volkskunde*〕），二來他身處的國家瑞士從來沒有因為跟納粹暴政有所牽扯，而在現代化過程中開過倒車。既有的習俗性傳統通則——唱民謠、體能競賽、秀槍法——經過改造、儀式化與制度化，以符合新的民族目標。新歌曲採用與傳統民謠相同的語言風格（作曲者通常是學校老師），相輔相成，化為一大套以「愛國家求進步」為內容的合唱歌曲（「民族，民族，聽來多麼宏亮」〔Nation, Nation, wie voll klingt der Ton〕），而樂句間也體現出源於宗教聖詠的強大儀式元素。（這類新歌曲目的形成很值得研究，尤其是專為學校所寫者。）瑞士聯邦音樂節（Federal Song Festival）章程宣稱，其宗旨在於「發展並改善民俗歌唱，喚醒對上帝、自由以及鄉土的崇高情感，促成藝術與祖國之友的團結和友誼」——是不是讓人想起威爾斯的藝文群英會（eisteddfodau）啊？（「改善」這個詞很有十九世紀追求進步的那種調調。）

節慶會場、飄揚旗海、祭壇、鳴鐘、舞台造景、禮炮、達官顯要出席慶典、宴會、敬酒以及致詞……強大的儀式複合體隨著這些場合而成形。人們為此調整舊素材：

巴洛克風格的慶祝、展演與排場，在這棟嶄新的節慶建築中繞梁不絕。國家與教會在巴洛克式的慶典中昇華，宗教和愛國元素的合金也從新型態的合唱、射擊以及體操活動中冶煉出來。

至於新的傳統中又能使用多少新素材，逼出多少新的表達方式或手法，而舊的象徵性語彙又能從既有的局限延伸出去多遠？此處姑且按下不表。由於前所未有的政治組織、意識形態浪潮和團體（尤其是民族主義相關者）顯然太多，甚至多到得專為它們發明出歷史連續性，比方說創造出一段超乎史實所能回溯的古老過往——要麼半真半假（布狄卡〔Boadicea〕、維欽托利〔Vercingetorix〕、切魯西人阿爾米尼烏斯〔Arminius the Cheruscan〕①，要麼出於偽托（莪相〔Ossian〕、捷克文中古手稿②）。此外，這些嶄新的象徵與手法，顯然作為民族運動和民族國家

① 譯註：布狄卡為西元一世紀中葉不列顛凱爾特人艾瑟尼（Iceni）部落首領，據說她曾率領數個部落反抗羅馬殖民軍。維欽托利是西元前一世紀的高盧阿維尼（Arverni）部落首領，他試圖聯合高盧勢力對抗羅馬，結果敗於凱撒。阿爾米尼烏斯為日耳曼人出身，曾為羅馬軍官，後成為日耳曼部落酋長，曾於西元九年擊敗羅馬人。不列顛、法國與德國在十九世紀下半葉各自以此三人作為民族象徵。

② 譯註：十八世紀蘇格蘭詩人詹姆斯．麥佛森（James Macpherson）曾發表「翻譯」詩集，宣稱內容為民間口耳相傳的傳說吟遊詩人莪相所作。一八一七年，捷克語意學家瓦茨拉夫．漢卡（Václav Hanka）宣稱，自己在教堂和城堡中找到數份來自中世紀捷克文手稿，真偽爭議延續一世紀以上。一般認為，手稿內容係出自漢卡及其友人尤瑟夫．林達（Josef Linda）所杜撰。

的一環而出現，例如國歌（一七四〇年代問世的不列顛國歌，感覺是歷史最悠久的）、國旗（基本上，各國國旗只是拿一七九〇年至九四年間演進的法國大革命三色旗來做變化），或是擬人化的「民族」符號或意象——出自官方之手者如法國國家象徵瑪麗安娜（Marianne）與德國國家象徵日耳曼妮婭（Germania），非官方的樣板人物則有聯合王國的約翰·布爾（John Bull）、瘦高的美國佬山姆大叔（Uncle Sam），以及「德意志人米歇爾」（German Michel）。

而我們也不該忽視連續性中的斷裂；有時甚至連貨真價實的古代傳統意象，也存在清楚的斷裂。洛伊德（Lloyd）認為，[6]英格蘭聖誕民謠舞曲（carol）的創作止於十七世紀，取而代之的則是瓦茨—衛理（Watts–Wesley）風格的讚美詩集頌歌；當然，在正宗循理會（Primitive Methodism）這類主要在鄉間發展的教派當中，還是可以找到經過通俗修改過的頌歌。洛伊德的主張，我們姑且聽之。後來，中產階級民謠搜集者首先復興的，正是民謠舞曲，並打算在「教堂、行會與婦女組織等嶄新的環境中」用以取代讚美詩集歌曲，「交由街角歌手或嗓子粗啞的孩子站在門階前，懷著得到一點賞賜的古老期盼」，傳唱於人來人往的都市新環境中。由此，〈天賜歡樂〉（God Rest Ye Merry, Gentlemen）就不是舊曲，而是新歌。即便推動復興的人有意自我標榜為「復古」，而且將其復興歸諸於一般認為保有歷史連續性與傳統的群體（例如農民），可惜斷裂依然清晰可見。[7]的確，光是出現保衛或復興傳統的活動，無論他們是不是「復古」，都意味著有這種斷裂存在。這一類從浪漫主義時期起便流行於知識圈內的復興運動，發展出或保留住的絕不是什麼「鮮活的昔日」（除非你腦裡想的是一座人類自然保護區，在孤立的角落中過著古意的生活），而必定是「被發明的傳統」。但換個角度談，真正的傳統所蘊含的力量及調適力，也不能跟「傳統的發明」混為一談。只要舊有的生活方式還生氣勃勃，就沒有需要復興或發明的傳統。

我們不妨如是想：傳統發明出來，往往不是因為老方法不能用或行不通，而是因為人們刻意不使用或不調整。因此，十九世紀社會改革的自由派意識形態是刻意反傳統，崇尚激進革新，有計畫地不提供以前的社會認為理所當然的社交與權力紐帶，並創造真空，讓被發明的通則有機會填補進去。十九世紀保守的托利派（Tory）工廠主在蘭開夏（Lancashire）成功利用了這種舊紐帶（不像自由派工廠主），顯示即便在史無前例的工業城鎮環境中，舊紐帶仍然可資使用。[8]將前工業時代的作法運用在變革達到一定程度的社會，長期下來確實會無法適應，這一點毋庸置疑。但這種長期不適應性（long-term inadaptability），絕不能跟短期內把老方法當成進步的阻礙，甚至當成難纏的對手，結果引發的問題混為一談。

長期的不適應性，不會妨礙創新求變的人孕育出自己的「被發明的傳統」——美生會就是個絕佳的例子。即便不會妨礙，人們卻普遍對不理性、迷信以及習俗性通則抱持敵意，認為它們令人想到黑暗的過去（但其實它們不見得是從過去傳下來的）；這種敵意導致那些深信「啟蒙」真實不虛的熱情擁護者們——例如自由派、社會主義者以及共產主義者，對於新傳統、舊傳統一概不予接納。社會主義者在不知其所以然的情況下，採用了一年一度的五一勞動節（May Day）；

國家社會黨（National Socialists）則憑藉繁複的禮儀、狂熱以及對符號的有意操弄，進而利用這一類的節慶場合。[9]不列顛盛行自由主義時，對於這類通則還算容忍（只要不涉及意識形態或經濟效率等議題就好），有時甚至只是對下層階級的不理性勉強讓步。自由派對於互助會社交與儀式活動抱持的態度，結合了敵意（立法禁止「不必要的開銷」，像是「週年慶、遊行、樂團、徽章等費用」）和容忍，像是以「這種娛樂對鄉下人尤其具有不可否認的重要性」為考量而接受其年度節慶。[10]但是，一絲不苟的產業理性思維不只控制著經濟的微積分，甚至成為一種社會理想。

請容我為工業革命至今所發明的傳統，做幾點概括的觀察來作結。

這些傳統或許可分成三種互有重疊的類型：

（一）確立／象徵了團體的凝聚力或團體成員的身分（團體可以是真實的共同體，也可以是人為的共同體）。

（二）確立／合理化制度、地位或權力關係。

（三）主要目的在於社會化（socialization），灌輸信念、價值體系以及行為慣例。

（二）跟（三）兩類傳統肯定是發明出來的（例如在不列顛印度用來象徵「服從權威」的傳統），而我們也不妨說（一）類傳統俯拾皆是：內建於／源於對某個「共同體」（例如「民族」）

的認同感，以及／或能夠「代表、表現或象徵」該共同體的各種機制，而且還有其他功能。

前兩類傳統的難處，在於「共同體」這類大型社會實體顯然不算是「禮俗社會」（Gemeinschaften）③，甚至不是眾所接受的階層體系。社會流動性、階級衝突與主流意識形態等因素，會讓用來凝聚社群的傳統，以及正規階級制度（例如軍隊的官階）中明顯的位階不平等難以放諸四海。但（三）類傳統受到的影響不大，畢竟整體社會化（general socialization）的目的，就是在國家的每一個公民、民族的每一個成員、王室的每一個子民身上灌輸一樣的價值觀，而不同社會團體（例如公學學生就跟別人不一樣）的特定功能社會化（functionally specific socializations），通常也不會彼此妨礙。另一方面，「被發明的傳統」多多少少會把「地位」重新引進一個「契約」的世界，會把「尊卑」再度帶進一個「法律之前人人平等」的世界，只是方法不能這麼直接，而是靠正式的象徵性認可（formal symbolic assent），例如改變過後的不列顛君主加冕儀式，如此，才能偷渡進入某個實際上並不平等的社會組織。[11] 比起將「服從」灌輸給下層，被發明的傳統其實更常促成菁英的集體「優越」感——尤其是當這些菁英是透過吸收而來，其地位並非與生俱來的先賦（ascription）時。無論是日耳曼蔚為特色的軍國主義／官僚形式（例

③ 譯註：德國社會學家斐迪南．吞尼斯（Ferdinand Tönnies）根據社會紐帶的類型，將社會群體分為禮俗社會與法理社會（Gesellschaft）。前者以直接的個人性的社交互動、角色、價值觀為主，後者則是間接的互動、去個人化的角色、正式的價值觀及信念為主。

如學生擊劍團），還是非軍事性的不列顛公學「道德紳士」模式，只要把這些菁英吸收進「前資產階級」（pre-bourgeois）的統治集團或當局，便能刺激某些人感覺自己高人一等。又或者說，若是想要發展出菁英的士氣（esprit de corps）、自信以及領導能力，說不定就是得靠更是內裡的「傳統」，來標榜達官顯要的凝聚力（一如在法國，或是殖民地的白人之間）。

我們暫且把「共同體式的」（communitarian）被發明的傳統當成基本形式，而其性質仍有待研究。至於「被發明的通則」（invented practices）與「老傳統的通則」（old traditional practices）之間有什麼差別，就留待人類學幫助我們細說分明吧。我稍微提一下：在特定團體的傳統裡，舉凡和人生大事有關的慶祝儀式通常相當引人注目（像是入會儀式、晉升、退休、死亡）；但對於那些為無所不包的偽共同體（pseudo-communities，例如民族、國家）所設計的傳統來說，就不如在特定團體中明顯；我想，這是因為偽共同體必須強調自己具備永恆不變的特性，至少自共同體奠定以來，就沒有改變過。不過，新政權和新運動都會為自己尋找替代品，以取代跟宗教相關的傳統通過儀式（如民事婚姻、葬禮）。

「舊的通則」與「被發明的通則」之間，有個顯而易見的差異。前者是特定且具有約束力的社會通則，反觀後者，其灌輸給團體成員的價值觀、權利和義務，則不可言狀且含糊——諸如「愛國心」、「忠誠」、「責任」、「投入比賽」、「學校精神」等。不過，不列顛人的愛國心或「美國精神」（Americanism）雖然極其含糊（只是在儀式場合解說得煞有其事），但象徵這兩者的

「通則」在本質上都具有強制性——例如在不列顛要立正唱國歌，在美國的學校要立正升旗。感覺起來，為俱樂部成員發想出富有情感與象徵意義的符號，好像比俱樂部的章程和宗旨更要緊。符號的要義，就在於符號具備不分你我的普遍性：

> 獨立的國家會透過國旗、國歌及國徽這三種象徵來彰顯其認同與主權，同時要求尊敬與忠誠。國旗、國歌及國徽本身就反映了一整個民族的背景、思維和文化。[12]

一名觀察家在一八八〇年曾提到，「軍警如今是為了保護我們而別上徽章」，他就是這個意思；只不過他沒有料到，群眾運動時代才正要開始，這些標誌將捲土重來，變成個別國民的配件。[13]

還有一點觀察則是，「過去」本來是多數人類行為形式的典範或先例，如果「過去」在社會中扮演的這種角色愈來愈不重要，舊傳統和習俗雙雙式微，新傳統應填補滿前者留下的空間，卻只填補了一小部分。十九、二十世紀發明出的傳統在多數人的私生活，以及小型次文化團體的特有生活方式中占的比例，甚至比舊傳統在（比方說）古老農業社會中所占比例小得多。[14]「天經地義」建構了老祖宗的日常生活、時令以及生命週期；但對二十世紀的紅男綠女來說，所謂天經地義之事則更顯微不足道，甚至比不上經濟、科技、官僚政治體系、政治決策等外在強制力，而這些既不仰賴、也不會發展出我所說的「傳統」。

然而，上述的概述並不適用於所謂「公眾生活」領域（公眾形式的社會化有別於私人形式的社會化，「中小學」算是前者，「大眾傳媒」則是後者）。無論是與公部門團體（軍隊、司法界，甚至是公務員）有關的新傳統通則（neo-traditional practices），或是與一國公民資格相關的通則，都沒有弱化的跡象。其實，大多數會讓人們意識到上述公民身分的場合，泰半仍然與象徵性、半儀式性的通則（例如選舉）有關，而這些通則不僅在歷史上相當新穎，而且大多是發明出來的：旗幟、圖像、儀式以及音樂。若說自從工業革命與法國大革命時代以降，「被發明的傳統」已經填補了一道長久存在、直至今日的間隙裡，那這道所謂的間隙，或許就在公眾生活領域中吧。

最後我想問問，歷史學家何必把注意力投注於這種現象？這問題有點多餘，畢竟關注傳統發明的史家就是愈來愈多。那我換個方式問好了。對歷史學家來說，研究傳統的發明能帶來哪些益處？

第一項，也是最重要的一項益處，在於傳統的發明可說是重要的徵兆及指引；若是不由此著手，就辨識不出某些問題，難以辨別某些發展，為其定年。傳統的發明就是跡象。日耳曼民族主義從原本的自由模式，轉型為新的帝國主義擴張模式——從德國體操界、政府文告或組織發言人先後以新的黑白紅三色旗，迅速取代舊有的黑紅金三色旗（尤其是在一八九〇年代），便能更清楚看出民族主義的轉型。不列顛足總盃決賽的歷史，則道出了傳統資料以及史料所難以呈現的都市勞工階級文化發展。同理可證，研究被發明的傳統，絕不能跟整體的社會史研究分離；光是去發現這種通則，卻沒有整合成大範圍的研究，是不能期待有什麼長足進步的。

第二項益處，在於進一步看清楚世人與「過去」的關係，進而看清楚歷史學家自身的關懷和史家的技藝。畢竟，幾乎所有被發明的傳統，都以歷史作為行動合理化的根據，以及鞏固向心力的接合劑。被發明的傳統往往變成實際的抗爭象徵，例如南提洛（South Tyrol）彼此競爭的泛日耳曼派與泛義大利派，便分別在一八八九年、一八九六年，為中世紀日耳曼抒情戀愛詩歌詩人瓦爾特・馮・德・福格爾魏德（Walther von der Vogelweide）與但丁（Dante）設立紀念碑。[15]甚至連革命運動都得訴諸一段「人民的歷史」（薩克森人〔Saxons〕對諾曼人〔Normans〕，「我們的高盧先人」對法蘭克人、斯巴達克斯），訴諸革命的傳統（「德意志民族也有自己的革命傳統」，恩格斯〔Engels〕在《德意志農民戰爭》〔*Peasant War in Germany*〕開篇如是說），[16]以及自己的革命英雄與先烈。詹姆斯・康納利的《愛爾蘭勞工史》（*Labour in Irish History*）堪稱這類主題的總和經典。「發明」，此一元素在史學研究中尤其明顯；歷史成為知識的一部分，成為民族、國家或運動之意識形態的一環，但這樣的「歷史」其實並非通俗記憶中保有的原樣，而是經過職責所在之人的選擇、書寫、設想、推廣以及制度化。口述史學者觀察到，一九二六年不列顛大罷工（General Strike of 1926）在老人家的真實記憶裡，往往比訪談者預想的更溫和，沒有那麼戲劇性。[17]學者也分析了法國大革命的形象在第三共和國（Third Republic）時期，受共和政府推動下的成型過程。[18]但是，無論史家的目標是什麼，他們全都參與了這段形象塑造的過程。他們或許有意為之，或許無心插柳，但無論如何都在創造、拆解、重建過去的形象時推了一把，而這番形象不只屬於專家研究的領域，也是公共領域的一部分，畢竟人是政治性的存在。史家或許也注意到自己的活動帶有這一層維度。

正因為有這種關係，現代與當代史家才會特別關注「被發明的傳統」，這一點要特別提出來說。被發明的傳統跟「民族」這種相對晚近的歷史創新密不可分，也跟民族主義、民族國家、民族象徵、民族史等各種相關的現象高度相關。上述所有現象皆有賴社會操縱（social engineering）的訓練，而社會操縱往往出於有意，且必定是創新——既然在歷史上是種新鮮事，那就絕對是種創新。無論猶太人或中東穆斯林具有什麼樣的歷史連續性，以色列與巴勒斯坦民族主義或民族絕對是新事物；畢竟在一個世紀前，以色列與巴勒斯坦地區幾乎沒人想過當今蔚為標準的領土型國家概念，甚至直到一戰結束之前都沒人認真當回事。標準國語——不僅學校中有教，而書寫甚至口說的人也不止一小群菁英——多半是在各個不同而且通常很短暫的時代中建構出來的。研究法蘭德斯語的法國史家準確觀察到，今天比利時教授的法蘭德斯語，並非母輩、祖母輩的法蘭德斯人會跟孩子講的那種語言。簡言之，把法蘭德斯語稱為「母語」，是比喻而非真實。現代民族和他們如沉重包袱般的累贅，往往會宣稱自己一點都不新，而是根植於最遙遠的古早時；他們往往宣稱自己絕非人為建構，而是不證自明、純「天然」的人類共同體，自己說了算。我們不該被這種詭異但不難理解的弔詭之處所誤導。無論現代的「法國」與「法國人」概念蘊含著什麼樣的「歷史的」或其他的連續性（絕不會有人試著否認），這些概念本身必然含有人為建構或「發明」的成分在內。現代民族主觀上泰半是由這種人為建構所構成，而現代民族又跟「挪用」（**appropriate**）以及整體而言相當新穎的象徵，或是量身訂做的論述（例如「民族史」）不脫關係。正因如此，對「傳統的發明」才更需要仔細注意，否則就無法切實研究這種民族現象。

總之，研究傳統的發明，必須跨學科而為。研究這個領域，必須集歷史學家、社會人類學家等各種人文學者之力，通力合作才能抽絲剝繭。

註釋

1 例見 André Tihon, 'Les religieuses en Belgique du XVIIIe au XXe siècle: Approche Statistique', *Belgisch Tijdschrift v. Nieuwste Geschiedenis/Revue Belge d'Histoire Contemporaine*, 7 (1976), pp. 1–54.

2 Karsten Bahnson, *Akademische Auszüge aus deutschen Universitäis und Hochschulorten* (Saarbrücken, 1973).

3 這種出走潮在十八世紀有十七次紀錄，一八〇〇年至四八年有五十次，但一八四八年至一九七三年卻只有六次。

4 Rudolf Braun, *Sozialer und kultureller Wandel in einem ländlichen Industriegebiet im 19. Und 20. Jahrhundert* (Erlenbach-Zürich, 1965), ch. 6

5 同前註，pp. 336–7.

6 A. L. Lloyd, *Folk Song in England* (London, 1969), pp. 134–8.

7 有時候，復興傳統正是為了彰顯其式微，而這也有別於上面提到的復興。「一九〇〇年前後的農民文化復興——為了節慶場合而穿上的古老地方服裝，跳的民俗舞蹈，以及類似的儀式——既不布爾喬亞，也不復古。表面上，這種復興很像是懷舊，渴慕那些急速消失的古老文化，實際上卻是階級身分的展現：富農藉由這種方法，橫向與城裡人保持距離，縱向與佃農、工匠以及工人保持距離。」Palle Ove Christiansen, 'Peasant Adaptations to Bourgeois Culture? Class Formation and Cultural Redefinition in the Danish Countryside?', *Ethnologica Scandinavica* (1978), p. 128. 並見Gavin Lewis, 'The Peasantry, Rural Change and Conservative Agrariansim: Lower Austria at the Turn of the Century', *Past & Present*, 81 (1978), pp. 119–43.

8 Patrick Joyce, 'The Factory Politics of Lancashire in the Later Nineteenth Century', *Historical Journal*, 18 (1975), pp. 525–53.

9 Helmut Hartwig, 'Plaketten zum 1. Mai 1934–39', *Aesthetik und Kommunikation*, 7: 26 (1976), pp. 56–9.

10 P. H. J. H. Gosden, *The Friendly Societies in England, 1815–1875* (Manchester, 1961), pp. 123, 119.

11 J. E. C. Bodley, *The Coronation of Edward VIIth: A Chapter of European and Imperial History* (London, 1903), pp. 201, 204.

12 印度政府官方解說文字，轉引自Raymond Firth, *Symbols, Public and Private* (London, 1973), p. 341.

13 Frederick Marshall, *Curiosities of Ceremonials, Titles, Decorations and Forms of International Vanities* (London, 1880), p. 20.

14 更別提歷史悠久的儀式與代表一致和團結的符號，已經轉變為日新月異的潮流——像是已開發國家青年文化中的服裝、語言以及社交習慣。

15 John W. Cole and Eric Wolf, *The Hidden Frontier: Ecology and Ethnicity in an Alpine Valley* (New York and London, 1974), p. 55.

16 革命傳統與其他軍事歷史題材的書籍，在德國工人圖書館中受歡迎的程度有多高？可以參考Hans-Josef Steinberg, *Sozialismus und deutsche Sozialdemokratie. Zur Ideologie der Partei vor dem ersten Weltkrieg* (Hanover, 1967), pp. 131–3.

17 底層參與者看待親身經歷的史事，角度往往不同於最上層的人或歷史學家，而這背後是有很合理的根據的。我們不妨（根據司湯達〔Stendhal〕《帕爾馬修道院》〔*Chartreuse de Parme*〕的主角）稱之為「法布里斯症候群」（Fabrice syndrome）。（編注：在《帕爾馬修道院》一書中，平凡的法布里斯經歷滑鐵盧之戰、歐洲封建制度瓦解、教會腐敗等社會改變，完整呈現出一般人在歷史變動的生活中，所面臨的各種心理狀態改變。）

18 例見Alice Gérard, *La Révolution Française: Mythes et Interprétations, 1789–1970* (Paris, 1970).

第七章　「民族」傳統的產生

只要我們明白，時不時都有人在發明傳統，就不難發現「傳統」在一個時代——大概是第一次世界大戰爆發前的三十或四十年間——如雨後春筍般誕生，奮力茁壯。如果說傳統在當時比在其他時代「更茁壯」，大家一定有所遲疑吧，畢竟我們沒有辦法做扎實的量化比較。儘管如此，傳統的創造（creation of tradition）仍在許多國家風起雲湧地展開（……）。無論是官方或是非官方，都有人著手進行創造。前者我泛稱為「政治性」創造，主要發生在政府或有組織的社會及政治運動之中，或是由它們推動；後者我泛稱為「社會性」的創造，主要是由不若前者那麼有板有眼的組織，或是並未明確或有意以政治為目標、且不一定具有政治功能的社會團體所推動，例如俱樂部和兄弟會。這種區分方式稱不上原則，只是權宜為之。之所以做區分，是為了讓大家注意到：十九世紀時傳統的創造有兩種主要形式，而這兩種形式都能反映出當時深遠且迅速的社會轉變。社會團體、環境或社會脈絡無論是出於新創，還是雖屬舊有但經過劇烈的轉變，無不需要新的機制，以確保或表現社會凝聚力、社會認同，並建構起社會關係。與此同時，社會的變化也讓傳統上由政府、社會或政治階級主導的統治形式變得愈來愈難施展開來，甚至完全行不通。人們需要新的統治方法，或者建立新的忠誠紐帶。當然，隨之而來的「政治」傳統的發明會更有意識，更深思熟慮，畢竟實施這類傳統的組織多半都有政治目的。不過我也得直接提醒大家：有意為之的發明能成功到什麼程度，泰半取決於其波長和民眾的頻率對到多少。雖然官方新訂的法定節日、儀式、英雄以及符號，主宰了大幅增加的公務人員，以及愈來愈多的學童等被動受眾，但若缺少民眾真心的迴響，恐怕還是無法成功激起國民自動自發。德意志帝國試圖讓皇帝威廉一世（William I）成為全民所接受的大一統德國的國父，並將他的生日變成貨真價實的全國紀念日，但未能成功。（順帶一提，如今，誰還記得要稱他「威廉大帝」〔William the Great〕？）截至一九〇二年，有三百二十七座紀念碑在政府的督促下興建；相形之下，俾斯麥在一八九八年過世後不到一年，就有四百七十個地方自治體決定豎立「俾斯麥紀念柱」（Bismarck columns）。[1]

即便如此，仍然有某些國家對於傳統的發明需求愈來愈多，而這些正式與非正式、官方與非官方、政治性與社會性的傳統的發明，多半是由政府聯繫起來的。由下而上來看，是國家劃定出最大的舞台，而台上所展演的關鍵活動，決定了人們作為子民與公民的生活。其實，除了界定舞台上的活動，人們的民政存在（civil existence）也是由國家透過重要文件（état civil），將之記錄在案。國家不見得是公民生活中唯一的舞台，但這個舞台的存在、範圍，以及頻率愈來愈高、探查愈來愈深入的干預，歸根究柢具有絕對的影響力。對已開發國家來說，「國民經濟」（national economy）以及透過政府或其分支機構的領土所界定的領域，已經成為經濟發展的基本單位。國界線或國策的更易，對該國公民將有重大而持續的實質影響。行政機構、國內法與國民教育的標準化，將百姓轉化為特定國家的公民：「把農民變成法國人」。[2]國家是公民集體行動的框架——當然，這僅限於官方認可的行動。國內政治活動最主要的目標，在於影響或改變該國政府或其國策，而一般人的參政權也愈來愈豐富。在嶄新的十九世紀舞台上登台表演的政治，確實是一種全國性的政治。簡言之，出於實際目的，社會（「公民社會」〔civil society〕）與運作於該社會範圍內的國家，這兩者逐漸密不可分。

因此，社會內部的階級（尤其是勞工階級）自然傾向於透過全國性的政治運動或組織（「黨派」）來自我認同；上述運動與組織的實際運作，自然也是在民族的範圍之內。[3]也難怪以代表整個社會或「人民」為訴求的運動，會以本質上獨立的國家，或者至少是自治政府的角度，來設想自身的存在。國家、民族與社會，三者於是匯集了起來。

無獨有偶，如果從昔日統治集團或主流團體的角度由上往下看，國家同樣引發了前所未有的問題，諸如如何維繫，甚或是建立子民或成員的服從、忠誠與合作，以及如何在他們心中樹立其正當性。國家跟個別子民、公民之間的關係變得更為直接、更具侵入性、經常性（至少國家跟家戶長之間的關係是如此），這種關係漸漸成為國家運作的核心。過去用於維持社會性從屬（social subordination）的機制，例如（一）位居統治者之下，但相對自治、掌握其成員的集合體或法人；（二）透過其頂端與更高權威相連接的權力金字塔；（三）每一個階層都知道自己位置何在的垂直社會階級體系等，都因為國家與個人關係的變化而弱化。總之，以「階級」（classes）取代「地位」（ranks）的這類社會轉變，對舊有機制是一種傷害。對於某些地方的國家及統治者來說，他們的子民變成公民之後，其政治活動也就得到體制的認可，必須加以重視——至少要透過舉辦選舉以表達重視，而這顯然讓他們的問題變得更嚴重。一旦公民政治運動演變為群眾對政治或社會統治體系正當地位的刻意挑戰，並且／或者把對於其他人類集合體（human collectivity，通常是階級、教會或族群）的義務置於國家秩序之上，從而證明跟國家秩序不相容的可能性的確存在，情況就會一發不可收拾。

對三種地方來說，這一切感覺不成問題——社會結構變動甚少的地方、居民的命運只怕天有旦夕禍福的地方，以及古老階級權威與分層、多形式與相對自治的從屬仍保有影響力的地方。除了鄉土認同之外，或許只有教會和國王有辦法動員南義大利的農民。農民確實安土重遷（只要都屬於同一教派、同一族群，農民不太會挑戰既有的領主，而這千萬不能與被動消極混為一談），十九世紀的保守黨則將之奉為臣民政治舉動的理想典範，並不斷歌頌。偏偏這種典範能夠運作的國家，往往被世人定義為「落後」；因為落後所以無力，任何將之「現代化」的嘗試，恐怕只會讓典範更行不通。理論上，在「現代化」的同時維持舊有的社會從屬秩序（也許搭配一些通情達理的傳統的發明），簡直是匪夷所思；實際上，除了日本之外，我們恐怕也想不到成功的案例。不妨說，但凡試圖去更新傳統秩序中的社會紐帶，必然會造成社會等級制度的式微，並強化子民跟中央權威之間的直接紐帶——無論這種強化是否有意而為，中央權威都將逐漸成為新國家型態的代言人。「天佑吾王」漸漸比「天佑縉紳及其親屬，保有我們的地位」的政治禁制效果更好，也更有象徵作用。

〔……〕

而對於全新的國家、統治者無法有效利用既有政治服從和忠誠紐帶的國家，以及正統性（或者國家所代表的社會秩序）不再為人所接受的國家來說，問題更是棘手。一八七〇年至一九一四年間，世界上反常地出現了幾個「新國家」。大多數歐洲國家（以及美洲的各個共和國）在當時已經有了基本的官制、象徵和常規；蒙古在一九一二年脫離中國，建立某種形式的獨立時，其國人也精準地把握到新創上述事物的必要性。這些國家擁有首都、國旗、國歌、軍服等相關事物，以不列顛與法國為模範——不列顛的國歌（可以回溯到一七四〇年左右）或許是最早的國歌，而法國三色旗則廣為他國所效仿。幾個新國家和新政權得以學習法國第三共和國，追溯當年的法國共和象徵；或是學習俾斯麥的德意志帝國，把對於前一個德意志帝國的嚮往，跟深受中產階級歡迎的自由民族主義神話與符號，以及普魯士君主國的王朝連續性相結合（俾斯麥時代的德國，有半數居民在一八六〇年代時就是普魯士王國的子民）。幾個大國裡，只有義大利必須從零開始，去解決阿澤廖侯爵「我們已打造出義大利，如今該來打造義大利人了」這句名言所具體而微展現的問題。薩伏依王國的傳統，只要出了該國的西北角，就再也不具政治作用；教會也反對新成立的義大利國。無怪乎新的義大利王國雖然對「打造出義大利人」很感興趣，卻直到無法避免，才滿不情願地把投票權賦予頂多百分之一或二的義大利人。

新國家、新政權政統的建立雖然相對罕見，但就堅持抵制群眾政治的挑戰來說，則是有志一同。先前說過，這種挑戰通常是由時而聯手、時而競爭的群眾政治動員，憑藉宗教（主要是羅馬天主教）、階級意識（社會民主主義〔social democracy〕）以及民族主義（至少是仇外心理）之一，或是其組合所挑起的。「投票」最是能在政治上表達這些挑戰。當年，群眾政治的挑戰往往跟普選權的存在，或是爭取普選權密不可分；至於它們的對手，此時已經改採拖延戰術，以拖待變。截至一九一四年，澳大利亞（一九〇一年）、奧地利（一九〇七年）、比利時（一八九四年）、義大利（一九一三年）、挪威（一八九八年）、瑞典（一九〇七年）、瑞士（一八四八年至七九年）、聯合王國（一八六七年至八四年）和美國已經具備某種形式的大規模選舉權，甚至是男性普選權，但這多半沒有跟政治民主結合。不過，即便憲法並不民主，但光是群眾選民的存在，便足以放大忠誠維繫的問題。社會民主派的選票在帝制德國中不斷增加，這對該國統治者來說同樣值得擔憂，畢竟國會其實沒什麼權力，卻仍出現如此的投票結果。

因此，代議民主的普遍進展，以及隨之興起的群眾政治，主導了一八七〇年至一九一四年間官方傳統的發明。自由憲政典範與自由主義意識形態的主導地位，讓這一切變成當務之急。前者無法為阻擋代議民主提供理論上的屏障，頂多在實際上擋一擋。的確，自由派很難不去期盼有朝一日要把公民權擴展到所有公民身上——至少擴展到男性身上。後者則是一步步地走向選擇支持個人，不支持制度化的集合體；選擇支持市場交易（「金錢網絡」），不支持人際紐帶；選擇支持階級，不支持地位高低；選擇支持法理社會，不支持禮俗社會，進而打出歷來最精采的經濟勝仗，並成就社會轉型。對於先前的社會來說，社交聯繫以及與權威之間的紐帶可謂理所當然。因此，自由意識形態一步步取得經濟成就與社會轉型，也就等於一步步在提供紐帶方面走向失敗，甚至是開始削弱它們，而且是成功地削弱。只要群眾保持在政治之外，或者準備追隨自由派資產階級，紐帶的缺乏就不會造成嚴重的政治難題。但是從一八七〇年代以降，群眾顯然愈來愈涉入政治，不能指望他們會聽從主子的話。

因此，在一八七〇年代之後，統治者與中產階級觀察家便再一次發現，「非理智」元素對於維持社會肌理和社會秩序的重要性；我們幾乎可以肯定，這種再發現跟群眾政治的出現有關。格雷厄姆．華勒斯（Graham Wallas）後來在《政治中的人性》（*Human Nature in Politics*, 1908）一書便評論道：「任何人若是想重新研究人性的運作，作為自己政治思考的基礎，就必須努力克服自己誇大人類知性的傾向」。[4]新一代的思想家毫不費力便克服了這種傾向。他們以人類學方法研究原始部落——如今看來，部落習俗所保存的，絕不只是現代人性發展的童年時期痕跡（涂爾幹不就在澳洲原住民的儀式中看見了所有宗教的元素嗎？[5]）——甚至研究人類理性理想的大本營，也就是古典希臘文化（如詹姆斯・弗雷澤〔James Frazer〕，法蘭西斯・科恩福〔Francis Cornford〕），[6]並從個人心理（佛洛伊德）與社會心理（勒龐〔Le Bon〕）之中，又一次發現非理智元素。對於政治、社會的知性研究逐漸有了轉變，因為人們體認到，無論是什麼將人類集合體維繫起來，那都不會是個別成員的理智計算。

〔……〕

人們必須建構出替代的「公民宗教」（civic religion）。這種需求便是涂爾幹社會學的核心，是這位不遺餘力的非社會主義共和派所做的努力。不過，公民宗教的建立，仍需要其他相對平凡的思想家——或說是比較實際的政治家。

如果以為統治第三共和國的人，是靠發明新傳統為主力，達到社會穩定，那就太愚昧了。他們仰賴的其實是扎扎實實的政治現實：右派在選舉中是永遠的少數；社會革命無產階級與動不動就翻臉的巴黎人，票數永遠少於選票數多得不成比例的鄉村及小鎮；至於那些真心熱情擁護法國大革命、真心痛恨有錢人的共和派鄉間選民，通常只需要在區內各地好好鋪路，捍衛農產品的高價，以及保持低稅率（幾乎都會奏效），就能按捺住他們。激進社會主義大佬很清楚自己該怎麼做，在選舉演說時訴諸一七八九年法國革命初期的精神（而非後來一七九三年的恐怖統治），歌頌國力巔峰時的共和國，藉此效忠於自己在隆格多克（Languedoc）葡萄產地的選民利益。[7]

即便如此，傳統的發明仍然是維繫共和國的要角，甚至可以藉此同時抵抗社會主義和右派。第三共和國刻意併吞革命傳統，藉此馴服了社會革命派（例如多數的社會主義者）或孤立他們（例如無政府工團主義者〔anarcho-syndicalists〕）。現在，執政者甚至能一個接著一個，動員左派潛在對手中的大多數，以捍衛共和制度及曾經的革命成果，構成階級共同戰線，進而讓右派減少到成了民族國家內的永久少數派。確實，第三共和國政局的教科書級經典——小說《克雷西梅》（*Clochemerle*, 1934）清楚闡明了右派的主要作用，正是為虔誠的共和派提供某個可以動員對付的目標。社會主義勞工運動多少抵抗了資產階級共和政府的招安；因此，他們創立在巴黎公社社員牆（Mur des Fédérés, 1880）紀念巴黎公社（Paris Commune）的年度活動，抵抗共和國的體制收編（institutionalization）；也因此，他們用新的〈國際歌〉（Internationale）為其頌歌，取代在德雷福斯事件期間，以及社會主義者參與資產階級政府相關爭議期間，成為法國國歌的老歌〈馬賽曲〉（Marseillaise）。激進的雅各賓共和派（Jacobin Republicans）仍舊在官方的象徵符號中，跟主政的溫和共和主義者分庭抗禮。莫里斯・阿古龍（Maurice Agulhon）研究人們設立紀念碑時表現出的標誌性狂熱情緒，尤其是一八七五年至一九一四年期間的共和國本身。他精準點出，如果是政治態度較激進的自治體，瑪麗安娜（擬人化的革命時期法國）至少會坦露一邊乳房，而在態度溫和的地方則是穿著得體。[8]不過，基本事實依舊——掌握共和國圖像、符號以及傳統的人，依然是政治光譜居中的人，只不過假裝自己是極左派的激進社會主義者，「就像櫻桃蘿蔔，外紅內白，而且都依附在麵包塗了奶油的那一面」。等到人民陣線（Popular Front）成立，他們失去對國運的掌控之後，第三共和國的日子也就不多了。

有不少證據顯示，自一八六〇年代晚期以降，溫和共和派資產階級就深知自己主要的政治問題（「沒有左派敵人」），並且在穩穩掌握共和國之後著手解決這個問題。[9]從傳統的發明來看，有三大創新尤其顯眼。第一大創新是發展出教會的世俗對等制度——初等教育。教育現場充滿「革命」與「共和」的原則和內容，共由教士的世俗對等身分——小學老師來主持（從貧窮的程度來說，和小學老師對等的，應是托缽修士才對）。[10]毫無疑問，第三共和國早期確實有意建構初等教育，加上眾所周知的法國政府中央集權化使然，課本內容不只要把農民變成法國人，還要把所有的法國人變成貨真價實的共和派，而且一個都不留。事實上，第三共和國期間，由共和國本身所推動的法國大革命「體制化」，業已有人詳細研究了。[11]

第二大創新是公共儀式的發明。[12]其中最重要的巴士底日（Bastille Day），更是可以明確回溯到一八八〇年。巴士底日結合了官方、非官方集會與群眾慶典——施放煙火，在大街上跳舞——一年一度重申法蘭西是一七八九年的那個民族，法國每一名男女老幼都可以成為一員。雖然巴士底日為更好戰的民粹表現留下了餘地（這也難免），但整體趨勢仍然在於把革命的遺產組合起來，展現國家級的排場、權力，展現幸福公民的場合。不定期舉辦的世界博覽會則是一種相對不固定的全民慶典，而繁榮、技術進步（艾菲爾鐵塔），以及歷次博覽會上大書特書的全球殖民征服，同樣能為共和國背書。[13]

第三大創新是先前提到的，公共紀念碑的大量生產。大家可能會注意到，第三共和國不像其他國家那麼偏好大型公共建築——畢竟法國已經夠多了（不過大博覽會還是為巴黎留下了一些大型建築）——對巨型雕像也興趣缺缺。法國「建碑熱」（statuomania）[14]的主要特色在於其「民主」，彷彿預示了一九一四年至一九一八年後林立的戰爭紀念碑。這波熱潮的情緒，為全國各大城與鄉間市鎮帶來兩種紀念碑：一種是共和國本身的圖像（以如今大家都很熟悉的瑪麗安娜為形式），一種是蓄著鬍的市民像，端視當地愛國者選擇誰作為名人代表，古今人物都有。共和紀念碑的興建顯然受到當局鼓勵，不過實際行動以及相關花費，都由地方層級負責。企業家迎合市場需求，為財力各不相同的每一座共和國市鎮提供合適的選擇，從莊重的瑪麗安娜胸像（各種大小都有），到各種角度的真人大小塑像、紀念像底座，以及具有象徵意義的裝飾品等一應俱全，讓胸懷大志的市民團體用來圍在她的腳邊作妝點。[15]巴黎的共和國廣場（Place de la République）與民族廣場（Place de la Nation）上的華麗群像，堪稱究極版的紀念雕塑。這一類的紀念像可以回溯到共和國的草根層級——尤其是在鄉間的橋頭堡——是人們眼中「選民」與「民族」之間可見的連結。

我順帶談一下第三共和國官方「被發明的」傳統的其他特色。除了紀念地方歷史名人，或是地方性的政治宣言之外，其他被發明的傳統都跟歷史保持距離。當然，這一部分是因為一七八九年以前的歷史（大概只有「我們的高盧先人」例外）再再讓人想到教會與王政，一部分則是因為一七八九年以來的歷史其實是引發分裂，而非促進團結的力量：光是從法國大革命相關的歷史寫作就能看出，共和主義的每一塊招牌（也可以看成「共和」的每一種程度）底下，在革命萬神殿裡都有自己相對應的英雄及反派人物。從羅伯斯比爾（Robespierre）、米拉波（Mirabeau）或丹東（Danton）的雕像，便能看出黨派差異。因此，法蘭西共和國就不會像美國或拉丁美洲國家那樣崇拜建國元勛，而是能免則免。法國傾向普遍性的符號，連郵票上也避免使用會讓人聯想到民族過往的主題，局面直到一九一四年後許久才改變；大多數歐洲國家（除了不列顛和斯堪地那維亞）反倒從一八九〇年代中葉起，就開始挖掘民族歷史的魅力。法國的象徵不多：三色旗（經過庶民化、普遍化，變成市鎮首長配掛的三色飾帶，出現在民事婚姻或其他儀式場合上）、共和派的字母交織符號（RF）與格言（自由、平等、博愛）、〈馬賽曲〉，以及共和國與「自由」本身的象徵——第二帝國晚期逐漸成形的瑪麗安娜。大家或許也會注意到：第三共和國官方對於「自由之樹」（trees of liberty）、理性女神（goddesses of reason）與特定節慶等第一共和國期間蔚為特色、專門發明的儀式，並未展現強烈的嚮往。第三共和國沒有七月十四日以外的國定假日，也沒有公民團體的正式動員、遊行以及行進（不像二十世紀的群眾政權，也不像美國），僅僅簡單將眾所接受的國家權力排場——例如制服、閱兵、樂隊、國旗等——加以「共和化」。

德意志第二帝國堪稱是法國情況的有趣對照組。法國共和「被發明的傳統」的幾大主題，畢竟還是可以在共和國本身內部找到。第二帝國的主要政治問題分為兩個層次：如何為俾斯麥版本的統一（普魯士式的小德意志）提供本來所沒有的歷史正當性；以及如何因應偏好其他政治解方、人數又占多數的選民（大德意志派、反普魯士特殊論者、天主教徒，以及為首的社會民主黨）。俾斯麥個人想出一面三色旗，結合了普魯士的黑白雙色，以及他想取得支持的民族主義和自由派黑紅金三色（一八六六年）；除此之外，他本人似乎不太關心象徵符號。帝國的黑白紅三色國旗此前全無歷史先例。[16]俾斯麥穩定政局的訣竅簡單得多：只要不會破壞普魯士君權、軍隊以及權貴的支配，就盡可能推動資產階級（絕大多數是自由派）的政見，以贏得他們的支持；利用各種對手內部潛藏的裂痕，同時盡可能排除政治上的民主，不讓政府決策受到影響。有些顯然無法彼此調和，卻又難以分裂的團體——例如天主教會，以及後拉薩爾時代（post-Lassallean）的社民黨——多少讓他不知如何是好。其實，他就是因為與兩者正面衝突而敗下陣來的。我們難免會有一種印象：民主政治與權貴政治相去甚遠，就算這位老派保守理性主義者政治操作手法多麼高明，也無法一勞永逸解決民主政治的難題。

因此，德意志帝國的傳統發明主要跟威廉二世時代有關，大方向則有兩個：奠定第二帝國與第一帝國之間的連續性，或廣泛確立新帝國是為德意志人民世俗民族大業之實現；凸顯在一八七一年新帝國建構時，把普魯士與德國其餘地方聯繫在一起的特定歷史經驗。這兩者都免不了把普魯士與德意志歷史冶於一爐，而愛國的帝國派史學家（尤其是特萊志克〔Treitschke〕）投入這項工作已經有一段時間了。達成目標過程中最大的難題，首先在於日耳曼民族的神聖羅馬帝國歷史，很難符合任何一個十九世紀的民族主義模具；其次，則在於上述歷史並不意味著一八七一年的大結局，是歷史上的必然——別說必然了，連可能性都看不出來。若想與現代民族主義相扣，就必須透過兩種手法：一是建立世俗民族敵人（secular national enemy）的概念，日耳曼民族在他們的襯托下，有了清楚的自我認同，進而透過抗爭來成就國家的統一；二是建立「征服」或「文化、政治與軍事優越性」的概念，由此，泰半四散於中歐與東歐各國的日耳曼民族才能主張自己有權統一成單一的大德意志國家。不過，雖然普魯士本身（從「普魯士」之名便有此暗示）之所以建構，從歷史的角度來看，大多是靠擴張進入斯拉夫與波羅的海地區而成，這些地方也已超出了神聖羅馬帝國的範圍，但俾斯麥時代的帝國，尤其像「小德意志派」的人，並不會特別強調上述的第二個概念。

建築物和紀念碑可說是建立德意志歷史新詮釋最明顯的形式，我們不妨視之為一八四八年以前舊浪漫派「被發明的傳統」與新政權的融合，一旦達成融合，最強大的符號就誕生了。一八六〇年代為止的日耳曼體操界、自由派與大德意志派，一八六六年後的俾斯麥派，以及泛日耳曼（pan-German）與反閃（anti-Semitic）等群眾運動，這三大群眾運動分別遵奉三大紀念碑，而這三大紀念碑的靈感基本上都是非官方的：條頓堡森林（Teutoburg Forest）的切魯西人阿爾米尼烏斯紀念碑（大部分建於一八三八年至四六年，一八七五年揭幕）俯瞰著萊茵河的尼德瓦爾德紀念碑（Niederwald monument），旨在紀念一八七一年德國統一（建於一八七七年至八三年）；

以及萊比錫戰役（battle of Leipzig）百年紀念碑，由「推動萊比錫民族戰役紀念碑設立之德意志愛國同心會」（German patriotic League for the Erection of a Monument to the Battle of the Peoples at Leipzig）發起，於一九一三年揭幕。另一方面，前述的三大運動不僅對於把基夫霍伊澤山（Kyffhäuser，民間傳說神聖羅馬帝國皇帝紅鬍子腓特烈〔Frederick Barbarossa〕將在此再度現身）的威廉一世紀念碑變成民族象徵的計畫（一八九〇年至九六年）興趣缺缺，對於在萊茵河和莫澤河（Moselle）的匯流處（名為「德意志角」〔Deutsches Eck〕）興建威廉一世與德意志紀念碑，由此直接挑戰法國對於萊因河左岸的領土主張之舉，也沒有特別的感動。[17]

除了上述這些變奏之外，德國各地在這段時期出現的大量石造紀念碑及雕像規模都驚人的大，以致既識時務又有能力的建築師、雕塑師大發利市。[18]光是一八九〇年代興建或規畫者，我們就能舉出好幾座：新國會大廈及其立面上精雕細琢的歷史意象（一八八四年至九四年）；先前提到的基夫霍伊澤山紀念碑（一八九〇年至九六年）；國立威廉一世紀念碑（一八九〇年至九七年）——顯然是要他當官定的德國國父；位於西伐利亞大門（Porta Westfalica）的威廉一世紀念碑（一八九二年）；位於德意志角的威廉一世紀念碑（一八九四至九七年）；柏林「勝利大道」（Siegesallee）壯觀的霍亨索倫王公英靈殿（Valhalla of Hohenzollern princes，一八九六年至一九〇一年）；德國各大城的威廉一世雕像（一八九四年於多特蒙德，一八九四年於威斯巴登〔Wiesbaden〕，一八九八年於普倫茨勞〔Prenzlau〕，一九〇三年於漢堡，一九〇一年於哈勒

〔Halle〕）；以及時代稍晚卻湧如潮浪的俾斯麥紀念碑（民族主義者是真心擁戴他）。[19]帝國郵票上第一次採用歷史主題，呈現的便是其中一次紀念碑的落成典禮（一八九九年）。

這些堆積如山的石構和雕像代表兩方面的意見。其一強調的是民族象徵的選擇。當中有兩個可行選項：一是形象模糊但軍武風十足的「日耳曼妮婭」，她在雕塑中地位並不高，但從德國建國起就廣泛出現在郵票上，畢竟當時還沒有哪個單一的王朝意象足以象徵整個德國；另一則是「德意志人米歇爾」，他還真的曾以配角身分，出現在俾斯麥紀念碑上。米歇爾算是風趣的民族代表之一，他代表的不是國家或政府，而是「人民」，十九世紀漫畫家通俗的政治表達手法因他變得活潑了起來，旨在表達民族性格，有如民族的一分子（就像約翰·布爾，或是蓄了山羊鬍的洋基美國佬，但瑪麗安娜是共和國的擬人化，因此**不在其列**）。雖然這類象徵的起源和早期發展撲朔迷離，但它們就像國歌，幾乎可以確定最早出現在十八世紀的不列顛。[20]「德意志人米歇爾」有一點很關鍵：他的形象既強調純真無邪，容易遭到心懷不軌的外國人所利用，卻也凸顯他能運用自己的孔武有力，挫敗外國人的欺瞞把戲，最終只要起而行就能征服。「米歇爾」在本質上似乎是個排外的形象。

其二強調的，則是俾斯麥統一德國是**唯**一的民族歷史經驗，是新帝國的公民們共有的經驗，具有莫大的重要性；畢竟此前關於「德國」或「德國統一」的各種構想，都是「大德意志」之類的。在這個歷史經驗當中，德法戰爭至關重要。只要德國有（為時短暫的）「民族」傳統可言，

「俾斯麥」、「威廉一世」與「色當」（Sedan）①便是其象徵。

被發明的儀式與典禮（同樣以威廉二世統治時為主）清楚顯示了這一點。一八九五年八月至一八九六年三月間，某所文理中學（gymnasium）的行事曆上就記著至少十場儀式，用於紀念普法戰爭二十五週年，包括對於該戰爭中歷次戰役的大量慶典；皇帝生日慶祝；皇太子像的正式交接；以及以一八七〇年至七一年的戰爭、皇帝概念（Kaiseridee）在戰爭期間的發展、霍亨索倫王朝性格等為題的訓話及公開演講。[21]

〔……〕

比較法國與德國的創新，可以為我們帶來不少啟發。兩國在在強調新政權創建的行動——例如法國大革命（以最模糊、最沒有爭議的篇章，也就是攻陷巴士底獄為代表）與普法戰爭。除了這些涉及歷史的行動之外，法蘭西共和國「戒」歷史的程度，就跟德意志帝國「酗」歷史的程度一樣引人關注。法國大革命確立了法蘭西民族及其愛國心的事實存在、本質以及邊界，因此共和國得以只用少數明顯的符號——瑪麗安娜、三色旗、〈馬賽曲〉等——再加上一點點意識形態註解，去（對著最貧困的公民）詳述「自由」、「平等」與「博愛」顯而易見、但時而抽象的益處，便足以召喚其公民。由於一八七一年之前的「日耳曼民族」沒有明確的政治定義或整體可

① 編註：一八七〇年普法戰爭的重要戰役地點，以法軍失敗告終。

言，加上他們跟新帝國（大部分的日耳曼民族被新帝國排除在外）之間是一種模糊、象徵或意識形態的關係，因此兩者之間的認同（identification）有必要更多元且不那麼明確（只有霍亨索倫王朝、軍方以及政府扮演的角色例外），也因此出現了各式各樣的指涉——從神話、民俗故事（日耳曼的橡樹[2]、紅鬍子腓特烈），到寥寥數筆的漫畫樣板，乃至於透過敵人來定義民族。就像許多其他得到解放的「民族」一樣，從對立面定義「德意志」會比從正面來得容易。

這一點或許能解釋德意志帝國的「被發明的傳統」內部最明顯的一道鴻溝：無法與社民黨達成和解。威廉二世起先確實打算展現「社會主義皇帝」之姿，並與俾斯麥本人的反社會主義政策一刀兩斷。但他實在忍不住把社會主義運動打上「反民族」的標籤，而社會主義者遭到系統性排除於政府部門之外（包括特別立法不讓社會主義者擔任高等教職）的程度，甚至比在（比方說）哈布斯堡帝國還要嚴重。毫無疑問，帝國的兩大政治方面的頭痛問題已經大大緩解了。軍事榮耀、權力與德意志厥偉的論調，已經讓如今背離自由主義甚或是民主主義起源的「大德意志派」（也就是泛日耳曼派）棄械投降了。假如他們現在還想追求自己的大業，就得透過新帝國，否則免談。天主教徒不會帶來什麼嚴重麻煩，從背棄俾斯麥的反天主教行動一事就很清楚了。儘管如此，光是社民黨（顯然必定會成為的國內的大多數）便足以構成一股政治勢力。如果從同一時期其他國家的狀況來看，社民黨本該足以推動德國政府，使其態度更有彈性的。

不過，對於一個深深仰賴其**敵人**（內部與外部敵人皆然）來自我界定的民族來說，這種情況倒也稱不上出乎意料；[22]畢竟反民主派的軍事菁英，本身就是一種將中產階級吸收到統治階級的強大機制。說起來，選擇以社民黨以及（祕而不宣地）猶太人為內部敵人的作法，還有一項額外好處，只是帝國的民族主義未能將之發揮到極致。這種訴諸煽動性的選擇，可以同時對抗資本自由主義和無產階級社會主義，足以動員廣大的中產階級下層、工匠以及農民（他們感覺這兩者威脅到自己），並集結到「民族」大旗下。

弔詭的是，世界上最民主、領土與憲法兩方面界定最清楚的國家當中，卻有一個國家面臨的民族認同問題，與帝制德國有若干類似的環節。美國的根本政治問題在於，如何在脫離聯邦的問題解決之後，將一批不同族裔的群眾加以同化（直到我們所身處的二十世紀末，移民問題仍難以處理、紛至沓來）；這些人並不是生而為美國人，而是移民。「美國人」得用製造的才行。這段時期在美國發明的歷史，主要目的都是為了達到此同化目標。一方面，各界鼓勵移民接受那些紀念美國歷史的相關儀式——例如紀念美國革命及建國元勛者（七月四日），以及紀念盎格魯—薩克森新教徒者（感恩節）——移民們也從善如流，畢竟這些特定的日子已經成了節日，

② 譯註：在編者沙孫刪掉的先前段落裡，作者有在正文的括號中說明：「橡樹歷來與條頓—日耳曼民間故事、民族主義與武德有關——人們依舊以橡葉為徽，例如希特勒掌權時，軍隊最高一級的勳章便是橡葉勳章；橡葉之於日耳曼人，相當於月桂葉之於拉丁人。」

也是公眾的慶祝活動。[23]（反之，這個「民族」也吸收移民們的集體儀式，如愛爾蘭的聖派翠克節〔St Patrick's Day〕與後來的哥倫布節〔Columbus Day〕，以地方自治和州級政治為有力的同化機制，將前述儀式化入美國生活的肌理。）另一方面，教育體系也藉由升起美國國旗等手法，轉變為一台為政治社會化服務的機器；升旗作為公立學校日常儀式，從一八八〇年代起便傳播了起來。[24]「美國精神」的概念是「**選擇**」——選擇學習英語，選擇申請成為公民；但選擇了特定的信念、舉止以及行為模式，卻也隱含著有另一種相應的「非美國精神」（un-Americanism）概念。有些國家以「屬人」的方式來界定一個人的國籍，因此可能有不愛國的英格蘭人或法國人，但他們身為英格蘭人與法國人的身分毋庸置疑，除非他們的身分也可以界定為異鄉人（*métèque*）。但在美國就跟在德國一樣，「非美國」或「沒有祖國」（vaterlandslose）的人卻會質疑自己身為民族成員的實際地位。

不出所料，在民族共同體裡會質疑自己身分的成員中，勞工階級成為規模最大，也最顯眼的一群；更有甚者，人在美國的勞工，確實很有可能是外國人。新移民大多是工人；反之，最晚從一八六〇年代起，美國本土各大城市的多數勞工，顯然都是生於國外。「非美國精神」這個概念（可以上溯到至少一八七〇年代）此一反應，究竟是否是本地人對上異鄉人，抑或是盎格魯—薩克森新教中產階級對上外國出身的勞工，著實難以釐清。無論如何，這個概念提供了一種內部敵人，讓真正的美國人可以憑藉一絲不苟地履行所有正式與非正式的儀節，堅定展現他或她的美國精神，展現所有經過約定俗成、習慣成自然的信念，展現道地美國人的特色。

〔……〕

我們來大略談談國家傳統的發明在同時期其他國家的情況。君主國出於人盡皆知的原因，傾向於讓被發明的傳統與王室相扣。這段時間出現了許多今人非常熟悉、以王室或帝室儀節為中心的公關儀式；當局所幸發現了（說「發明」或許比較貼切）「喜年」（jubilee，週年慶典），對此也有推波助瀾之效。其實，「喜年」一詞之新穎，在《新英語詞典》（*New English Dictionary*）便有提及。[25]除了錢，流通最為廣泛的公共符號形式就是郵票。週年紀念的宣傳價值，便清楚顯現在這類盛會的舉行，往往提供了歷史相關或類似的意象，成為首度發行的郵票。

幾乎可以確定，維多利亞女王的一八八七年喜年（因為極為成功，所以十年後又辦了第二次）啟發了該國及其他地方後來的王室或帝室節慶。甚至連最為崇古的王朝（一九〇八年的哈布斯堡王朝、一九一三年的羅曼諾夫王朝〔Romanovs〕）也發現了這種宣傳形式的優點。這類慶典新就新在直接面向公眾，不若傳統王室儀式的設計，是用來象徵統治者與上天的關係，象徵他們位居貴族階級的頂點。法國大革命之後，每一位君主或早或晚都學到要從「法蘭西國王」變身為「法蘭西人的國王」——亦即跟他或她的子民（無論多卑微）的集合體建立直接的關係。雖然還有「布爾喬亞君主」這種風格可以選擇（路易．腓力〔Louis Philippe〕首開先河），但選擇這種風格的只有希望保持低調的中型國家國王（如尼德蘭、斯堪地那維亞國家），連一些最為聖靈充滿的統治者——尤其是奧匈帝國皇帝弗蘭茨．尤瑟夫（Francis Joseph）——似乎都偏好於扮演勤勉公僕的角色，過著斯巴達式的清苦生活。

嚴格來說，君主國在政治上利用被發明的傳統，無論是為了強化實際統治者的地位（如哈布斯堡、羅曼諾夫王朝，但對於印度帝國或許也算），還是建立君主在議會政府中的象徵功能，兩者並無重大的差異。兩種情況皆仰賴於利用王室中人（無論有沒有王朝先祖皆可）、精心策畫的儀式慶典，再搭配相關的宣傳活動與民眾的廣泛參與——尤其是官方對教育體制中被動受眾的灌輸。兩者都讓統治者成為子民或其團結的目光焦點，成為代表國家的光輝燦爛、整體歷史、演變至今的象徵性再現。不過，有些國家（例如不列顛）認為，復興王室儀式是反制大眾民主之風險的必要措施，此時創新會更是縝密、更有系統。白芝浩早已體認到，政治上的順從與「威嚴之人」（不是「有能之人」），對於《第二號改革法》（Second Reform Act）推出時的憲政體制來說有什麼價值。保守黨議員老迪斯累利（Disraeli）已經知道，以「對於王座與座上之人的崇敬」為「權力與影響力的強大工具」（他年輕時不懂）；到了維多利亞統治晚年，這種手法的本質已經為人所熟知。

〔……〕

透過王室及其儀式，窮人就能象徵性地分享榮譽、崇高、財富以及權力。我們不妨說，對於君主國來說，只要國家權力愈大，「布爾喬亞君主」這個選項的吸引力就愈低。我們也別忘了，一八七〇年至一九一四年間，君主國始終是歐洲最普遍的政府型態，只有法國與瑞士例外。

＊＊＊

體育競技為民族認同與人為共同體提供了一座橋梁，從而結合了政治傳統和社會傳統的發明。兩者的結合本身並不是新鮮事，畢竟體能鍛鍊老早就跟自由民族主義浪潮運動（如日耳曼的體操運動〔Turner〕與捷克的雄隼體育會〔Sokols〕）或民族認同（如瑞士的射擊）環環相扣了。其實，日耳曼體操運動整體上出於民族主義，個別上出於反不列顛而造成的阻力，大大延緩了大眾體育在德國的發展進程。[26]運動風氣興起後，透過民族專項體育的選擇或發明（威爾斯洛格比足球〔rugby〕不同於英格蘭協會足球〔soccer〕，也不同於愛爾蘭的蓋爾式足球〔Gaelic football，一八八四年，在二十多年後得到大眾的真心擁戴〕），為民族主義提供了新的表述方式。[27]即便體能訓練跟民族主義之間有著特殊的聯繫，然而，體育作為民族運動的一環，仍具有相當程度的重要性（例如在孟加拉），[28]只是這一點的重要性如今已稍遜於另外兩種現象。

第一種現象是，體育競技將整個民族國家的所有居民緊緊聯繫起來，無分地方或地區差異，一如整個英格蘭的足球文化；或如實透過賽事路線制定，串連起全國的環法自由車賽（Tour de France, 1903）與繼之舉辦的環義自由車賽（Giro d’Italia, 1909）；尤其上述賽事都是跟商業機制一同演進，甚至是由商業機制所推動。第二種現象是國際賽事（不久後就出現了相輔相成的國內賽），典型的表現方式是一八九六年復辦的奧林匹克運動會。時至今日，你我對於這類競賽所能提供的切身民族認同感再清楚不過了，但有一點可別忘了：是在一九一四年之前，這些運動賽事才剛開始發展其當今所具有的特質。起先，「國際」賽事的作用在於凸顯民族或帝國領土間的團結，類似區域競賽。不列顛的國際賽事（一如既往的先驅）由不列顛群島上的幾個國家彼此競爭（以足球為例，不列顛本島的國際賽始於一八七〇年代，愛爾蘭則在一八八〇年代加入），或是讓不列顛帝國各地相互較勁（例如始於一八七七年的板球國際錦標賽）。不列顛群島之外出現的第一場國際賽事，是奧地利對匈牙利（一九〇二年）。國際體育競技始終受業餘精神（amateurism）所主導，亦即受到中產階級的運動所主導，鮮有例外，足球領域也不例外——國際性協會（國際足球協會聯合會（ＦＩＦＡ））是在一九〇四年時，由幾個足球支持者不多的國家所組成的（法國、比利時、丹麥、尼德蘭、西班牙、瑞典、瑞士）。奧運始終是體育競技最主要的國際舞台。就此而論，這段時期透過體育競技與外國競爭，以表現民族認同的作法，似乎主要是中產階級的現象之一。

這一點本身就相當重要，畢竟廣義的中產階級很難找到主體性的團體認同：唯有真正的少數，才會建立起那種全國性俱樂部的實質會員資格，（比方說）將讀過牛津與劍橋的人團結起來，而中產階級實際上並非少數，卻又不像工人那樣因為共同命運及可能的團結力量而結合起來。[29]消極而言，中產階級覺得憑藉這種手法，便能輕易讓地位低者和自身有所區隔，例如在體能運動中恪守業餘精神，以及「體面」的生活方式和價值觀，而居住區的隔離更是不在話下。而從正面來看，他們八成也覺得，透過外顯的符號建立共同歸屬感更是輕鬆；所謂的符號中，民族主義（愛國心、帝國主義）或許是最重要的。我們不妨說，民族主義是愛國階級的支柱，促使新躋身或有志於躋身中產階級的人，得以透過最簡便的途徑認知其集體。

上述這些不過是推測。我在這裡只能指出，這種情況確實有初步的根據，例如南非戰爭（South African War）期間，愛國心對不列顛白領階層的號召力，[30]以及右翼民族主義群眾組織（成員大多是中產階級，社會上層所占比例有限）在一八八〇年代以降的德國發揮的角色，和奧地利大德意志派政治人物舍內爾（Schönerer）的民族主義對（德語使用者）大學生的吸引力——好幾個歐洲國家的中產階級光譜，都散發著民族主義的光暈[31]。但凡能站穩腳跟的民族主義，絕大多數在政治上都認同右派。一八九〇年代，一開始偏民族主義自由派的日耳曼體操界，一下子全放棄了原本的國旗顏色，改用新的黑白紅旗幟：一八九八年，六千五百零一個體操協會中，僅一百個仍沿用舊的黑紅金三色旗。[32]

民族主義顯然成了社會凝聚力的替代方案，取代了國家教會、王室或其他凝聚人心的傳統，取代了群體的集體自我展現，成為一種新的世俗宗教；至於對這種凝聚模式有需求的階級，多半是新興的新中產階級，或是居中的群眾，因為他們顯然缺乏其他凝聚的形式。政治傳統的發明再度恰好與社會傳統的發明聯袂而來。

＊　＊　＊

若想證明一八七〇年至一九一四年間，「被發明的傳統」在西方國家叢生，其實相當容易。從母校情誼與王室喜年、巴士底日、五一勞動節、〈國際歌〉、奧林匹克運動會，到英格蘭足總盃決賽和環法自行車賽等群眾儀式，以及國旗崇拜在美國的形成……這一章已經提出許多這類創新的例子。

〔……〕

針對這段時期的「傳統的發明」，我打算再從三個面向稍事討論，權充結論。

首先，是在當時的這些新通則中，區分出哪些是經歷了時光的考驗留了下來，而哪些不是。回顧一下，第一次世界大戰期間，似乎成了象徵性論述表達方式的分水嶺。以軍服為例，所謂的「華麗風」讓路給了「樸實風」。戰間期因為群眾運動而發明的制服（很難用「軍事行動的保護色」當作理由）避免使用亮色系，偏好暗色系，例如法西斯黨的黑色和國家社會黨的褐色。[33]當然，一八七〇年至一九一四年間，仍然有為了男性在儀式場合穿著而發明的華服，只不過很難舉例——與許類似把舊風格延伸到同類型及同地位（希望如此）的新機構，像是新的學院與學位所穿著、獲得的學位袍和披肩。舊服飾當然也還有。然而，人們會明顯感覺到，這段時期的「傳統的發明」，可說是靠吃老本度日。不過從另一個觀點來看，這段時期的人也是懷抱獨特的熱情在發展老風格。先前談過廣設雕像，以及以託喻方式裝飾、或是象徵性公共建築的那種熱潮，而上述情緒無疑是在一八七〇年至一九一四年間達到巔峰。但這種象徵論述風格注定在戰爭期間突然衰落，事實證明其所掀起的平地巨浪，幾乎就跟當時另一種象徵主義——「新藝術運動」（art nouveau）的勃發一樣短命。象徵主義誕生於社會的需求，但是，無論是為公共目的而大量改造的傳統寓言與象徵，或是出於私人或半私人為主的目的，而發想出一種全新的、朦朧的象徵手法（但線條絕對是曲線）來表現植物或女性，似乎都是曇花一現。至於原因，我們只能推測，而這不在本文討論範圍內。

不過，另一種面向群眾的象徵論述風格——戲劇——倒是更能堅持下去。公開儀式、遊行以及儀式化的群眾集會絕對稱不上嶄新，但它們在這個時代因官方或非官方世俗目標所做的延伸（聚眾抗議、足球賽等），卻令人刮目相看。前面已經提到幾個例子了。更有甚者，日耳曼民族主義早已明確將正式儀式空間的興建納入考量，而先前對此並不重視的國家（想想看愛德華七世時代的倫敦），顯然也按部就班的建設了起來；我們也不能忽視在這個時代為了觀賽與實質上的群眾儀式，而全新構思、興建的戶外和室內建築物（例如運動場）。[34]不列顛王室蒞臨溫布利足球場（Wembley）現場觀看足總盃決賽（一九一四年起），各國戰間期群眾運動分別使用柏林運動宮

（Sportspalast）或巴黎冬運場（Vélodrome d'Hiver）等場館，這些情況再再預示了公開群眾儀式使用正式空間的發展（一九一八年以降的紅場〔Red Square〕），而法西斯政權則系統性加以推動。順帶一提，隨著舊有公共象徵的油盡燈枯，這類公共儀式的新背景都轉而強調簡約大氣，而非十九世紀修築者如維也納的環城大道（Ringstrasse）或羅馬的維克多・艾曼努耶爾紀念堂（Victor Emmanuel monument）等託喻式的裝飾；[35] 新的方向已經在我們所探討的時段嶄露頭角了。[36]

於是，公眾生活舞台上強調的重點，便從精緻多樣、能夠如閱讀連環漫畫或掛毯那樣「解讀」的舞台背景，轉移到演員本身的一舉手一投足——要麼像閱兵或王室出巡時，儀式中的少數派為了觀看的普羅群眾而發揮演技；要麼如這段時期的政治群眾運動（例如五一勞動節遊行）和擠滿觀眾的運動會所預示，「演員」與「群眾」合而為一了。這種趨向注定在一九一四年之後進一步發展。針對這種公眾儀式形式，我暫且按下不談。不過，如果把將其發展與舊傳統式微及政治民主化聯繫起來，感覺倒不至於不可理喻。

看待這個時代「被發明的傳統」的第二個面向，在於了解有些通則是關乎特定社會階級或階層的認同，讓他們有別於國家或「民族」這種大範圍、跨階級集合體的成員。這類通則中確實有些是正式設計出來，作為階級意識標誌之用——例如工人之間的勞動節習俗，以及「傳統」農村服飾在農民（其實是富農）之間的復興或發明——但大部分在理論上其實無關，而且有許多是由較高社會階層所發起的通則的改造（adaptations）、專業化（specializations）或征服。而體育競技就是個明顯的例子。階級界線由上而下，以三種方式劃定：維持權貴或中產階級對主管機構的控制；維持社會性排他，或是（更常見的）高開銷或必要資本設備的稀缺（真正的網球場或是松雞獵場）；但最主要的還是堅持業餘和職業精神的分野，前者是上層階級的運動標準，後者則是都市下層與工人階級的必然邏輯。[37]庶民專擅的運動項目，鮮少是以這種方式發展出來的。若有的話，通常也是靠著取代上層階級的參與，排擠掉原本的從事者，接著根據新的社會基礎發展出一組獨立的通則（足球文化）。

通則就這麼在社會上由上往下層層濾過，從權貴到布爾喬亞，從布爾喬亞到勞工階級——這或許是這個時期最主要的現象，而且因為由於中產階級勢利心態、布爾喬亞自我成長價值觀的力量使然，加上勞工階級菁英取得的成就，都讓這種現象不光出現在體育競技中，也出現在服裝樣式和整體物質文化領域。[38]通則雖然經過轉化，但它們的歷史起源仍然清晰可見。反向的動態不是沒有，但在這個時代比較不顯眼。少數（貴族、知識分子、離經叛道的人）或許會欣賞特定的都市平民次文化與活動（例如歌舞雜耍藝術〔music-hall art〕），但主要是從下層階級中發展出來，或是為了庶民大眾而發展的文化通則同化（assimilation of cultural practices），則還沒那麼快出現。一九一四年以前，這種情況出現端倪，主要是透過娛樂以及社交舞來傳遞（例如散拍音樂〔ragtime〕或探戈舞的風行），而這或許跟婦女日益解放有關。然而，所有針對這段時期文化創造物的考察，都不能不提及下層階級土生土長的次文化與通則的發展——它們的發展完全不是靠來自社會中上階層的模式，幾乎肯定是都市化和大規模移民帶來的副產品。布宜諾斯艾利斯的探戈文化正是一例。[39]至於討論傳統的發明時，對於這類來自下層的文化通則要討論多深，各方看法不一。

最後一個面向，則是觀察「發明」與「自發產生」，觀察「計畫」與「成長」之間的關係。身處現代大眾社會，這種關係總讓觀察家傷透腦筋。「被發明的傳統」具有重大的社會、政治功能，假如無法發揮作用，它們就不會成形，也無法存續。但它們有幾分是可以操縱的？顯然有人意圖為了操控而運用傳統（其實常常是發明傳統），運用與發明在政治中皆有之，而前者主要發生在（資本社會的）商業中。就此而論，反對這類操弄的陰謀論者不只言之成理，連證據都站在他們那一邊。但最成功的操弄實例，所利用的顯然是那些能明確滿足特定人群當中某種情感需求（他們不見得需要了解自己何以有需求）的通則。像是第二帝國時期的德國民族主義政治，就不能只從上而下理解。有人認為，民族主義或多或少是那些意圖操弄民族主義而得益的人所難以掌控的——而這種不受控制的情況，就發生在這個時代。[40]品味與時尚（尤其是大眾娛樂方面）可以「創造」，只是範圍相當有限；在利用、塑造它們之前，得先發現它們。史家這行就該回顧過去，把它們找出來——卻也要從變化中的歷史情境，以及情境中不斷變化的社會出發，試圖了解人們為何會覺得有這種需求。

註釋

1 G. L. Mosse, 'Caesarism, Circuses and Movements', *Journal of Contemporary History*, 6:2 (1971), pp. 167–82; G. L. Mosse, *The Nationalisation of the Masses: Political Symbolism and Mass Movements in Germany from the Napoleonic Wars through the 3rd Reich* (New York, 1975); T. Nipperdey, 'Nationalidee und Nationaldenkmal in Deutschland im 19. Jahrhundert', *Historische Zeitschrift* (1968), pp. 529–85, esp. 543n, 579n.

2 Eugen Weber, *Peasants into Frenchmen: The Modernization of Rural France, 1870–1914* (Stanford, 1976).

3 隸屬第二國際（Second International）的社會主義政黨在一九一四年明確表達了這一點：他們不只主張關懷國際，有時其官方立場甚至認定自己只是一場全球運動中的國別分部，例如「工人國際法國支部」（Section Française de l'Internationale Ouvrière）。

4 Graham Wallas, *Human Nature in Politics* (London, 1908), p. 21.

5 Emile Durkheim, *The Elementary Forms of the Religious Life* (London, 1976).法文初版發表於一九一二年。

6 J. G. Frazer, *The Golden Bough*, 3rd edn (London, 1907–30); F. M. Cornford, *From Religion to Philosophy: A Study of the Origins of Western Speculation* (London, 1912).

7 Jean Touchard, *La Gauche en France depuis 1900* (Paris, 1977), p. 50.

8 M. Agulhon, 'Esquisse pour une Archéologie de la République; l'Allégorie Civique Féminine', *Annales ESC*, 28 (1973), pp. 5–34; M. Agulhon, *Marianne au Combat: l'Imagerie et la Symbolique Républicaines de 1789 à 1880* (Paris, 1979).

9 Sanford H. Elwitt, *The Making of the 3rd Republic: Class and Politics in France, 1868–84* (Baton Rouge, 1975).

10 Georges Duveau, *Les Instituteurs* (Paris, 1957); J. Ozouf (ed.), *Nous le Maîtres d'Ecole: Autobiographies d'Instituteurs de la Belle Epoque* (Paris, 1967).

11 Alice Gérard, *La Révolution Française: Mythes et Interprétations, 1789–1970* (Paris, 1970), ch. 4.

12 Charles Rearick, 'Festivals in Modern France: The Experience of the 3rd Republic', *Journal of Contemporary History*, 12:3 (1977),

pp. 435–60; Rosemonde Sanson, *Les 14 Juillet, Fête et Conscience Nationale, 1789–1975* (Paris, 1976), with bibliography.

13 關於一八八九年博覽會的政治意圖，參見Debora L. Silverman, 'The 1889 Exhibition: The Crisis of Bourgeois Individualism', *Oppositions, A Journal for Ideas and Criticism in Architecture* (1977), pp. 71–91.

14 M. Agulhon, 'La Statumanie et l'Histoire', *Ethnologie Française*, nos 3–4 (1978), pp. 3–4.

15 Agulhon, 'Esquisse pour une Archéologie'.

16 Whitney Smith, *Flags through the Ages* (New York, 1975), pp. 116–18. 民族主義者的黑紅金三色旗似乎是從後拿破崙時代的學生運動中逐漸出現的，但顯然要到一八四八年，才確立為民族運動的旗幟。人們對於威瑪共和的抵制，導致這面旗幟從國旗降格為黨旗——社民黨民兵確實以國旗作為團名（「國旗團」〔Reichsbanner〕），但反共和的右派則把這面旗幟的顏色，拆分為帝國旗與國家社會黨旗，放棄傳統三色旗的設計。也許是因為三色旗跟十九世紀自由主義關係匪淺，也許是因為三色旗不足以代表跟過去一刀兩斷。不過，反共和派的旗幟仍保持俾斯麥時代帝國國旗的色彩（黑白紅），但同時強調紅色（此前只有社會主義者和勞工運動會以紅色為象徵）。德意志聯邦共和國（西德）與德意志民主共和國（東德）重新使用一八四八年的顏色，前者保持原樣，後者則將共產主義者和蘇維埃的基本符號模式——槌子與鐮刀稍事修改，為國旗加上適合的標誌。

17 Hans-Georg John, *Politik und Turnen: die deutsche Turnerschaft als nationale Bewegung im deutschen Kaiserreich von 1871–1914* (Ahrensberg bei Hamburg, 1976), pp. 41ff.

18「天注定他得違逆自己的本性，成為紀念碑雕塑師，用巨大的青銅與石質紀念碑，以想像力和不由分說的悲憫為語言，歌頌威廉二世的帝國理念。」Ulrich Thieme and Felix Becker, *Allgemeines Lexikon der bildenden Künstler von der Antike bis zur Gegenwart* (Leipzig, 1907–50), iii, p. 185. 並見貝加斯（Begas）、席林（Schilling）、施密茨（Schmitz）等人的條目。

19 John, op. cit., Nipperdey, 'Nationalidee', pp. 577ff.

20 J. Surel, 'La Première Image de John Bull, Bourgeois Radical, Anglais Loyaliste (1779–1815)', *Le Mouvement Social*, 106 (1979), pp. 65–84; Herbert M. Atherton, *Political Prints in the Age of Hogarth* (Oxford, 1974), pp. 97–100.

21 Heinz Stallmann, *Das Prinz-Heinrichs-Gymnasium zum Schöneburg, 1890–1945. Geschichte einer Schule* (Berlin, n.d. but 1965).

22 H.-U. Wehler, *Das deutsche Kasierreich 1871–1918* (Göttingen, 1973), pp. 107–10.

23 The history of these festivities remains to be written, but it seems clear that they became much more institutionalized on a national scale in the last third of the nineteenth century. G. W. Douglas, *American Book of Days* (New York, 1937); Elizabeth Hough Sechrist, *Red Letter Days: A Book of Holiday Customs* (Philadelphia, 1940).

24 R. Firth, *Symbols, Public and Private* (London, 1973), pp. 358–9; W. E. Davies, *Patriotism on Parade: The Story of Veterans and Hereditary Organisations in Americas 1783–1900* (Cambridge, Mass., 1955), pp. 218–22; Douglas, op. cit., pp. 326–7.

25 除了典出《聖經》的用法，「喜年」一詞此前指的就是五十週年。沒有證據顯示十九世紀下半葉之前，有任何百週年慶（無論是一百還是好幾百），或是不滿五十年的週年慶是以公共慶典形式舉辦。《新英語詞典》（一九〇一年）的「喜年」一詞提到，「在十九世紀最後二十年間，往往是指維多利亞女王於一八八七年與一八九七年的兩次『喜年』，瑞士萬國郵政聯盟（Postal Union）於一九〇〇的喜年，以及其他慶祝活動」，v, p. 615。

26 John, op. cit., pp. 107ff.

27 W. F. Mandle, 'Sport as Politics. The Gaelic Athletic Association 1884–1916', in R. Cashman and M. McKernan (eds), *Sport in History: The Making of Modern Sporting History* (St Lucia, 1979), pp. 99–123.

28 John Rosselli, 'The Self-Image of Effeteness: Physical Education and Nationalism in 19th Century Bengal', *Past and Present*, 86:1 (1980), pp. 121–48.

29 有些國家的語言會區分人稱代名詞序數及單複數，此時去研究一下社會上出現以第二人稱單數代名詞彼此相稱，象徵社會性的手足情及個人關係親密的這種變化，結果想必很有趣。在社會中上層，同學（以及校友，例如法國綜合理工學校的校友）、警官等用第二人稱單數彼此相稱，代表不拘禮節。工人對此則習以為常，即便彼此並不認識亦然。Leo Uhen, *Gruppenbewusstsein und informelle Gruppenbildung bei deutchen Arbeitern im Jahrhundert der Industrialisierung* (Berlin, 1964), pp. 106–7. 勞工運動內化了這種稱呼方式，用於成員之間（「親愛的先生兄弟你」）。

30 Richard Price, *An Imperial War and the British Working-Class: Working-Class Attitudes and Reactions to the Boer War, 1899–1902* (London, 1972), pp. 72–3.

31 請注意，德國的模範生儲備軍官團（Korps）不同於其他非菁英的結社，他們原則上抵制反閃主義（anti-Semitism），實際上卻加以推行(Detlef Grieswelle, 'Die Soziologie der Kösener Korps 1870–1914', in *Student und Hochschule im 19 Jahrhundert: Studien und Materialen* (Göttingen, 1975), p. 353).無獨有偶，德國體操運動本是由自由派民族主義布爾喬亞所領導，也是受到來自下層的壓力，要跟領導層抗衡，才會在德國體操運動中留下痕跡(John, op. cit., p. 65)。

32 John, op. cit., p. 37.

33 這類制服中，顏色最亮的顯然是社會主義青年運動（socialist youth movements）的藍襯衫紅領巾。我沒聽過有紅、橙或黃襯衫的例子，也不曉得有人會穿色彩繽紛的儀式性服裝。

34 Cf. 'Stadthalle', in *Wasmuth's Lexikon der Baukunst* (Berlin, 1932), iv; W. Scharau-Wils, *Gebäude und Gelände für Gymnastik, Spiel und Sport* (Berlin, 1925); D. R. Knight, *The Exhibitions: Great White City, Shepherds Bush* (London, 1978).

35 Carl Schorske, *Fin de Siècle Vienna: Politics and Culture* (New York, 1980), ch. 2.

36 Cf. Alastair Service, *Edwardian Architecture: A Handbook to Building Design in Britain 1890–1914* (London, 1977).

37 職業精神意味著一定程度的職業專門化，以及一個定居鄉村人口難以支撐，甚至撐不起來的「市場」。因此，職業運動員若非上層階級的僱員或供應者（騎師、高山嚮導），就是業餘上層階級競賽的附屬（職業板球員）。上層與下層狩獵的分野並非經濟（雖然的確有些盜獵者以此營生），而在於是否合法。《狩獵法》（Game Laws）便展現了這種分野。

38 早在一九六〇年，就有人在德國觀察到運動與新教之間的韋伯式相關。G. Lüschen, 'The Interdependence of Sport and Culture', in M. Hart (ed.), *Sport in the Sociocultural Process* (Dubuque, 1976).

39 Cf. Blas Mantamoro, *Las Ciudad del Tango (Tango Histórico y Sociedad)* (Buenos Aires, 1969).

40 Geoffrey Eley, *Re-shaping the German Right* (London and New Haven, 1980).

第八章 族群、移民與民族國家

美國總統喬治・H・W・布希（George H. W. Bush）提出的「世界新秩序」（new world order），其實是世界新亂局，眼下不僅看不到穩定的局勢，連想都不敢想。我們看見目前族群現象、民族主義現象或分離主義現象以此為背景而興起，發生於世界各個角落（但並非全部）。至於銅板的反面，則是「超國家主義」（supranationalism），又稱「跨國主義」（transnationalism）。意思是，世界經濟整合程度愈來愈高；看得更遠一點，世界上的問題光在民族國家國界內已無法有效因應，更別說化解了。

情勢弔詭之處在於，這些煽動的作法當中，有部分是在倡議重建族群／語言類型（ethnic/linguistic type）的民族國家，其國家規模比以往小得多，而且倡議的時機並不明智，甚至可說是相當危險。這並非普世皆然的趨向。時至今日，族群或類似的運動不見得認為，為自己覓得一民族國家，就能切合其問題。美國本身大體上展現了這個道理，而美國的黑人人口則具體而微展現了這個道理。總之，我們不能把「族群」（ethnicity）跟「民族主義」畫上等號，或是把「族群」跟志在建立領土國家的其他利益方畫上等號。然而，人們卻常常混為一談。

我請大家注意眼下新的不穩定局勢中的三個環節：首先，明確且一觸即發的邊境局勢，西方有德國、奧地利與義大利，東方則有日本，而中東和中亞也包括在內；再者，是國家內部的「隔都化」[①]（ghettoization）現象；最後，則是經歷一段全球大移民潮在生活方面所帶來的實際和潛在影響——其規模不僅不亞於一八八〇年至一九二〇年間的歐洲大移民潮，甚至有潛力大幅超越。

今天（一九九五年）我們看到的不是民族或族群認同那股沛然莫之能禦的力量，而是第一次世界大戰的結果帶來的影響，情況與一九一七年至二〇年頗為類似——此即舊多元族群帝國的瓦解。當年，哈布斯堡帝國與鄂圖曼帝國的瞬間瓦解以及沙俄的暫時瓦解，創造出兩套不可行的戰後處置方式。在歐洲帝國的廢墟上，出現了威爾遜式規畫的歐洲，由理論上族群—語言同質的民族國家所組成。至於中東，則是出現不列顛與法國對名義上獨立的地方進行正式或非正式的帝國統治（兩國在此歷史政治淵源甚少，甚至完全沒有），另外再加上一份漫不經心的威爾遜原則，幫助猶太人在巴勒斯坦立足。

歐洲的處置方式比中東更早瓦解。族群團體與語言的分布就是這樣，要是想成就同質性的民族領土，就非得採取強行同化、大規模遷徙，以及／或種族滅絕手段不可。土耳其人率先一步一步地施行計畫，強行同化庫德人（Kurds），大規模迫遷希臘人，並對亞美尼亞人進行種族滅絕。但到了一九四〇年代，整體事件以更大的規模捲土重來——猶太人等族群遭到種族滅絕，戰後則是大批日耳曼人被迫遷離中歐與東歐。

總之，儘管出現上述這一段插曲，歐洲大部分地區的基本情勢仍一如往常。唯有付出相同的的代價，才能推動同質化的民族領土國家。與此同時，國際移民創造了（或者說重新創造了）族群多樣性，甚至連此前在一九四〇年代，曾透過野蠻行徑消滅多樣性的國家，也都不免於此。前南斯拉夫就是個明顯的例子。毋庸置疑，今日歐洲一觸即發的議題，多半是第一次世界大戰所造成的問題，而非更久以前的事。南斯拉夫——克羅埃西亞人與塞爾維亞人同組一個國家，捷克人與斯洛伐克人同組一個國家，諸如此類。同理可證，蘇聯一觸即發的民族問題在一九一四年之前不見任何意義。無論是高加索問題，還是波羅的海問題，追根究柢都不是民族主義的歷史問題。反過來說，一九一四年以前就存在，甚或引發爭端的民族主義歷史問題，如今則相對平靜。巴爾幹地區的馬其頓問題最為明顯：問題爆發的原因——南斯拉夫瓦解——跟馬其頓完全無關。前蘇聯的烏克蘭問題也很類似，是因為蘇聯瓦解才浮上檯面。一九一七年，雖然有強烈的烏克蘭民族主義，卻不屬分離主義。波羅的海民族主義則不成氣候。

① 譯註：十六世紀時，威尼斯共和國立法迫使城內猶太居民居住於特定城區，稱為隔都。後來隔都概念擴大，泛指各種群體出於自願或非自願而聚集的區域。

我岔個題。如果讓一九一八年的情況重演，不僅會製造不穩定、解決不了問題，甚至會對民主制度造成實質傷害（雖然在跨國經濟中，只要沒有戰爭的話，是可以想像出一個在經濟上可行的斯洛伐克暨塞爾維亞國）。情勢的重演會危及文化。情勢的重演會危及自由，因為小國不比大國，會更堅持主宰國內少數族群，藉此建立同質性。

魁北克問題主要針對的不是英語人口，而是義大利裔、希臘裔、伊努特人（Inuit）、美洲原住民等被迫在文化上與魁北克法語文化同化的人。斯洛伐克、克羅埃西亞、塞爾維亞與其他地方面臨的也是一樣的問題。

第二個環節一言以蔽之，就是「隔都化」。現代移民模式（至少一開始）催生出隔都（ghetto）的離散，多數分布在都市。民主為少數群體創造一套機制，讓他們能有效爭取中央或國家資源的一部分；正因為這種機制存在，隔都化情境下的團體才會覺得典型的民族主義綱領對他們無關緊要。隔都化有很大的政治效應，所以才會在美國這類國家迅速發展。近幾次紐約選舉之所以重劃選區，目的就是要為少數（而且不只是族裔上的少數）創造代議士。例如涵蓋西村（West Village）與切爾西（Chelsea）在內的選區，正是為了同志代表而劃出來的選區，而且當選人不只標榜自己是同志，還是HIV帶原者。②

大規模移民也造成群體摩擦。在極端特例中，甚至有地區築起防禦工事，抵抗懷抱敵意或不願接受的外人。這比處在限制中比鄰而居（以前還行得通）的情況更是嚴重，卻好上屠殺彼此，或是我們在許多歐洲國家看到的民族政治種族化。如此說來，美國發生的事件比其他地方更讓人承受得住。美國的種族主義較其他國家的風險為低，蔓延得也沒那麼嚴重，因為歧視行為泰半限於基層的對抗，不像法國，甚或是此前並無種族歧視傳統的瑞典或義大利那樣。即便隔都化演變為基層的內戰（例如北愛爾蘭），目前來看還不至於延燒出去。事實上根據大多數的社會學標準，北愛爾蘭都是比不列顛其餘各地相對平靜、穩定也更健全的社會，由此最令人難過的矛盾之處是，確實有人在北愛爾蘭與不列顛這兩個隔都的交界處死於非命。

隔都化明顯的負面之處，在於一旦將全體居民分割成數個自給自足的次單位，分割到最後，就不再有民族共識。以前，民主黨有一種讓大家團結一致的能力，也就是以「族群多元」為材料，鍛造出單一的單位與（你不妨稱之為）階級團結的那種能耐，但這也已經走到了盡頭。一八八〇年至一九二二年，在美國還可以看到「美國化」（Americanization），如今的美國對此已經完全不放在心上。而這才是真正的問題。說不定在各個吸納大量移民的國家中，只有澳洲還會對於整合、對於創造某種民族團結有基本的關懷。

你我今日身處全球大規模遷徙時代，而不只是歐裔的遷徙。遷徙的潛在規模比人們以為的還要大。一八八〇年至一九一四年間，歐洲人口外移的人口順差百分比極高。至於今天，即便是擁

② 譯註：指一九九一年當選紐約市議會第三選區議員的湯瑪斯・杜文（Thomas Duane）。

有最大規模移民的拉丁美洲，若是跟上一代的義大利、挪威或瑞典移民相比，仍然相形見絀。發展的潛勢甚至更不得了。目前而言，美國、加拿大和澳洲仍獨樹一幟，允許這一類的開放移民，且妨礙因素少之又少。至於其他地方，自從波斯灣戰爭以來，回應移民的方式一直都是緊閉大門，堅守民族門戶壁壘，但這並不妨礙出身第三世界的少數族群在多數已開發國家的人數不斷增加。已開發世界占全球人口比例穩定趨微。一七五〇年至一九〇〇年間，已開發國家人口無論絕對人數或相對比例上都在成長，從全球人口百分之十五提升到約三分之一。自一九〇〇年起——精確一點來說，是一九五〇年起，比例便逐漸下滑。如果我們以OECD國家人口跟全球人口相比，數字如今回到百分之十五至二十之間。這可是富裕的世界，是流奶、流蜜、流金之地，世界上的窮人自然受到吸引，何況跨國資本社會理論上是鼓勵生產要素（factors of production）自由流動的。更有甚者，已開發國家（包括曾經的社會主義國家）生育率直落、勞力短缺的事實，對他們來說更是獨具魅力。

拒絕異鄉人，固步自封，當然是面對這種情勢的一種解決方法。我個人認為，這其實已經行不通了。第二種是隔離方案——承認或接受這些新移民，但把他們變成永久的下層階級。至於這種連在南非都不可行的作法，現在還有沒有可能推動，仍未有定論。第三，則是允許移民，面對長期而根本的轉變——當然，轉變正在美國發生，美國大城市的多數人口已經是非歐裔、非白人了。我不認為第三個選項必然導致根本文化的終結，尤其不會終結在美國所確立的那種文化。在本質上，羅馬帝國便是遵循這種策略，或是被迫採取這種政治方針。而到頭來，羅馬帝國疆域所在之處，至今仍保留羅馬人與拉丁文化留下的痕跡，而且宗教上與民間皆然。

最後，我希望大家再注意一個可能性：現代運輸業與世界的全球化，讓人得以同時在兩個以上的國家生活。當然，許多中上層階級成員（尤其是學術界）正在過這種生活。有人已經習慣一年裡在甲國待一段時間，在乙國待一段時間，而且不必然會失根。過這種生活的人也不見得都是上層社會。許多來自以色列的人（仍然是以色列人，或是以色列永久居民）習慣每年在紐約住上好幾個月，賺錢、再回到以色列。我自己就碰過一個例子，是來自瓜亞基爾（**Guayaquil**）的厄瓜多人，他一年有六個月的時間會來紐約開計程車賺錢，然後回國，妻子則負責張羅兩人在瓜亞基爾的生意。

這種作法會不會在哪裡引發排外的族群性、排外的民族主義，或是世界的排外分裂？我只是提出這些問題，並沒有要回答，因為不會有答案。我提出來，是因為這些，是今日的左派與右派都必須面對的。

第九章　勞工階級國際主義

本文旨在從勞工階級國際主義的另外兩個方面，來闡明國際勞工階級政黨何以與民族國家政策（尤其在戰爭期間）相聯繫的問題。這兩個方面分別是（一）我們勞工的國際主義，跟十九世紀資產階級、自由激進派的國際主義潮流，以及（二）與勞工運動、工運成員共存的各種國際主義之間，有哪些差異處及相似處。從（一）出發，會談到勞工抗爭中的國際主義所具備的執行上的優勢（operational advantage），也就是勞工運動獨特的國際性組織方式，以及其對「民族建構」（nation-building）並無興趣的事實。從（二）出發，一方面是為了勸告大家避免使用僵化的「民族／跨民族式二分法」（nationalist/internationalist dichotomy），但同時也要強調，勞工運動在力抗沙文主義（Chauvinism）與種族主義時所具備的重要性。

國際社會史研究所（International Institute of Social History，一九三五年成立）是全世界藏書最豐、首屈一指的研究機構。籌辦這次的座談會，是為了慶祝貴所成立五十週年；而能在座談會上開場，是我的榮幸。對於這種座談會來說，開場嘉賓有一項明確的職責：代表那些跟世界各地勞工及社會主義運動研究沾上一丁點邊的人，向貴所表示祝賀，同時也祝福貴所及其合作方和運用其資源的人，能夠在下一個五十年取得一樣的成就。每一位出席這次座談會的人都知道貴所的大名，也都深深受惠於所內非凡、不可或缺的館藏，受惠於合作單位或所方的贊助，受惠於貴所優秀的系列出版品。這些人盡皆知、銘感五內的事情，實在不需要我多加贅言。但我就是忍不住想到，無論是貴所的成立，還是諸多先驅的努力，抑或是所內始於馬克思、恩格斯手稿、令人歎為觀止的豐富史料，這一切原本說不定根本不會存在。這些寶藏之所以能撐過法西斯主義與戰爭的悲劇年代，都多虧了當年決定成立、組織這個單位的每一個人，多虧了他們的付出，以及尼德蘭眾人、各組織以及研究機構的通力合作，促使貴所能夠成立，得以延續其生命。願這所研究機構的第二個五十年，能夠和頭半個世紀一樣成功卓越。

除了恭喜貴所之外，開場嘉賓的功能就有點意味不明了。我不打算對接下來三天的座談進行方式大談特談。不過，我們不妨反思「勞工階級國際主義」的概念在為人理解或誤解的過程中，幾個模稜兩可的地方，說不定對你我會很有幫助。而我個人認為，有三種模糊之處。第一，「勞工階級國際主義」——精確來說，應該稱為「代表勞工階級，或者主張代表勞工階級的社會主義運動中所蘊含的國際主義」——跟百花齊放的國際主義（許多跟十九世紀的時空脫離不了關係）之間，有什麼樣的關聯？這一點不見得清楚明白。換言之，勞工階級與勞工運動，跟相關的國際主義意識形態之間，有哪些具體關聯？第二，如果我們把勞工階級（**working class**）與勞工階級運動（**working-class movement**）畫上等號，就會有混淆其中國際主義的不同「種類」，或是不同「程度」的風險。第三，「勞工階級的國際主義」、「勞工階級運動」或「宣稱為勞工階級喉舌的運動」，這三者跟「民族」——實際上是跟這些階級與運動所存在的民族國家（**nation-states**）——之間**是**什麼關係，或者**應該是**什麼關係？這是個複雜且廣為人們熱議的問題。

實際上，關於勞工階級國際主義的政治論辯，幾乎都涉及這三種不同層次的問題。每當國內有勞工運動的國家之間彼此開戰時，論辯的熱度與急迫性總會特別高；一九四五年以後尤其如此，因為當時甚至連自稱信奉社會主義的國家，都開始對其他社會主義國家發動軍事行動。我想，一八七〇年至七一年間的普法戰爭，應該算是勞工階級國際主義問題在民族對抗期間公開激化的第一個例子。我之所以把勞工階級國際主義問題擺在第三，純粹只是因為其重要性毋庸置疑。之後我會再來談這個問題。

現在，請容我先談第一種層次的模糊之處，畢竟它們引發的理論和歷史問題常常為人忽略。「國際主義」是十九世紀資產階級自由主義（bourgeois liberalism）與進步（progress）意識形態中不可或缺的一環。有人甚至更進一步，主張國際主義是所有社會演化（social evolution）理論必不可少的一部分。那麼，有沒有具體的勞工階級版「國際主義」？如果有的話，又是如何組成的呢？

相關問題雖然重要，得到的關注卻不夠多，而人們也不容易意識到其重要性。原因在於「國際主義」的語源顯然可以回溯到「民族」（nation）或「各民族」（nations），結果導致「國際主義」存在於「民族」的月影婆娑中；何況大家都曉得，十九世紀知識史的至要難題，就在於大多數思想家雖然採用「民族」、「民族性」（nationality）或「民族的」（national）等概念或詞彙，但這些詞彙的涵義卻模糊得可以。當然，《共產黨宣言》裡出現的這類詞彙，同樣沒有明確定義。偏偏在一八八〇年代針對「民族問題」而起的馬克思主義討論出現之前，各路作家普遍認為，這些詞彙的涵義清楚到不用特別說明。這種情況從英格蘭自由主義者白芝浩對「民族」的說法可見一斑：「只要你不特別問，大家就都知道那是什麼，只不過我們沒辦法立刻解釋或定義而已。」

我打算等其他場合，再來分析「民族」一詞在資產階級自由派意識形態大行其道的時候有著什麼樣的本質，在此我只打算針對當時的「民族」跟某種國際主義的關係，簡單勾勒幾筆。我先簡短交代情況：但凡思想淵源能回溯到十八世紀啟蒙運動的思想家們，幾乎都認為人類社會的規模是由小而大的演化：從地方（locality）、區域（region）而國家（state）；從親族群體、部落而人民（people），最終演進為全球性的社會，有全球性的組織，懷抱全球性的文化與世界文學（Weltliteratur），甚至講單一的全球性語言。其中多數的思想家（哪些人我就不明說了）理所當然認為，社會演化進展到這個階段——與資產階級和自由社會一同出現的階段——就是國家與人民的階段，就是「民族」與「民族國家」的階段。我不妨說得更精確一點：他們認為民族國家規模夠大，足以落實其經濟、政治與文化發展上的歷史性功能，包括對全球未開發國家及落後地區的剝削。歷史演化的力量會是趨炎附勢的，也就是站在大行其道的民族及其國家那一邊，對以少數民族和小國。但渡過這個階段後，無疑將是跨民族的（transnational）或國際的（internationalist）全球社會的未來，甚至連十九世紀日耳曼經濟學家弗里德里希·李斯特（Friedrich List）等民族主義者都主張，要有所展望，結果進一步催生出大量真心誠意、卻是空洞茫然的巧言。國際主義與全球世界，將是民族世界的子嗣。

然而就此而論，資產階級意識形態理論家之間確有明顯的分歧。自由派自由貿易商人與激進派、自由派的英格蘭政治家理查·科布登（Richard Cobden）再再主張，資本主義的發展已經讓這個世界多少具備了潛在的統一，因此普世性自由貿易的再興，將會（或者應當會）斬草除根，消滅各國、各人民之間的衝突，讓戰爭不再可能。某甲應該跟某乙直接對話，或者說甲生意人應該跟乙生意人直接對話，而不必經由政府才對。國際資本主義（International capitalism）如今正意味著國際和平及理解。這話不只是政治話術。科布登與同為激進派的不列顛政治家約翰·布萊特（John Bright）之所以反對克里米亞戰爭（Crimean War），幾乎單純是基於這種信念，而一九一四年還真有兩名自由黨大臣（其中一人曾經替科布登寫過傳記）從不列顛政府辭職，因為他們認為這場戰爭既不必要，也不正確，更不願意支持。另一方面，有些理論家主要不是為了資本經濟，而是為不列顛而喉舌。他們主張未來雖然無疑屬於全球社會，當前卻是屬於、而且接下來好一段時間也很可能屬於聯合國家（united states）的組成①：這個人口三千萬人至六千萬人的國家所提供的利益，全世界總有一天會享受得到。

典型的資產階級自由派國際主義（bourgeois-liberal internationalism）大抵做如是想。也許我們應該稍微談談另外兩種從「民族」或「民族性」中浮現，而且在一八四八年大行其道的激進民主觀念——這就是各民族手足大和解的「民族親睦」（Völkerverbrüderung）觀念，以及「民族自決權」的觀念。我們一望便知，這兩種觀念都預設民族先驗存在（prior existence）的目的，在於彼此友愛扶持，或是行使自決。但這兩種觀念都不是資產階級自由主義在邏輯上所必需；對後者來說，唯一存在的「民族」，就是「民族國家及其全體公民」。眼下，大家都懂什麼是個人之間的博愛，卻很難理解國家之間的博愛。至於民族自決，則是跟我先前勾勒的社會演化理論完全矛盾。

社會主義理論（至少馬克思主義式的社會主義理論）顯然是這種演化論形式的其中一段變奏。根據馬克思以及恩格斯的看法，演化的過程跟資產階級密切相關：

> 資產階級已經透過工業、商業與政治制度〔……〕在各地發揮影響力，拽著那些自給自

足、在自己的孤立中為自己而活的小地方，拽進與彼此的接觸中，將它們的關注合而為一，拓展它們的地方性視野，摧毀它們地方性的慣習、奮鬥以及思考方式，然後用許多此前不相屬的地方與行政區〔……〕打造出一個大民族。[1]

接著資產階級（引自《共產黨宣言》）「讓所有設法救亡圖存的國家採取資產階級的生產方式（bourgeois mode of production）」，「從工業的腳下抽走其民族基礎」，畢竟資本主義已經創造了全球經濟體系，「它還挖掉了工業腳下的民族基礎」。接下來，知識的生產（intellectual production）本身必須全球化：「在無數的民族和地方性文學之中，興起了一種世界文學」。[2]更有甚者，這種發展的進程，必然帶來單一超民族國家（supranational state）的形成（為了回復恩格斯對獨立聯盟戰爭〔Sonderbund war，即瑞士內戰〕的反思），「不只要將各國的民主無產階級集中起來，更要盡快將所有文明國家集中起來」。[3]總之，無論對馬克思與恩格斯，還是對當時許多非社會主義的思想家來說，這個由各民族組成的世界，都是人類從地方性存在（localized existence）走向全球性存在（global existence）的過渡狀態。他們對於「民族」與「全球社會」的看法，與當時盛行的自由主義觀點還有其他相似之處，這一點不難看出——例如恩格斯對少數

① 譯註：即不列顛。

民族或落後民族所抱持的懷疑態度，同樣見於約翰．斯圖亞特．彌爾（John Stuart Mill）等眾多哲人身上。

但我們可別忘了：馬克思與恩格斯的國際主義同樣帶有這種整體社會發展觀點，由此看來，兩人的國際主義其實深植於「**民族**」——亦即民族國家——所構成的世界。為什麼所有國際主義中最響亮的一條號令，是號召各國勞工團結起來呢？因為他們是在不同的國家裡運作著。更有甚者，「無產階級同資產階級的鬥爭，打從一開始就是民族鬥爭」，就算實質上不是，至少形式上也是，畢竟「各國無產階級當然得先跟自己國內的資產階級算總帳」，而無產階級確實「必須先在政治上稱霸全國，必須崛起為民族的領導階級，必須讓自己成為**該民族**」。[4] 換句話說，「國際主義」並不缺乏對民族、無民族主義（a-nationalism）或世界主義（cosmopolitanism）的重視，而是克服了民族的局限。

我不經意間觀察到，非民族性的或世界主義的運動、機構，甚至是社會團體確實存在，而它們純粹不認可「民族」——無論是作為政體，抑或是國籍，頂多將之視為「不可抗力」（force majeure）的展現。例如「伊斯蘭國際主義」（Islamic internationalism）這個詞就很荒謬，畢竟對虔誠的穆斯林來說，其他穆斯林所屬的政治或族群實體，其實不會比眼睛的顏色來得重要。真正要緊的，只有將穆斯林維繫在一起的信仰。世界體系將會穿透過民族世界，浮現於民族世界的背面——這種信念（抱持的人不只馬克思）排除了前述的無民族主義。即便如此，「世界」對資產階級與無產階級來說可**不只是個**「民族世界」（只不過他們看法不同），更是個直截了當的世界體系，體系中的個人、階級以及整體社會利益可以獨立運作於國家、族群之外，可以跨越國家、政府以及其餘任何一條界線，而且可以跟國家或民族角度出發的利益相扞格。歷史上曾經有資產階級自由派，因為認為從資本主義觀點來說沒有道理可言，就據此對抗帝國主義與戰爭。光是這個事實，便證明了上上一句話的論點站得住腳，就算我們不接受自由派的主張亦然。跨國界與族群疆界的利益和鬥爭，也因此（至少是潛在地）帶入了世界主義的元素；一邊是階級與運動，一邊是國家與民族，假如兩邊起了衝突，那階級與運動就應該占上風才對。我們確實會看到，這一點對跨國界**組織起來**的運動——例如勞工階級運動——尤其明顯。

所以，「勞工階級國際主義」蘊含了哪些專屬無產階級的要素呢？無論是追求民族的終結，還是期盼世界大同的和平年代到來，都不是無產階級的專利。自由貿易者同樣期盼自由資本發展能不受束縛，帶來一樣的大同結果，而就「民族差異與人民之間的對抗，能夠因為資產階級的發展、商業自由、全球市場等而逐漸消失」來說，科布登想必和馬克思有志一同。[5]除去比別人更著力分析資本主義發展及其覆滅，勞工階級國際主義具有三重的特色。第一重，勞工階級國際主義深信無產階級在克服各民族、各國家對立的過程中扮演要角，因為無產階級「沒有祖國」。或者借用一八四五年，恩格斯在倫敦舉行的民族聚會（Festival of Nations）上發表的話來說：

〔……〕各國無產階級有一模一樣的利益，一模一樣的敵人，一模一樣的鬥爭。無產階級群眾本質上不受民族偏見所左右，整個階級的性情與行動，具備了根本的人道精神與反民族主義。唯有無產階級足以摧垮國籍，唯有覺醒的無產階級足以實現不同民族之間的博愛。[6]

老恩格斯對自己年輕衝動時道出的這番話，想必是悔其少作，但這些字句肯定展現了他與馬克思的初衷——身為勞工，全世界勞方的集體利益，以及他們以無產階級身分與資方的衝突，其重要性超越了一切。「國際主義」就蘊藏在階級鬥爭中。

這下子就可以清楚看出，針對「無產階級同資產階級的鬥爭，打從一開始就是民族鬥爭」，要順應各國高度特有的經濟、政治、制度等環境，在各國遍地開花等看法，恩格斯在這篇文章中的論點，就跟其他文章有所矛盾。比方說，義大利、西班牙與葡萄牙無產階級的鬥爭即便放到今天，放到這三個國家都屬於歐洲經濟共同體（European Economic Community）的今天，還是可以分在同一類，一如農民的鬥爭。只是當年的無產階級鬥爭跟現今的無產階級鬥爭，兩者在實務上並非**一模一樣**的鬥爭，對抗的也不是**一模一樣**的敵人；一旦勞工階級的國別分支，實際上必須與**一模一樣**的跨國資方（例如福特或通用汽車）鬥爭時，光靠為**國內**行動而組織的勞團和工會運動，顯然是難以為繼。何況歷史經驗已證明，青年恩格斯關於民族偏見的寬宏設想並非事實。

而且，光憑這類意識形態，還不足以形成大規模甚至是群眾聚集的勞工運動，除非在意識形態中確實有什麼表達出勞工在其階級處境中所體驗到的現實。我想，勞工階級國際主義是可以證明具有這樣的作用，而我也認為，與其再度呈現其顯而易見的局限，不如去探索勞工階級實踐國際主義的正面吸引力，這毋寧才是更有趣的研究任務。眼下雖然沒有時間繼續談這個主題，但我希望能吸引各位留意三件事情。第一，以最初步卻也最有自發性、歷史最悠久的工會抗爭形式而論，階級鬥爭**曾經是**國際性的，只是那些沿民族、種族、宗教或其他界線而產生的裂痕，**難免**會削弱與雇主或資方發生爭議的勞工集體。（當然，勞工**不只**以工會成員身分活動；換做其他時空與立場，他們也會——請容我舉個尤其令人遺憾的例子——以愛爾蘭民族主義者或阿爾斯特奧蘭治兄弟會員〔Ulster Orangemen〕身分行動。）國際主義有其道理（而且至今猶然），尤其是來自不同民族的勞工必須在維也納、布達佩斯以及隆達（Rhondda）的工廠中團結罷工的情況。第二，我們確實曉得，民族與語言差異可能是，或者確實是團結的致命傷，但在某些特定情況（值得好好研究）卻顯然無足輕重。維也納深具影響力的勞工運動是以日耳曼—捷克混和的基礎發展起來的；威爾斯的煤田在沒有發生明顯民族問題的情況下，語言主流從威爾斯語轉為英語；最令人印象深刻的例子，則是比利時曾經有一場勞工運動，居然是以法蘭德斯和法國勞工為基礎。語言的分界線由上到下，將比利時的每一個機構一分為二，但這條分野顯然不大重要，因此埃米爾・王德威爾得（Emile Vandervelde, 1866-1938）與儒略・德斯特雷（Jules Destrée, 1863-1936）②在一八九八年發表的《比利時的社會主義》（*Le socialisme en Belgique*），對法蘭德斯語問題幾乎沒有著墨。

至於第三，我們不該忘記當時是個人口高度流動的時代，足以讓三千萬人至五千萬人（主要是將來的體力勞動者）離鄉背井，成為新國家與新民族的一分子。而我們也不能忽視眾多返回故土，或是長期往返於邊界的人。歷史學者都曉得旅人、僑居者和歸國僑民是早期勞工運動的主幹，畢竟有這麼多核心成員便是由他們所組成的。我們自然會想到日耳曼的熟手工人將社會主義從日耳曼帶往北邊，並傳承給湯姆・曼恩（Tom Mann）等英格蘭工會成員，而曼恩又移居澳洲數年組織起當地勞工；也會想到馬丁・特蘭梅（Martin Tranmæl）等挪威人將ＩＷＷ（Industrial Workers of the World，世界產業工人組織）的經驗從美國帶回挪威；或者是哈利・布里奇（Harry Bridges），他從澳洲出發，渡過太平洋，到舊金山領導大罷工。社會主義、共產主義與無政府主義運動中滿是領導者及好戰分子，隨時能夠從甲運動轉移陣地到乙運動。更有甚者，其中有人同時在多個國家的勞工運動中擔任領導人。波蘭裔共產主義者羅莎・盧森堡便是其中最有名的人物，她不但同時參與德國、波蘭、泛俄羅斯和國際運動，而且付出同樣的心力。

勞工階級國際主義的第二重特色，在於它一開始就是作為國際性的運動來加以組織，畢竟這就是原本的構想。勞工階級國際主義無損於過去資產階級革命或自由革命中（例如一八二〇年代）的國際主義潮流，而勞工階級國際主義作為國際組織的傾向，應該算是無產階級運動有別於資產階級的特色。資產階級與民主激進**民族**革命經常懷抱解放**全世界**的使命，法國大革命就是清楚的例子，不過這種救世主姿態不是只有泱泱大法國（la grande nation）才有。無產階級國際主義的核心並非某個革命國家，而是一支國際大軍，只把民族運動視為軍中的次屬單位。國際共產主義運動之所以漸為蘇聯所主導，是因為一九一七年至二三年間，各地的革命紛紛失敗，只有俄羅斯例外。列寧原本的構想是把共產國際（Communist International）轉移到柏林。幾乎不可能有哪個法國雅各賓派會主張，以巴黎以外的地方作為世界革命的首都，連假設都不可能。順帶一提，我個人認為，勞工階級國際主義運動之所以具有這種跨民族導向，跟馬克思本人大有關聯。若是沒有對第一國際的記憶，就不會有第二國際；沒有第二國際，就不會有第三國際。而這個傳統令人遺憾地凋零，也多少讓我們看到了無產階級群眾社會主義運動的歷史機運演變。如今已經沒有能夠跟當年的老國際相提並論的組織了。雖然從一八八〇年代到一九三〇年代之間，無產階級群眾社會主義／共產主義政黨仍然在許多國家出現、成長，但此時的這些新政黨幾乎都不是誕生於勞工階級中，而它們也很少出現在此前沒有同類政黨的國家。所謂的第三世界便明顯不見它們的蹤影。

② 編註：兩人皆為比利時社會主義政治家，前者曾於一九三〇年應國民黨邀請，至中國訪問、演講。

這讓我們對於勞工階級國際主義的第三重特色有了更清楚的認識。白芝浩主張，「民族建構」是十九世紀歷史的基本要素，但真正的勞工階級群眾政黨與運動其實有別於領導人和理論家，他們對白芝浩口中的「民族建構」並無特別興趣。就此而論，他們有別於自由派資產階級，畢竟資產階級總視自己為可能的統治階級，認為資本主義發展的根本，在於建構出可行的民族經濟體（至少在十九世紀如此）。他們同樣有別於小資產階級與其他民族主義者，因為對後兩者來說，建構出自己的民族作為政治單位（無論大小），才是至高無上的政治目標。小資產階級和民族主義運動都需要對國家有起碼的控制。講得露骨一點，自由派資產階級與民族主義運動並不考慮施政問題，活動時才可以集中火力在新聞傳播、唱高調以及歌頌民族傳說上，反觀工階級則得忙著完成許多具體任務，例如集體協商。正因為自發性階級意識（列寧稱之為「工會」意識）活動能力有限，馬克思才會始終堅持勞工階級運動的核心，必須是以政權為目標的政治組織。

但是，多數勞工群眾運動典型的立場直到發動革命之前，都是站在反對派的立場（畢竟，有多少運動能走到革命這一步），也就是把政府、經濟體系的運作留給別人，一如一九一四年以前第二國際各政黨的作法，以及一九一七年後共產主義政黨在資本主義國家的作法。一場社會主義運動愈是為了組織性展現勞工階級的切身利益，就愈不需要為各國政府之間的摩擦，或是其他民族問題而費心；當然，要是運動內部事務受到這些摩擦和問題所影響，那就另當別論了。

由此，無疑是能保護勞工階級運動不受國家沙文主義所害，也讓群眾更容易致力於國際主義意識形態，但也導致默認接受了資產階級的霸權與勞工階級的屬下性（subalternity）。政治上，第二國際各政黨的主要活動，在於為勞工贏得或起身爭取完整的公民權。但是，實質上定義「公民所應有的政治行為種類」的，卻不是勞工的運動，而是國家——而且還是別人的國家。一九一四年，交戰國內具有階級意識的勞工自發性的總動員、共赴國難（不列顛的勞工就是個好例子），此時他們並不認為自己背叛了所屬政黨的信念。先前透過工運在本國爭取到完整公民權的勞工們，如今表現了良好公民應有的行為舉止。對社會主義領導人來說，一九一四年八月爆發戰爭，以及他們的（第二）國際瓦解，可說是深可見骨的創傷。一邊是階級意識的呼求，一邊則來自國內公民的身分——我很懷疑勞工群眾與社會主義運動人士感受到的是不是同一股衝突感。威爾斯礦工既能追隨革命工團領袖，又能在一九一四年大批志願從軍，更在一九一五年號召煤田全面罷工，毫不理會人們指責他們這麼做是不愛國的舉動。

＊＊＊

上述對於勞工階級國際主義之局限的觀察，讓我覺得必須把勞工階級運動中各種類型和層級的國際主義交代分明。我們發現有一小群男女，他們完全不在乎自己屬於哪國政府、哪個民族（性），即將到來的革命才稱得上是他們唯一且真實的「國家」。這一小群人算是勞工運動的極端之一。布列希特（Brecht）在〈致後生〉（To Those Born After）一詩中寫下「我們換國家的頻率，比換鞋子還快」（die Länder öfter wechselnd als die Schuhe），指的便是他們。無論他們身處何處，都等於留在同一個地方。

進入第二國際時期，我們頻繁在無政府主義者當中看到這種人，他們往往是移民，甚或二度移民（尤其是出身東歐的人），從一場民族運動走向另一場。我腦海裡想的不是那些一輩子投入另一場民族運動的人，比如考茨基、希法亭（Hilferding）或其他出身奧地利的德國社會民主黨員；也不是那些參與的運動基本上跟自己民族無關的外國人，例如出身烏克蘭的馬克思理論家多布若熱亞努—格雷亞（Dobrogeanu-Gherea）之於羅馬尼亞，猶太裔俄羅斯馬克思主義者安娜·庫利舍娃（Anna Kuliscioff）之於義大利，或是立陶宛共產主義者夏爾·拉帕波（Charles Rappoport）之於法國；我想的是盧森堡或保加利亞裔蘇聯外交官拉科夫斯基（Rakovsky）這一類的人物，他們對好幾場民族運動都很重要，有時候是同時參與，有時則是先後投身。假如瑞士或葡萄牙有人渴望政治鬥爭，這些人想必會懷抱同樣的熱情投入其中。進入共產國際時代，這些國際性的核心分子為組織所收編，阿爾多·阿戈斯蒂（Aldo Agosti）在《馬克思主義史》（*Storia del Marxismo*）第三冊（由艾瑙第出版社〔Einaudi〕發行）中，精闢分析了收編的過程。受到一九一四年局面瓦解的衝擊，共產國際於是刻意發展這種型態的國際主義，作為所有共產主義者（而不只是共產國際幹部）四海之內至高無上的責任，並以效忠國際勞工政黨的方針與效忠蘇聯為其表現形式。在職業革命幹部和官員外，有多少人確實感到這是個不可不從的義務呢？這個問題仍待深入研究。我演講的當下不可能解決這個問題。不過，確實有那麼一小群貨真價實的跨民族幹部，他們的原國籍頂多是基本資料表上的一項；也有一些人始終認同自己民族，同時又恪守共產國際針對他們所明確訂定的職責，而這兩者我們必須分清楚。

我不太想為法國共產黨的法國中心傾向辯解，也不想幫德國共產黨（KPD）在一九三〇年代晚期遭奧地利共產主義者挾奧地利民族理論挑戰時，所發展出的德意志至上論點說話。不過，上述的例子無疑證明共產主義運動中的民族主義，甚至是沙文主義反射動作，不見得會跟對國際路線的絕對忠誠相衝突。共產國際時代的特色，顯然正是這種實效國際主義（effective internationalism）與強烈民族認同的結合。人們又一次悲哀地注意到國際主義的衰落——不只是在勞工階級政黨中衰落，甚至連「發達社會主義」國家亦復如是。

至於在勞工運動的另一極端，我們則看到那些主要抱持民族視野、國際主義於他們並無實質用處的人——約瑟夫·畢蘇斯基（Józef Piłsudski）的PPS（Polska Partia Socjalistyczna，波蘭社會主義黨）與勞工錫安主義（Labour Zionism）便是人盡皆知的例子。由於這次研討會的主題不是勞工階級運動中的民族主義，而是國際主義，我只好請大家注意一個有趣但不太重要的事實。實質上作為民族重要代表的運動與政黨，甚至是一國的民族主義政黨，往往一開始都不是在民族主義者的支持下成立，而是在社會主義者（理論上應該是國際主義者）奧援下成立的組織

——第二國際時代尤其常發生這種引人側目的事。我們只提波蘭社會主義黨、芬蘭的社會民主黨（Social-Democratic Party）、喬治亞的孟什維克（Mensheviks）、各式各樣的亞美尼亞民族主義團體——甚至拉脫維亞的布爾什維克也多少算是——便已足夠。「國際主義」、「民族解放」與「社會解放」之間的辯證關係，值得受到比以往多的探討。

在兩個極端之間，我們可以看到各政黨與領導人，在情況牽涉到政黨所身處的國家，或是牽涉到自己的政黨時，竭盡全力因應「民族問題」。他們不見得能獲得應有的評價，畢竟你我之間有些人對於這些論辯，是聽布爾什維克官方版詮釋長大的——占據最醒目位置的人是列寧和史達林，不是他們。針對奧地利馬克思主義理論對民族問題的態度，以及內萊塔尼亞（Cisleithania）社會主義領袖心中毋庸置疑的德意志民族認同，無論我們怎麼想，我個人還是認為奧地利工人領袖維克托·阿德勒（Victor Adler）和奧地利社民黨的奧托·鮑爾（Otto Bauer）的國際主義行動經得起檢證，至於同為社民黨的卡爾·倫納（Karl Renner）的話就算了吧。我在這篇文章一開頭提到資產階級與勞工階級國際主義之間有所重疊，現在我得稍微回來談這一點。一九一四年，社會主義者當中最不愛國社會主義的行為，出現在不列顛——獨立工黨（Independent Labour Party）採取有別於辛德曼（Hyndman）的馬克思主義社會民主黨（Social Democrats）的態度，堅持反對參戰。但他們是以和平主義者身分拒絕戰爭，是受到自由派新教徒對國教的不信奉態度（non-conformity）與科布登主義（Cobdenite）的鼓舞，而非社會主義國際主義。

＊＊＊

最後，請容我講講組織性勞工運動中的無名英雄們。他們抱持什麼樣的國際主義？我想，這個問題問了也是白問。對政治人物或意識形態思想家來說，民族主義或國際主義意味著重要的政治選擇。在他們的唇槍舌戰中，「民族主義」與「國際主義」這兩個概念是互斥的選項；就像民族主義者要麼服膺於甲民族，要麼服膺於乙民族。只能二選一。但在描述政治行為時，說「有選擇」其實會誤導人。首先，許多勞工加入勞工運動時，心裡還沒有民族認同，也因此不會產生選擇「民族主義」或是「國際主義」的困擾。對於許多在一九一四年參與義大利勞工運動的成員來說，當一個「義大利人」，就跟今天當一個「歐洲經濟共同體成員」一樣虛幻。他們不會讀、寫，甚至不會說義大利語，躲不開法律也逃不出義大利政府官員的手掌心，而且他們當中幾乎所有人在一年前連票選國會的權利都沒有。他們也沒有比法國勞工更支持國際主義，畢竟他們無心於戰爭，這也讓他們的社會主義政黨更能反對戰爭。義大利政府的戰爭憑什麼該是他們的戰爭？

退而求其次，就算他們真的因為特定的目的，自視為某民族或某國籍的成員，也不必然會為了別的目的而這麼做，更別說是所有目的了。無論男女，他們過去、現在都完全可以同時自視為（我故意選極端的例子）自豪的愛爾蘭人、勞工階級成員、天主教徒、克立郡人（Kerryman）、奧康諾（O'Connells）氏族成員，以及王室愛爾蘭步兵衛隊（Irish Guards）退伍軍人，因地制宜地去強調甲認同或乙認同。也就是說，在愛爾蘭與聯合王國都享有投票權的愛爾蘭公民，人在伯明罕的時候可以是不列顛工黨的死忠支持者，一回到愛爾蘭共和國，卻不是投給愛爾蘭工黨，而是愛爾蘭共和黨（**Fianna Fáil**）。這樣的人總會在某個時候覺得自己有責任選擇此認同，並摒棄彼認同，但幾乎不會是不列顛或愛爾蘭政治人物認為他該這麼做的時候。我們絕不能忘記，人在社會中的存在，是具有多向度（**multidimensionality**）的。更有甚者，即便是相當強烈的民族認同，也不見得必然含有政府與政黨自作多情解讀出的政治意涵。威爾斯老鄉們雖然多半對自己的「威爾斯魂」相當自豪，卻不認為有「威爾斯魂」就得支持民族主義政黨，而這往往令讓威爾斯民族主義者大失所望。

再次之，我一再強調，勞工階級群眾運動的發展相當弔詭，**會同時**催生出民族意識與跨民族意識形態。義大利勞工之所以會認為自己首先是義大利人，而不是拿坡里人或普利亞人，箇中原因往往就是因為他們認同社會主義政黨，或者認同那些能夠代表新民族國家中所有成員的工會。正是憑藉那些在全民族或全國範圍內運作的國際主義運動，民族意識一開始才會在許多無產者心中萌芽。我再重申一次：「要麼國際主義，要麼民族主義」這種單維的選項，並不適合用於解讀真實的歷史情境。

然而，這種非此即彼的選擇，**確實**對於一個關鍵環節相當重要。勞工加入某個社會主義之類的階級政黨，當然不見得就會跟政黨領袖懷抱一樣的理論、意識形態、願景以及政策，甚至不見得理解，而是只聞一二。但是，他們透過這種政黨認同自己的階級時，至少在理論上，無疑會接受該政黨告訴他們的一切，或是接受大部分，只有跟自己的經驗完全衝突的地方例外。他們實際上不見得會遵循政黨的指示，但原則上認為這些指示是對的、是合理的。政黨對他們叨念的事情，有些他們不見得覺得特別順耳，例如婦女平權。政黨還會告訴他們，人人友愛，種族要平等。其實，這些指示在落實的時候恐怕已經打了折扣，甚至只是搪塞了事，非但達不到，而且是遠遠達不到（比方說）女性社會主義者對恩格斯與德國社民黨領袖貝貝爾的政黨的期許。以奧地利而論，社會主義政黨對支持者的反閃主義恐怕讓步更多，像是貶低猶太裔作為政黨領袖的情況；二戰期間的法國共產黨也是這樣，貶低外國人在法國境內反法西斯抵抗活動中的貢獻，無疑等於對法蘭西沙文主義讓步。

上述批判完全站得住腳，只是事實仍舊擺在眼前：勞工階級運動的的確確透過身教及言教，提倡著世人平等，兄弟——以及姊妹——相親相愛：猶太人與哥薩克人（就像巴別爾〔Babel〕的童話故事）[3]，波蘭人與法國人，印度人與英格蘭人；巴特西（Battersea）是勞工政治最古老

③ 譯註：猶太裔俄羅斯小說家伊薩克·巴別爾（Issac Babel）根據自己在波蘇戰爭期間的日記，寫出小說《紅色騎兵軍》（*Red Cavalry*），刻畫哥薩克人為主的俄羅斯騎兵第一集團軍眾生相與同袍情誼。

的橋頭堡之一，其中巴特西的共產黨國會議員正是印度裔出身④。勞工階級運動這麼做，不只是教育勞工要有公德心，更是勞工階級利益的表徵，約束著舊有的、無意識的，甚至是原始形式的群體、宿怨以及民族間的摩擦。說起來，社會主義之所以與反閃主義分道揚鑣，就是為了約束這一切：十九世紀末、二十世紀初，大量證據顯示反閃主義不只是（借貝貝爾的措辭）「白痴的社會主義」（the socialism of idiots），其實無產階級的社會主義對反閃主義天生絕不陌生。如果勞工階級運動成功的話，就能遏止英格蘭人的反愛爾蘭情緒。一旦以前整個階級對黨、對階級意識形態那種毫無保留的忠誠煙消雲散了，一旦意識形態的包裹拆開了，一如當下現況，人們大可拿走或留下裡頭的個別物品，這才會體認到舊有忠誠的影響。一九六〇年代晚期，最鐵桿的工黨忠貞分子——倫敦碼頭工人發動遊行，支持某個政客（指以諾・鮑威爾〔Enoch Powell〕）所提出的遣返非白人移民的種族歧視要求，令不列顛輿論大為震撼。而人們之所以震撼，不在於具有階級意識的無產者露出了種族歧視的狐狸尾巴。這一點確實讓人遺憾，但不全然出人意料。他們在種族議題上，居然準備公開積極支持一名保守黨政客，不惜跟自己的階級政黨作對，這才教人瞠目結舌。種族主義確實存在於勞工中的落後分子之中，但只要階級政黨或階級運動仍然恪守階級原則，種族主義就只能以私底下、非官方、羞於見人的方式存在。若政黨致力於種族平等與國際主義，忠於該政黨就等於禁止種族主義公然現身。在許多國家，階級和古典勞工階級政黨之間的紐帶慢慢（過去幾年間則是飛也似地）遭到侵蝕，讓種族情緒暴露（或者說再度暴露）出來，尤其是年輕勞工之間。何等悲哀啊。不光是民族與種族之間那種抽象的平等，在同一間工廠或辦公室裡工作的西印度人、巴基斯坦人、孟加拉人，跟英格蘭人、蘇格蘭人、威爾斯人以及愛爾蘭人也都是平等的。不秉持這種信念，就沒有一點真正的國際主義可言。

正因為如此，勞工運動一定要高舉國際主義旗幟，縱使今日的歷史暴風威脅要把它撕成碎片，也在所不惜。正因為如此，像南非的非洲民族議會（African National Congress）這樣的運動更值得我們欽佩與支持：ANC對抗種族歧視的白人統治者，對抗種族歧視或部落主義的黑人叛軍，堅守非種族主義基礎——不分非裔或印度裔，不分有色族群或白人，在自由的南非一律平等——而贏得選戰，並領導受壓迫的非洲人民。正是在這種國際主義中，才有那十分微弱卻是未來唯一的希望。正是為了希望，國際社會史研究所才會以邀請大家齊聚一堂、一起反省這個主題為方式，來慶祝創所五十週年。

---

④ 譯註：指一九二四年至二九年的巴特西北區下議院議員夏普里．沙迦拉瓦拉（Shapurji Saklatvala）。生於孟買的他，是不列顛共產黨少數的國會議員，也是首位印度裔議員。

註釋

1 Friedrich Engels, 'The Civil War in Switzerland' [1847], in Karl Marx and Friedrich Engels, *Collected Works*, vol. 6 (Moscow, 1976), pp. 367–74, p. 372.

2 Karl Marx and Friedrich Engels, 'Manifesto of the Communist Party', in Marx and Engels, *Collected Works*, pp. 477–519, p. 488.

3 Engels, op. cit., p. 373.

4 Marx and Engels, op. cit., pp. 495, 502, 503.

5 同前註，p. 503.

6 Friedrich Engels, 'The Festival of Nations in London (To Celebrate the Establishment of the French Republic, September 22, 1792)' [1845], in Marx and Engels, *Collected Works*, vol. 6, pp. 3–14, p. 6.

第十章　民族主義的界定問題

I

民族主義恐怕是我們這世紀最強勢的政治現象，且其重要性與日俱增，只是一旦要進行分析，卻又十分難以把握。研究民族主義不能只是光敘述就好，而目前相關文獻的研究整體而言差強人意。民族主義者所撰寫的一切（至少在書寫自己民族的時候）幾乎都是拿答案當前提，說了也是白說。直到最近，大多數由非民族主義者書寫的文章，則是某種程度上把民族主義當成某種令人備感不安的侵擾。一如當年威脅要破壞阿基米德畫的圖解的羅馬士兵[①]，民族主義的威脅確

①　譯註：阿基米德出身西西里島敘拉古（Siracusa），據說羅馬軍隊攻陷敘拉古時，阿基米德正在自家的地上畫幾何證明。士兵要把他帶去見指揮官，他卻叫士兵不要干擾自己研究，結果反而被殺。

實存在，真實不虛，強而有力，任誰都得面對。而民族主義也像那名羅馬士兵，完全不在學者們念茲在茲的分析模型的處理範圍內。只要分析模型不會自打嘴巴，學者們想必樂得放它一馬。

更有甚者，所有針對「民族問題」而寫的嚴肅分析著作，有相當比例都免不了定義問題，同時也必須破除傳統上對於民族主義的神話色彩。批評一下是免不了的，不批評也實在太難了。民族主義者說的話，還有他們對民族與民族主義發表的看法（尤其是自己所屬民族），聽在沒有那種情感投入的他者耳中，通常就是耳邊風，而且也難以經受理性的推敲，難免引起各種懷疑聲浪，只是包裹著禮尚往來、圓融手段或小心翼翼的外衣。另一方面，分析性的掌握民族主義問題，其難處在於「民族」與「民族主義」的定義泰半屬於實證定義，而且很容易就暴露出偏袒或不足。追尋「民族地位」（nationhood）的客觀標準——單一標準也好，綜合標準也行，每每一下子就難以為繼。民族的基礎是領土、語言、族群、歷史，還是別的？或者是這一切的總和？總是能找到例外，即便今天找不到，明天也會出現。至於民族的主觀定義，淨是些套套邏輯（tautological）或後驗知識（a posteriori）。無論是拿「民族意識」（national consciousness）的存在，或是成員間某種相似的一體感來定義民族，基本上就跟說「民族就是所謂的表現得像一個民族」，要不就是「民族無法預料，只能追認」一樣。有能力思考的人，往往覺得難以逃脫這種令人氣餒的窘境。

研究「民族問題」成果最豐碩的切入角度，想必是歷史角度。假如把民族與民族主義視為在特定歷史情境中發展出來，受到特定歷史情境所左右的現象，我們碰到的諸多難題都能迎刃而解。我們可以不再去追尋這兩者有什麼長期甚或永恆的特性，也能毫不意外地了解到，這兩種現象是從不同的出發點匯聚成流，從不同的情境流向單一目標（為了論證方便，我們姑且名之為「民族國家」（nation-state））；從任何特定時間點做個橫剖面，都能看到大量的變化。以歷史為導向的民族主義理論可說是最有用處的，然其中最受歡迎的兩種理論——馬克思主義，以及頂著「現代化」（modernization）大帽子的各類詮釋——卻有各自的弱點。

馬克思主義的問題在於，雖然認知到民族主義是一種興起於「資產階級時期」（bourgeois epoch）的現象，卻低估其重要性和持久性（主要是因為根深柢固地缺乏對資產階級的贊同）。列寧以降的馬克思主義者確實體認到民族主義，也分析其在歷史上的革命重要性，強調其政治力量。馬列主義傳統寫作大幅構成、提升了我們對民族問題的認識，尤其涉及殖民地與半殖民地人民的解放運動，以及歐洲民族對抗法西斯的鬥爭，只是學界顯然對此視而不見。另一方面，馬列主義認為，民族主義是個**僅限於**資產階級時期的現象，又或者把這些足以在過去數十年間分裂國際共產運動的強大現象，當成資產階級的（區區）遺風來分析，這就大錯特錯了。

至於「現代化」理論的問題，不只是因為理論中的歷史模式基本上都是「一步到位」，極其粗糙，更因為這些理論算都算不準。（至於這些模式到底有沒有貨真價實的預測值可言？這我就不回答了。）馬克思主義確實預測到一些非常重要的情勢，特別是本世紀解放鬥爭中社會與民族元素的融合，以及這類運動在非歐洲國家的歷史重要性。可惜馬克思主義未能成功分析特定情境下的「民族問題」，尤其是隨著社會革命而來的民族問題。只要「現代化」理論以「透過人與人之間更緊密的互動，擴大對自然的控制」這麼簡單且單向的方式來定義「現代化」，又把「民族意識」當成現代化過程中的「區區一環」，那自然就難以理解西方民族主義「分多於合」的主流。[1]「現代化」無疑讓政治科學家比別人投注更多的注意力在「民族」問題上——更貼切的說法是，二戰以來「未開發」國家的大規模運動，讓他們注意到一連串的問題，而「民族」是其中一種分析工具，但民族偏偏是個概念上經常出問題的工具。即便如此，歷史學家也沒有立場覺得自己高人一等，畢竟除了少數學者，史學界對這個主題的忽視實在令人尷尬。

由此，接下來的討論不會對過往的分析研究過多著墨，不過，讀者想必輕易便能看出哪些討論是順著已有的研究而來，又是自何處分道揚鑣的。

II

界定「民族問題」時，從「民族」的概念（亦即「民族主義」）著手，會比從這個概念代表的現實開始更好。這麼做不是為了否定「民族」為真（無論「民族」是什麼），但「民族」確實往往是民族主義運動或民族國家的產物，而不是這些運動及國家的基礎。民族主義設想「民族」時，可以先射箭再畫靶；只是真正的「民族」是後驗的，只能追認。所以，從前者開始會比較容易。大家知道，馬志尼認為什麼是民族，或者說民族應有的模樣；我們研究民族的概念時，是以他的民族大業理念規畫為客觀基準，而他的設想不必然符應他認為的民族現實，而且也確實不然。不光我們不知道他那個時代的「民族」是什麼、是否以現代意義存在，馬志尼本人也不知道；他所設想的「各民族的歐洲」未來架構，也不為更強烈的民族主義運動所接受。[2]

接下來，我會談談馬志尼這種對「民族」的計畫性見解。其所代表的不是民族主義者腦裡真正的想法，而是他們遠大目標中所隱含的社會—政治內涵。

「民族」在歷史上是相當新穎的建構概念，是十八世紀以降的特色；不過，有心人當然可以找到一些更早的蛛絲馬跡或實例。而「民族」之新穎，則在於兩大前提的結合。

第一大前提是，但凡涉及政治義務時，對「民族」的忠誠紐帶（或是「民族」的性格）不只高於其餘的紐帶，甚至會取而代之。一個人的輪廓，再也不是由多重忠誠關係的複合（這些忠誠關係可以重疊，不過泰半各自獨立）來勾勒，反而是單一忠誠關係——他的「民族性」——的決定性壓倒了一切。

第二大前提則是一種信念：「人民」（people）或「民族」這種單一集合體，必須透過主權獨立的「民族國家」為代表，理想上完全是由使用單一語言的該「民族」成員，來構成國內同質的人口。

「民族」因此成了各種元素的結合，而這些元素乍看之下不必然有關，甚至不大相關——一方面，是和結構性「現代化」有關，亦即與領土型國家及國內社會政治關係轉型（或簡化）有關的元素；另一方面，則是訴諸各式各樣、蓄滿個人情感的手段（其形式、典故或衍生多半採取復古的形式），堅定表示或象徵群體成員身分和群體團結。我們可以進一步指出，「民族」時代降臨前，各式各樣的「民族」團結因素之間只有不期然的關聯，人們也不會認為它們跟一國的中央有任何特定的聯繫或是義務；進入「民族」時代之後，世人才開始把「民族」與「主權國家」的概念畫上等號，「聯合國」（United Nations）一詞便清楚表現了這種等同。[3]

上面討論的前提，隱含著強烈的民主與平等元素（這一點經常有人點出來），至少在各民族內部如此。政治民族主義具有革命性的根源。民族—公民身分（Nationality-citizenship）尤其能有效擾亂傳統階級秩序和依賴關係，這不只是一種政治手法，且是一種運動，至少具有引發運動的潛力。

由於民族主義的特點，就是根據它們認定的「自然而然」、「長久以來」、「傳統使然」，甚或是「千秋萬世」來定義「民族」，因此「民族主義」作為一種政治綱領的新穎革命性，就只能隱而不顯。與其說「民族」是發明出來的，不如說是用社會—政治作用通常大不相同的既存歷史素材所構成、發展出來的。我們輕易便能證明，十五世紀歐洲人所認定的「領土」、「語言」、

「歷史」、「文化」，甚至「族群團結」等概念，其實不同於二十世紀的歐洲人，也有著不同的功能，即便有相同之處，彼此之間也不必然有關聯，更遑論跟特定國家有所牽扯了。民族主義進程之新穎，即便從最復古的論調中，都能嗅聞到一絲痕跡。現代民族主義運動與現代國家中，凝聚集體最強大的力量——「親族關係」的隱喻，一方面最是古老，另一方面卻也跟「民族」的社會及政治體系運作最沒有關係；真正的親屬關係（如果沒有功能失調的話）在民族國家內，扮演的不過是最底層或最邊緣的角色。即便如此，「親人」仍然是民族主義論調中反覆出現的主題，甚至可說是其根柢。民族國家若非母國就是祖國；民族之內皆兄弟。他們因「血緣」與「血統」（亦即假設性的生物學紐帶，藉此排除非成員），因共同的「家」而相連，家裡擺著共同的實體和精神擺設，而他者是無法了解這些擺設的真正意涵的；他們有共同的祖先、共同的語言，是那些沒有共同家族傳承的人幾乎難以接近的（「翻譯即背叛」〔traduttore-traditore〕不只是諧音，更是一語雙關）。但我們也注意到，「民族」所採用的親屬模式，至少以歐陸的民族主義來說（因為這個領域研究不多，我們只能小心假設），似乎偏向簡單的核心家庭，而非大家族。「鄉親」（cousins，就像「咱們美國鄉親」）不見得真有歸屬感；至於不列顛帝國主義老調常談的「民族大家庭」（family of nations），也跟「祖國」大不相同。總之，民族論調中的「家人」，跟那種在社會中實際創造、隱含群體忠誠，相互扶持，真正血濃於水的親族關係鮮有共通點。即便是最古色古香的民族主義論點，其觀念框架仍然與真正的過去相去不可以道里計。

III

「民族國家」是由這麼多迥然不同的元素組合所構成的。這些組合之間是否有功能性的關聯呢？十九世紀觀察家沒有多想便認為有，而「現代化」理論家則做出最大貢獻加以證明（只是他們不見得會去解釋）。他們的作法，是把民族設定為現代國家發展的函數（而我們或可藉此了解資本主義發展年代中的國家，甚至廣泛了解所有工業經濟體的發展）。用現代的角度來看，國家的建構就是「民族建構」。他們的分析，是以歐洲中世紀以降，國家無可否認的「大轉變」為基礎。[4]大略而言，此前的政治體制以大一統的領土為基礎，對這些舊體制來說，「『民族』蘊涵」（'national' implication）並非關鍵（拿現代的例子來說，民族的蘊涵對一家公司或一處地產等經濟所有權來說並無多少意義），也因此，此時所發展起來的「領土國家」，起先並不帶有民族隱含。後來，民族隱含成為國家的共通特色，單一一套經過標準化的制度與價值觀，取代了未經標準化的多樣性；中央政府（權力不斷成長，終至獨占所有權力）和個別公民之間單一一套的直接鏈結，也取代了繁複的間接鏈結。前後這兩套單一的關係不僅與「核心」、「邊陲」之間的直接關係共存，甚至取而代之。早期的領土型國家形式不見得能徹底落實這條發展路線——就連一七八九年的法國，也未能達到十六世紀專制王權「一位國王，一部法律，一種信仰」（Un roi, une loi, une foi）的口號，只是箇中原因則是另一個問題了。

這種國家模式在發展資本主義期間廣受採行，而且說不定是歷史上頭一遭，至少就政體的規模來說是第一次。為什麼會是這種模式？此處無法深談，但我們同時也觀察到，領土型國家對於資本主義經濟發展不無關係，甚至可以主張，這類國家是資本經濟發展不可或缺的一環。然而，假設要建構這類國家，其模型就必須注入某種「民族」內涵，才算是做好國家建構的準備。盧梭的論點是人們所熟知的一種意識形態，之後的法國大革命便採用了這個模型。「民族」——擁有主權的人民——絕不允許有中介者、集團利益與法人團體，橫亙在其整體和個別成員之間。然而，其他和忠誠相關的核心紛紛遭到排除，這個事實意味著公民對「民族」的忠誠關係，成為唯一得到認可的情感—政治承諾，因此也是最強大的承諾。共同體需要「公民宗教」，而這種承諾就是公民宗教的內容。「禮俗社會」與「法理社會」之間並無不同，因為唯一得到認可的禮俗社會（共同體，community），就是以政權形式組織起來的法理社會（社會，society）。「自由民」（Free man）等同於「公民」（citizen）。順帶一提：雖然其他人把盧梭的論證套在「現代民族國家」之上，但他本人倒不是為此而設想。

上述內容可以很容易翻譯成沒那麼意識形態導向的說法。領土型國家要透過個別公民與具權威的中央之間的關係運作，國家就必須在公民心中發展出一套動機，而這套動機不但能讓他們對國家懷抱一種最基本的、也是最重要的義務感，而且一旦公民覺得，自己對國家之內、之外的團體或核心負有諸多義務感，便必須透過這套動機來推遲前述義務，甚至是加以排除。最顯而易見的作法，就是建立對國家的認同；最有效的作法，則是把維繫眾人的、最強力的紐帶，從其他**磁極轉移**到國家。於是，國家不只變成家庭、地方社群等諸如此類事物的情感替代品，甚至化為家庭及地方社群本身——其他重心的消失或降格，則留下了一片真空，讓愛國主義的符號得以填補。（失根的智利鄉下人從四面八方移居大城市，城裡那些急就章的貧民窟高掛國旗，據此建立其認同的作法，也許不是巧合。）國家顯然必須為公民提供這種責任感，尤其現代領土型國家有需要直接且個別地動員眾多公民，而不是透過前工業化時代的習慣機制，由相當自主的中介體或更高的權威來調度，此時責任感就更為要緊。徵兵就是個令國家頭痛的例子。近年來的研究清楚顯示，一八二〇年代法國逃避兵役的百分比，以科西嘉、南法以及不列塔尼為最高，開發程度相對高的法國東北則最低——傳統上，東北地區對於「法蘭西」的認同高於其他地方。（聖女貞德來自東北部的洛林〔Lorraine〕，而非〔打個比方〕西南方的共和派大本營吉倫特〔Gironde〕，這絕非歷史上的巧合。）

就歐洲歷史而言，效忠轉移的過程通常是一段調整、擴大（或改變）既有忠誠元素的過程，這種現象之「新」也因此變得朦朧未顯。「法蘭西」甚或是「義大利」民族主義，跟過去曾乘載相同名號的政治、文化或其他類型的實體之間，有著表面上的連續性。但是在一八六〇年，新統一的義大利王國公民當中，真的會在家講義大利語，而不是只用義大利語作為文學語言，或是作為與其他地區的義大利人交流用的通用語，其比例恐怕不超過百分之二點五。正由於這種表面的連續性太過真實，才更令我們備感震驚。對於美國這樣的國家，情況就更是明顯。美國在革命立國之時，鮮少有傳統原料能夠生產出民族主義。但即便是在這樣的國家，轉移也會發生，而且有一部分是刻意的操作（例如以國旗為儀式重心，在學校裡日復一日地重申民族認同）。美國的例子可以強化以下論點：現代中央集權領土型國家若想發揮職能，就少不了某種民族忠誠心；假如手邊沒有現成素材可供調整，就必須加以建構。假如沒有舊瓶可以新裝，就得釀點新酒才行。

難道就非得醞釀大家所熟知的「愛國心」？假如是，那這種特釀之中又是哪些特定的元素，實際創造出釀酒人期待的效果？前一個問題現在沒辦法回答，只能概略地說：無論是哪一國，只要屬於方才討論的那種國家類型，便都需要某種「公民宗教」。目前為止，民族愛國心以外的其他選項，產生的效果都不長久。但我也得補充一點，除了蘇聯建國初年，目前為止也還沒有哪個國家認真大規模推動其他選項過。此外還有一點，無論是根據哪些原則而立國，只要國家還得跟其他主權國家共存，國家的「公民宗教」就非得強調那些能將該國公民與他國公民區分開來的事物不可。只要「公民宗教」所強調的項目，跟比較正統的例子裡那些用於勾勒民族忠誠心，或是將之合理化的項目類似的話，「公民宗教」便形同於民族愛國心的天然繁殖場。[5]

這就帶我們來到第二個問題——相當困難的問題，畢竟除了可能的共同領土與政治組織，**既有國家**的民族主義實際內涵，幾乎整個都是**後驗**建構出來的。語言、共同文化、宗教、傳統或歷史等眾所公認的準則，都不是一國所不可或缺，甚或是必須先於國家而存在的，更遑論「種族」；即便是民族的共同經濟，恐怕也不是先於國家，而是隨之而來。我們無法證明必須先有哪一種組合的存在，民族國家方能建立。明顯缺少某幾項判準的例子（像是瑞士等多民族國家）確實不多見，而且很可能在特定地理歷史情境才會產生。[6]不過，老牌民族國家遭遇的當代難題，卻也清楚說明了民族內涵對國家來說並非先驗的存在：長久以來，人們相信已經整合為單一「民族」（例如法蘭西），或是接受共同的經濟體與政體（例如不列顛）的群體之間，居然出現自治運動，甚或是分離運動。

「語言」是今天最普遍的民族資格實質判準，至少我們很難想像，有哪一場民族主義運動不會打著某種形式的語言大旗。不過，有不少敵對國家有共同的語言（例如拉丁美洲國家），甚至連採用相同語法的語種使用者也有可能決定不要「屬於」與自己共同語言的人，就像奧地利人在二戰之後的作法：一九三〇年代後半，奧地利人本來自認為是德意志人，至少共產黨以外的奧地利政黨普遍抱持這種想法。反之，「民族」的共通語言並非民族主義的先決條件，而是其產物——這類例子其實比一般人以為的還要多。最極端的例子是以色列，以色列的國語基本上是出於現代世俗用途而發明出來的。[7]

總之，我們的問題眼下是不可能回答的。只能說，也許有些國家能夠以完全非傳統性的原則（甚至以刻意的普世性作為意識形態內容），來建構該國的共同判準，但光是「歸屬於眾多國家中的一國」的這個事實，就很可能讓共同判準中瀰漫著「民族」或「民族主義」元素。無論今天的「美國精神」有什麼政治意涵，起初都是一種放諸四海的方針，也是美國公民應該要展現的輪廓：美國精神既是對所有出於選擇成為美國人的人表示歡迎，同時也是對已經成為美國人的人所做的理想敘述。但普世性無法阻止美國精神變成強烈的民族主義口號。[8]因此，國家若想避免本國產生民族主義，最好的方法若非各國統統合併成一個全球聯邦，不然就是採取一種與現代中央集權領土型國家大不相同的社會政治組織形式。前者沒有先例可循，後者倒是有不少，只不過它們的背景差異太大，頂多只能證明理論上存在著有別於現代國家形式的選項。至於人類比較可能選擇前者還是後者，或是兩條路一起走，就是另一個問題了。

IV

我們已經看到，如果想替「有機會產生民族主義」的國家建構出一種模型，並非難事。這個模型或許有一定程度的解釋效力，偏偏這個模型並不適用於大部分明顯的「民族主義」現象——也就是那些不屬於既存國家的那些功能（例如民族自尊與民族解放運動），尤其是跟現有政體，甚至是歷史記憶中的政體無關的那些現象（亦即十九世紀術語所說的「非歷史民族」〔unhistoric nations〕）。

這類現象極難分析（又來了），畢竟我們對於「民族意識」知之甚微；即便我們知道更多，民族意識中的社會和意識形態成分通常還是很難區分清楚。等到「民族主義」在政治上變成明顯可見的現象，足以吸引學者的注意力（時間不晚於法國大革命）時，它看起來已經像是種**政見**：以愈來愈常見的極端例子來說，是一種「以約定俗成的特徵，建立主權民族國家」的政見。

首先，過去一世紀內浮現的所有民族主義運動，幾乎不自覺地採用了這條政見，堪稱經濟學家所謂「示範效果」（demonstration effect）的絕佳範例。假如來自先進世界的這個優勢模型吸引力沒那麼強，我們還真不曉得這類運動在其發展的特定階段，會形成什麼樣的政見。標準版的模型會掩蓋這類運動之間可能出現的眾多分歧，如同標準版的羅馬天主教與共產主義，在它們各自的時代，掩蓋了不同地區的天主教與共產主義之間為數可觀的變異。其次，這類政見通常是由全體人口中的特定群體所制定與採用，而這些群體則為其「民族主義」提供先驅、思想家、領袖、組織者，往往還有政治代言人。其餘人口成為「民族主義者」時，也就等於是買了內容經他人預選過的大禮包。買一送全部。但凡支持任一形式（form）的民族主義，通常也就意味著支持其中的特定種類（kind）。

標準版模型會掩蓋分歧到什麼程度，有時得靠時間來揭露。因此，在一九四七年的印度獨立以前，支持將不列顛人逐出印度，便意味著支持一個全由印度人組成的統一國家（抱持不同看法的只有穆斯林聯盟〔Muslim League〕支持者），而這正是民族主義運動領導核心的政見。一九四七年後，人們漸漸了解到（某些馬克思主義學者之前其實就預料到了）這種「退出印度」的訴求掩蓋了支持語言式國家（linguistic states）的強大伏流，而這是印度國民大會黨既不會有所展望，也不會接受的作法。更別說「全印」（all-Indian）民族主義——這種在地方與區域性的活動家及商人逐漸在政壇上展露頭角，成為一股政治力出現的民族主義——跟一小群泰半西化的發達人士（évolués）所抱持的意識形態和政見顯然大不相同，而後者卻是先前為解放運動提供政見，提供魅力型民族領導人的群體。例如甘地，他本人偏好以印地語（Hindi）作為印度解放後的「國語」，畢竟一個民族需要一種共通語言；即便有不少受過教育的人講英語，他也無法接受為了溝通目的而繼續使用不列顛帝國的通用語。無可否認的是，印地語雖然不盡理想（使用者不到總人口半數），但已經算是最好的結果了。甘地的母語是古吉拉特語（Gujarati），而他的英語顯然比印地語流利太多，但他的觀點沒有受到語言忠誠所影響。只消一瞥眼下的解放運動對於支持印地語的態度，就能看出來現在的情境不僅乘載了更多的情緒，隱含的政治後果也跟甘地所展望的大不相同。

即便克服了解釋效力的難題，我們仍然對民族主義運動出現並發展時的實際情況所知甚少，這都怪歷史學家嚴重忽視這個主題，才會害大家焦頭爛額。（事實證明，把民族主義的歷史交到民族主義者手上，就跟把鐵道史交給鐵道迷一樣慘烈。）對於民族主義的先驅、早期核心人物與支持者的社會、經濟甚至是意識形態分析，在歐洲才剛剛起步，因此在這個領域幾乎沒有比較研究可言。更濃重的陰影籠罩著群眾民族主義（mass nationalism），尤其是因為「群眾民族主義」意味著改變既有用語的意義，而非創立新的用語。除非能了解更多史實，否則對民族主義的認識泰半只能說是猜測，稱不上分析。[9]

幸好，近來一名捷克學者針對幾個歐洲少數民族——捷克人、斯洛伐克人、芬蘭人、愛沙尼亞人、立陶宛人與法蘭德斯人——的各種民族運動，完成了極為優秀的比較史分析。[10]這讓我們對問題有更多的認識，尤其是米洛斯拉夫．羅奇（Miroslav Hroch）的研究成果，居然和近年來關於農民運動、農民革命問題的研究結果趨向一致。[11]以下段落，我深深受惠於這份優異的研究。

羅奇把民族主義運動的發展分成三個階段，他只探討了階段A（此時的運動範圍僅限於一小群知識分子，他們影響力不夠廣泛，甚至並無動員群眾支持的志向）與階段B（已有一群「愛國者」試圖按部就班傳播「民族理念」，只是尚未滲透進群眾間）。階段C始於上述的群眾滲透顯而易見時，例如一八四八年以降的波西米亞。

關於階段B的「愛國者」，以及直接受到其鼓吹影響的圈子，羅奇針對這兩者的起源與社會、年齡等組成有精妙的比較分析。不過，他的地理分析更是有趣——他試圖勾勒出鼓吹民族主義之風，在哪些「民族」領土地帶特別強烈，或是根深柢固。當然，階段B的民族活動分布並不平均，但民族主義最強烈的範圍通常會構成相當團結且緊密的區域（都市分布模式對此有一部分的影響）。

純粹的地理、行政和語言因子，以及人類聚落的分布，顯然對這類區域的形成都不具決定性的影響。（另一方面，教育——尤其是村莊學校的密度，卻有著極大的影響，只不過學校密度高的地方不盡然就會發展出強烈的民族活動。）經濟因子則明確扮演要角。然而：[12]

1. 民族地帶（national zones）並非以工業或前工業時代製造業為核心的區域。主導民族地帶的，其實是滿足城鎮與農業腹地需求的小規模手工業。
2. 民族地帶位於國土最肥沃的地方（尤其是穀物產地，有時兼有特用作物〔industrial crops〕）。
3. 農產品（雖然不再是中世紀典型中自給經濟的一環）透過當地市場產銷，也唯有透過當地市場，才得以跟遠方市場有所聯繫。
4. 構成民族地帶的，是經濟活動與社會結構受到崛起中的工業社會文明影響、而本身卻不是為這些工業化過程而負重的地區。[13]

簡言之，這些歐洲民族運動首先出現在社會變遷的**居間**地區：既不像傳統農業區域那樣距離「新時代」如此遙遠，以致「國家」或「民族」的概念難以形成，卻也不像產業已經轉變的地區。瓦隆各城鎮的郊區固然因為大量來自法蘭德斯鄉間的移民而成長，但當地對法蘭德斯民族主義運動卻是出了名的冷淡。無獨有偶，階段B的民族主義行動家和支持者在社會上也趨於中介地位：他們對都市、鄉間窮人以及工人影響力最弱，對企業主與大商人也沒什麼影響力，舊政權的上層就更不用說了。我們也許可以說，這類運動多半會先扎根於「現代化」程度足以造成問題（不必然涉及生死存亡）、卻又沒先進到能提供解決方式的區域（或許階層也是）。這種不上不下的處境產生一種人們所熟知特殊現象：各級學校、大學畢業生過多，他們的就業與向上社會流動機會也因此受到局限。（除了一定程度的例外，民族運動研究的探討中所提到的「愛國者」，其父母絕大多數出自社會下層，而作為人子的他們，已經爬到家世所允許的頂端了。）[14]大致而論，我們可以觀察到一種自覺，「這些人意識到舊式小生產者與現代工業生產之間，意識到小市場與大市場之間，意識到小資產階級的恬適與崛起中的現代性文明沒有人情味、冷酷的性格之間有所差距」，羅奇當然沒有漏掉這一點。[15]

人類學家艾利克·沃爾夫（Eric Wolf）有個很有說服力的論點，他認為農民革命運動的主力，在於「中農」（middle peasants）——身為傳統農業社會中最根深柢固的鄉村階層，他們奮力維繫或重建習慣的生活方式，而他們對抗的是發展中的威脅，而非木已成舟的擾動。前面提到的羅奇的主張，跟沃爾夫的看法有奇妙的雷同。已經整合進入新社會的人（無論是資本主義農牧場主等新社會的受益者，或是鄉村無產階級等受害者皆然），或是占據新社會的邊緣位置的人（例如「貧窮村民」中的特定集團），都不太可能提供足夠的拒否力量。[16]主觀上，早期民族主義運動和農民運動這兩者似乎都是防衛反應，在抵抗（讓他們感到威脅，但威脅還沒成真的）社會轉變過程。但這些運動只會是轉變的載具。兩者的「政見」不僅不切實際，對歷史走向也可說無足輕重，無論是像墨西哥革命領袖艾米利亞諾·薩帕塔（Emiliano Zapata）為莫雷洛斯（Morelos）農民精心建構的政見，還是民族主義者那種模糊、勾勒不清楚的民族大業，大多如此。因此，這類組織性運動若想站穩腳跟，即便目標是恢復或保存昔日時光（彷彿甘地的紡車），也得仰賴屬於新世界的手法、理念以及領導層始得為之。一旦它們有效影響歷史，其影響也會跟它們的意圖相衝突。不過，我們眼下關注的不是結果，而是動機。

激出民族主義防衛反應的情境，就是先進資本主義市場經濟與市場社會——正是歷史學家最熟悉的情境。上述情境之所以能為「民族」提供非常舒適的搖籃，不光是因為中等規模的「民族國家」對中產階級的「進步」及發展有顯而易見的優勢（換個方向解讀，因為它們取代的國家往往都很落後，國家結構有問題，抑或兩者皆是），[17]也是因為自由資本主義型態的資產階級社會持續且無情地摧毀了本有的團結、共同紐帶與社會結構，甚至就是以摧毀這些事物為其原則，但同時又刻意不讓「自利的追尋」（pursuit of self-interest）以外的事物填補它們留下的空間。資產階級社會摧垮舊社會時，也激發出一股對舊有集體的防衛性（甚至是好戰的）懷舊情緒；有些階層的人發現自己身為個人，無法從新社會中得到適當利益（比不上成功的資本企業家和高級專業人士），或是無法發展出自己的現代集體（不像工人可以透過勞工運動演進），這些階層的懷舊情緒尤其強烈。例如，我們可以對德國與奧地利德語區的民族主義、反閃主義式的潛在群眾運動追本溯源，發現它們在上述階層中是對自由主義與社會民主主義的雙重反應。運動成功後，就留下了一塊真空，讓「民族」得以象徵地填補之。

但是，這種類型的反應不見得只有這種特定歷史情境才會出現。即便國家已經達到某些政治學家定義的「現代」程度，歷史也不會因此停止發展。社會動盪仍會持續，偶有一陣劇變，例如一九五〇年代以降的西歐，便不時出現劇烈變化，大幅削弱農民與傳統小店主式小資產階級等抵抗的階層。一旦現有社會體系（甚至原本就是為了適應變局而形成的社會體系）內部的制度、價值觀以及習俗的可行性遭受威脅，抵抗的模式就會出現。但凡原本能在「共同體」（community，亦即人們可以直接感知到其存在的初級社會群體與社交關係）這個大概念的傘底下躲雨的事物，似乎特別容易受到影響。傘底下的這些事物必須得到強化，或者由某種據稱能表現相同功能的事物加以取代（也許只是象徵性地取代）。共同體不必然得採取「民族」的形式，但這種形式有其優勢，也就是外部界線明確（涇渭分明的「我族」與「外族」）、內部定義幾近毫無精確可言，因此能同時容納最變化無窮、最彼此矛盾的利益及目標。然而，即便有上述優勢，一旦「民族」的刻板印象業已確立，並受到優勢、普遍的國際政治結構板塊所強化，或許也就擁有足夠的力量，能吸收、內化其餘各種共同體懷舊情感的表現方式。巴基斯坦顯然不是「民族」運動的結果，但無論是一開始的運動與國家，以及無疑是後來才出現的巴基斯坦愛國主義，顯然都被盛行的政治結構模式同化了。[18]更有甚者，國際同質性民族國家（internationally homogeneous nation-states）的建構本身，便足以強化「民族主義」訴求在國內群體之間的力量；這些群體若非遭到同質化，就是群體內持分離態度的集體性存有（separate communal existence，往往得到體制所認可）失去其功能。多元政體變成內有「少數群體」的整體民族，進而為二十世紀的政府帶來前工業時代的國家所鮮有的煩惱。

也就是說，雖然民族主義現象本身看似保持原樣，但它跟自己所引發的社會進程之間的關係，卻有可能天差地遠。因此，十九世紀蔚為特色的「民族建構」，往往與當時特有的經濟、社會發展潮流並進，用（經濟上與行政上的）較小的異質單位創造出較大的同質單位；為數不多的、非主流的潛在「民族主義」案例，像是布列塔尼人和加泰隆尼亞人，則往往為一般人所忽略。到了二十世紀中葉，民族主義潮流與經濟、社會潮流逐漸交錯，但經濟與政治單位規模進一步擴大的趨勢仍然持續；對於單位成員或附庸的影響力，以及計畫性的科層化（planned bureaucratization），則可能讓這些單位超過最適於行政與管理的大小，或是大到超過身為參與者的人類所能因應的程度，進而引發若干趨向去中心化及分權的動態。整體而言，巨體狀態（gigantism）的趨勢固然延續（只不過不再像過去那樣，與民族國家關係緊密），但民族主義趨向也逐漸將大單位裂解為小單位。

時序進入現代，當代世界有沒有類似當年德國、義大利、南斯拉夫、印度或中國等一八一五年至一九五〇年間的民族統一運動呢？換個角度說，今天你我對於那些試圖擾動既有「現代」經濟體的民族主義活動已經相當熟悉了——它們擾動的經濟體規模不大，有時還是經歷漫長民族整合的經濟體。從一九一四年以前與一九四五年之後，法蘭德斯民族主義在比利時造成的政治問題，便能看出這種民族主義活動的成功。主觀上，這種運動的支持者或許跟前人感受類似；客觀上，我們只能推論——時至今日，小型主權民族國家作為經濟或文化發展單位的優勢，已經遠遜於一九一四年，對低度開發地帶來說尤其如此。[19]

十九世紀時，人們以打造切實可行的民族國家為願景，亦即以「民族國家應有之最小規模」為前提。倘若今日的「民族主義」反應不比當時，而是缺乏這種內建的限制，那還符合既有意義下的「民族主義」嗎？它們確實還是能經常援引歷史上民族主義的概念與象徵。現在還是有許多「受壓迫的民族」，要出現民族主義反應並不難，不過有一兩個（眼下不具政治重要性的）民族主義運動，例如英格蘭康瓦耳（Cornish）與西班牙烏希塔尼亞（Occitan）的民族運動，其實近乎於發明自己的「民族」。然而，只要這類運動主要還是對「大」（bigness）做出的反應當然不僅於此），就很難為其理想單位設定比較低的標準。邏輯上來說，「鄉土愛」也能提供可能的號召力，例如一九四九年不列顛喜劇電影《買路錢》（Passport to Pimlico）所預言的情況[2]，而實際上狗島（Isle of Dogs）也真的在一九七〇年對倫敦其他地區發表簡短的「獨立宣言」[3]。類似的發展達到某個程度之後，還拿「民族主義」來分析，那就不切實際了。至於是哪個程度，這我們實在不需要討論了。

V

總之，民族主義是一種雙重現象，也可以說是兩種現象的交互作用，兩者形塑了彼此。民族主義的成分，包括了為現代中央集權領土型國家提供的「公民宗教」，以及一套用於對抗那些顯然會威脅、打亂社會關係複合體特定環節的社會變遷模式。前者反映出一種特定的歷史情境，這種情境自法國大革命以來就是歐洲的特色，也是二十世紀非歐洲世界大部分地方的特色：經濟的發展（以資本主義經濟為首，但還不能確定這是否為必要條件）與受動員的民眾大規模政治參與這兩者的結合。我們有可能正走向這個時期的終點，至少中型的主權「民族國家」似乎正失去作為經濟發展的必要框架或最適框架的角色。後者原則上不限於任何特定歷史時期或社會，不過，既然我們所知的「民族主義」全貌出現在一七八九年以降的特定歷史時代，假如物換星移，也許就不見得齊備所謂「民族主義」的完整特色。

換個角度看，這個時期的國家傾向於成為「民族國家」，它們的公民宗教之所以表現為民族愛國主義形式，泰半是因為手邊就有領土、語言、族群……等會產生愛國情緒的材料，而人們

②　譯註：《買路錢》劇情係出虛構：一枚二戰時落在倫敦皮姆利科（Pimlico）的未爆彈在戰後爆炸，意外炸出埋藏於地下的歷史文件，證明該地在法律上仍屬於勃艮第公國，並非不列顛領土。皮姆利科因此不受戰後物資樽節措施的規範，成為黑市的大本營。不列顛政府因此封鎖皮姆利科，皮姆利科居民則拒不屈服，甚至連同情態度的倫敦人也加入他們的陣容。政府最後在民意施壓下與皮姆利科協商化解危機。

③　譯註：狗島為倫敦東部泰晤士河北岸的一處河曲淤積地，岸邊滿是碼頭與工廠，但當地民生基本建設不足。居民為了表示抗議，於是在一九七〇年三月一日發布獨立宣言，封鎖狗島進出交通和物流兩小時。主導者之一的約翰·威斯特法稜（John Westfallen）是《買路錢》的影迷，甚至還為此製作狗島護照，向電影致敬。

也往往採用這類材料，來確切表達群體防衛反應。當然，規模理想的國家多半有個顯而易見的弱點，亦即它們並非「民族上」同質的國家。十九世紀思想家大多認為，「民族意識」應當是，而實際上也是少數幾個「民族」的所有物。[20]一旦這種情況不再，民族異質的情況便很有可能造成嚴重且現實的問題。更有甚者，「民族主義」公民意識形態之所以好用，不光是因為政府需要直接且大量地動員其公民，也是因為公民已經躍躍欲試，準備為了他們與統治者利益相衝突的目標（不必然會打著民族大旗）動員起來。

過去一百五十年間，典型的民族主義始終是這兩種元素交互滲透的現象，而這正是分析民族主義的難處。國家渴望成為「民族」，「民族」渴望成為國家。社會運動（以最廣泛的意義而論）傾向於成為「民族的」運動，不然就是沿著「民族的」界線分裂；甚至連情感上與制度上最為國際主義的社會運動，也呈現這種發展態勢。「民族的」運動中瀰漫的社會及意識形態內容，不必然跟該民族的「民族主義」相連。每一種傾向都會彼此強化，賦予彼此更有自覺的表現方式。「民族國家」創造了其「民族」與其「民族主義」，更遑論在與其他潛在「民族」衝突時，創造出對方的民族主義。「民族運動」反過來迫使民族目標不明確的國家和其他政治組織，去接受其氛圍與特色。中東地區就是這兩種發展在今日的見證。

老一輩學者的其中一個錯誤，在於設法尋找某種實體（例如「人民」或「民族」）；這些實體明明受制於成長與演化的過程，他們卻還是期待其中有某種長久不變的客觀特性。可惜情況並非如此，或者說，尋找能具體滿足這些條件的人類群體，其實對了解「民族」與「民族主義」幫助並不大。然而還有另一項至今仍見普遍的錯誤，就是僅僅賦予民族主義一種特定的歷史功能——無論是在「現代化」，或是在資產階級／資本主義社會發展過程中。民族主義確實具有人們所認為的功能，只不過這些功能還需要比一般更複雜的分析。但民族主義的作用並不局限於此，而且即便「民族」公式與國際體系（往往在「國家」跟「民族」之間畫上等號）的確立，無疑能賦予民族主義重要的生存能力，我們也不能就這麼把不具前述功能的「民族主義」，當成「資產階級」或其他什麼的惱人遺留物而不予理會。

民族主義固然有能耐適用於各式各樣的社會政治情境，吸納新的功能，但我們不必因此便拋棄「民族主義不見得能長長久久」的觀點。一九一四年以前的非民族主義派學者認為，民族主義終將消失，遭到國際型的政府、意識形態，甚至是文化與語言所吸收或取代，反映出經濟、科學、科技以及通訊日漸全球化的特色。這種觀點過於簡化，而他們的短期預測無論在當時或是今天，都是錯的。儘管全球化愈來愈明顯，民族主義的態勢依舊上揚；而歷史變化的不對稱性，很有可能讓民族主義保持上揚的勢頭，甚至以倍數成長。另一方面，若作為長期展望，「民族主義將會衰落」的預測，卻不見得比其他十九世紀中葉時所做出的預測（例如農民階層的消失）更不現實——雖然這項預測出爐後過了一個世紀，還是難以服人，但放諸今日卻沒那麼難以置信。這種預測並不意味著民族主義用來勾勒「民族」的那些差異性將會消失，也不意味著這種集體自我認同方式會消失，甚至也不代表各民族與外人的關係會變得歌舞昇平。它只意味著民族主義的社會、經濟與政治意涵將會轉變到某個程度，達到那個程度之後，我們所理解的「民族」與「民族主義」等詞彙，就不再能嚴格適用於它們。[21]說到底，民族主義的結束畢竟不是政治上可預期的未來，相關的預測也沒辦法標上一條時間軸，實在不太值得順著這個路線預測下去。話雖如此，我不妨老生常談一下，好為這幾點反思作結：民族主義是一種歷史現象，是相當晚近的歷史產物，本身變幻莫測，也未必會永遠延續下去。

註釋

1 Dankwart Rustow: 'Nation', in *International Encyclopedia of the Social Sciences*, vol. 2 (New York, 1968).

2 他的設想是：（一）伊比利半島統一，西班牙與葡萄牙合併；（二）斯堪地那維亞半島統一，挪威、瑞典與丹麥合併；（三）英格蘭、蘇格蘭、愛爾蘭聯合王國；（四）義大利；（五）瑞士與薩瓦、日耳曼提洛（German Tyrol）、卡林提亞（Carinthia）與斯洛維尼亞（！）統一為阿爾卑斯聯邦；（六）巴爾幹各民族在希臘主持下建立邦聯，首都設於君士坦丁堡，轄希臘、阿爾巴尼亞、馬其頓、魯米利亞（Rumelia）、波士尼亞、塞爾維亞與保加利亞；（七）匈牙利與羅馬尼亞民族（他顯然把赫塞哥維納居民包括在內）和波西米亞共建多瑙河聯邦；（八）德國（包括荷蘭與法蘭德斯）；（九）法國（包括比利時的瓦隆〔Walloon〕）；（十）俄羅斯，以及；（十一）波蘭。「其餘」與相關土地則由上述各國談妥分配。見 Denis Mack Smith, *Il Risorgimento* (Bari, 1968), p. 422.

3 透過各種義務相衝突的實例，最是能清楚說明這些團結因素之間不見得相關。一九一四年，波羅的海地區有一名男爵，家族自十五世紀起世居庫爾蘭（Courland），而他自視為日耳曼人，在德國的一所大學教書。由於他也是帝俄騎兵團的後備軍官，於是他沒有片刻猶豫，便返回聖彼得堡參戰，殺害自己的民族同胞，因為「沒有君，哪有家」。這種論點顯然會讓民族主義者大受衝擊，卻對封建貴族深具說服力。重點是，這個人夠「民族」，足以認同日耳曼地區，認同全日耳曼人都是自己的「家人」，但他純粹不認為自己的民族身分具有民族主義所解讀的那種政治隱含。到了一九四〇年，不列顛政府反而是拘留所有德國移民（包括猶太人和政治難民），其行動的依據是個純粹的「民族主義」假設：除非有任何有力的反證，否則只要是日耳曼人，就必須假設他對「自己的」民族國家有著高於一切的忠誠。

4 Reinhard Bendix, *Nation-Building and Citizenship* (London, 1964).

5 「聯邦」（federation）也無法消弭這種問題。假如西歐組成聯邦（不太可能發生），地方民族主義也許會被更廣泛的「歐洲精神」（Europeanism）所取代，或者從屬於其下，一如德州人強大的區域認同也服膺於「美國精神」。但是，除非這聯邦是個全球性的聯邦，否則更上一層的認同，實質上或潛在上仍然是種民族主義認同。

6 Stein Rokkan, 'Centre Formation, Nation-Building and Cultural Diversity: Report on a symposium organized by UNESCO', *Social Science Information*, 8:1 (1969), pp. 85–99.

7 信奉社會主義的錫安主義者以色列・巴・耶胡達（Yisrael Bar Yehuda，本名以色列・伊德爾松〔Yisrael Idelson〕）是以希伯來語為家內口語交談的先驅，他在移民巴勒斯坦途中——全然出於個人的想法——發明了希伯來語的「民族主義」一詞。

8 可別誤會了，正因為普世性，所以特別容易為帝國主義或擴張主義目標而服務。即便是最有分寸的民族主義標準與「民族命運」，也免不了會產生擴張主義的期望及口號。

9 最有用的歐洲研究材料主要來自兩大地區——斯堪地那維亞與中、南、東歐。時至今日，十九世紀歐陸多民族帝國瓦解之後的社會主義繼受國，多半位於這兩大地區。

10 Miroslav Hroch, *Die Vorkaempfer der nationalen Bewegung bei den kleinen Voelkern Europas* (Prague, 1968); 英譯本：*Social Preconditions of National Revival in Europe: A Comparative Analysis of the Social Composition of Patriotic Groups among the Smaller European Nations* (Cambridge, 1985).

11 Eric Wolf, *Peasant Wars of the Twentieth Century* (New York, 1969).

12 Hroch, op. cit., p. 160.

13 羅奇說得好，這一切再再意味著「民族」行動家之間，以及「民族」區域當中存在著高於一般程度的「社會交流」（social communication，杜意奇〔Deutsch〕的術語）（Karl W. Deutsch, *Nationalism and Social Communication* (New York, 1953)）；但羅奇不願在此時停下分析的腳步，我認為他是對的。(Hroch, op. cit., pp. 167–70.)

14 這一點似乎不太適用於挪威、芬蘭，甚或法蘭德斯。

15 Hroch, op. cit.

16 不過，力量不足也不妨礙他們成為傳播新政治思想與方法的渠道，或可因此影響這類運動。

17 直到一九一八年為止，為數驚人的歐洲民族運動是針對三大多民族帝國（帝俄、奧匈帝國以及奧斯曼帝國）而來，而這三大帝國素有食古不化的惡名。

18 一般來說，「民族」是象徵性取代了舊有的共同體結構。假如真要用民族填補空隙，過程中付出的社會代價往往不成比例。透過對外族的普遍敵意來動員「民族」成員（就像戰時），就是實作民族共同體（working Volksgemeinschaft）最有效的例子，這一點法西斯主義可是再熟悉不過了。

19 無論這種單位是在實質上仰賴某個主要資本經濟體（新殖民主義〔neo-colonialism〕），抑或融合成某種更大的經濟活動單位，它們的主權都很有可能遭到干擾。例外的存在也無法否定上述通則。

20 他們多半認為，其餘潛在「民族」若非安於被國家民族（state-nations）所吸收，就是願意接受低於主權的自治權，不然就注定在歷史進程中消逝。等到整體情勢顯然不如他們所預期，才有人嚴肅討論起「民族問題」。

21 泛非洲主義（pan-Africanism）、泛斯拉夫主義（pan-Slavism）、泛拉丁美洲主義（pan-Latin-Americanism）等大範圍的膚色（種族）、文化與歷史分類，現在已經面臨這種情形了：它們確實存在，但沒有傳統民族主義的政治意涵。目前為止，以它們作為國家建構基礎的嘗試，全以失敗告終。

第十一章　國家、族群與宗教

I

「『歸屬於』某個群體」的這件事，除非是像連接母親和孩子之間的那種親緣關係，否則多是脈絡問題，也都跟社會定義有關，而且通常是「負向」（negative）的定義——為什麼說「負向」？因為在勾勒群體的成員資格時，是用「排除」的方式而為之。請容我說得更精確點；我們畢竟是多面向的存在，而我所謂的「認同於」（identifying）某個集體，意思是賦予該集體某種明確的認同（identification），而且是高於對其他事物的認同。我可以用無限多種方式描述我自己——而且這些敘述同時為真，設計人口普查問卷的人都懂這個道理。我可以用不同的方式描述自己，也會為了特定目的而把甲認同擺在乙認同之前，但我決不會認為這個甲認同會排擠其他的認同。唯有某個外部權威或情勢認為兩種或多種認同之間彼此無法相容，或者視其中一種認同重於其餘認同，於是強迫我做出選擇，那我才會去做選擇。

進入二十世紀，我們大多數人選擇的首要身分，通常是對於領土型國家（territorial state）的認同；所謂「領土型國家」，是某一公共團體，主張自己對於地圖上一小塊地的所有居民擁有權利。倘使上述居民是「公民」（citizen），則國家主張有權要求該公民以高於對待其他主張者的程度，效忠於國家、愛國家（也就是「愛國心」），在戰時甚至要把自己的生命交託給國家。

這種約定在歷史上相當新穎。從前，多數統治者及其多數子民想必會對此感到不可思議，但自十八世紀以降，我們便逐漸習以為常，覺得理所當然。其實，這一點兒也算不上「自然而然」。領土——用國境線清楚分別本國與鄰國——是種社會創新。直到一八六九年，法國與西班牙國界才正式確立。「領土型權威地位至高無上，對於該領土有獨一無二的權力」——這種設想（assumption）屬於現代史。凡是研究中世紀的歷史學者或東方學者，都知道有其他可行的國家類型。其他的類型說不定更合適，特別是因為如今現實中的人事運作跟領土型國家框架愈來愈不相容。此時此刻（二〇〇六年）的汽車產業，有兩家跨國企業（其一總部位於美國，其一設在德國）正因一名巴斯克經理人而官司纏訟——其中一家企業的美籍老闆承諾，公司將在巴斯克自治區興建工廠，藉此吸引該名經理人前往大洋彼岸。[1]有朝一日，已經不符合這種現況的政治結構勢必會出現調整。

我之所以從「國家認同」起頭，既是因為國家認同今日已無遠弗屆，亦是因為時至今日，在國家以外試圖為其集體存在尋找政治發聲方法的群體，也都以國家認同為典範。不過，國家認同是一種兩面關係。首先，一百年來，領土型國家的所有公民皆屬於一個**共同體**，亦即「民族」；**然後**，凝聚起這些公民的，則是某種共同的祖先、族群特色、語言、文化、種族或宗教。「國家」與「民族」這兩個名詞已經變得可以互換，「聯合國」（United Nations）一詞就示範了這種你中有我、我中有你。反過來說，任何一群自認為受到族群特色、語言等事物所維繫的人群，也會主張自己有權建立領土型國家。這種想法同樣也很新潮。沒有任何證據足以證明庫德人在一九一八年以前就想獨立建國，甚至無法證明身為半游牧民的他們知道什麼叫作獨立建國。假如他們**真有過**什麼政治要求，那也**不是**建國，不是領土型民族國家，也不是其他任何一種國家。

明確領土範圍的**政治**共同體，跟人類學、社會學或存在意義上的共同體之間，有著根本上的含混之處。之所以會有這種含混，當然是因為現代政治「民族」的革命起源——「民族」以隱而未顯的「主權在民」民主概念為基礎，而「主權在民」又反過來暗示一種共通的政治意願與共同紐帶存在，會為了「愛國心」這樣的共同福祉而採取政治行動。假如群眾人民尚未擁有完整公民

① 譯註：指曾任通用汽車採購經理的荷西・伊格納修・洛佩茲（Jose Ignacio Lopez）。一九九三年，福斯將洛佩茲從通用挖角而來，引發纏訟多年的商業間諜訴訟。據說，福斯的挖角條件之一，是在巴斯克地區設廠，並落實洛佩茲的精實生產流程，而這正是過去通用曾經對洛佩茲的承諾。

權，而且情況不必然需要他們主動參與政治，且統治者也不想要他們參與時，「主權」就不過是紙上談兵。然而，隨著民主政治與動員全體國民的需求抬頭，整體的「人民」便化為一種行動者，每當談到「人民」，就彷彿是個（必然）跨越了內部差異、涵蓋全體的共同體。

即便如此，我們不能忘記政治民族的這種公民共同體凝聚，除了出於實際目的之外，並不必然意味有其他形式的同質性存在。原因很明顯：自有洪荒以來，從來沒有任何一塊大小的土地，其上始終住著在文化上、族群上或其他單一方面同質的居民。更有甚者，「歸屬於」甚或「效忠於」某個民族政府，不代表就不能歸屬於或效忠於其他某個地方、親族、宗教等共同體。無論是十八世紀的現代「民族國家」，還是一九四五年後獨立的前殖民地民族國家，它們的建國元勛對此都心知肚明，畢竟兩者是根據相同原則建國的。他們採用實務上唯一能清楚界定的方法，來定義本國「人民」或「民族」——亦即某個先存（**pre-existing**）領土（例如法蘭西王國、北美十三殖民地）的居民。以現代民族國家的兩個發起者——法國與美國來說，兩國的建國元勛進一步把願意接受革命政府憲法與法律的人，也納入「人民」或「民族」的範圍。他們都很清楚，這些居民構成了多元的族群、文化、語言以及信仰。

因此，除了極少數的例外（葡萄牙也許算在內？），典型的「民族國家」——從其中最古老的，到十九世紀才成立的——都是異質的國家，也都體認到異質的事實。巴斯克人、卡斯蒂亞人（**Castilians**）、加泰隆尼亞人與加利西亞人（**Galicians**）以西班牙人的身分對抗拿破崙的大軍，同時卻也沒有放棄自己的認同。族群或語言同質性的概念根本沒有道理。就連帶有族群性格的德意志民族主義，也以族群多元性為其前提。身為一個「德意志人」，就是在各個眾所公認的「部落」（Stämme，亦做「繼嗣群」〔descent groups〕）——例如施瓦本人（Swabians）、薩克森人、巴伐利亞人（Bavarians）、法蘭克人（Franks）——中肩負起維繫關係、安全的職責。一九三四年後，身為施瓦本人或薩克森人，就是身為德國人的第二特徵（secondary characteristic），反之則不然。對於沒有初等教育的社會來說，除去有限的菁英階層，根本無法想像會有「語言的齊一」存在。

儘管如此，現代領土型國家無疑傾向於發展社會上、功能上勢在必行的全體公民同質化，並強化公民與民族政府之間的鏈結。學界對於箇中原因多有分析。任何一種能確立連續性、鞏固國家凝聚力的手段，都會派上用場，甚至沒影的話就發明出來，尤其是能夠為連續性掛保證的歷史。但凡有「族群特質」、語言文化與宗教可資使用的地方，人們就會利用它們達成這種目的。從歷史角度來看，假如某個「國族」（Staatsvolk）構成了某一國國民的主體，甚至是國民中的絕大多數的話——例如英格蘭人、卡斯蒂亞人，或是羅斯本部（Great Russians）[2]的人——則以此「國族」為核心來建構國家，便是輕而易舉的事。因此，國家愛國主義（state patriotism）與族群

② 譯註：羅斯本部舊指莫斯科大公國與俄羅斯核心地區，有別於小羅斯（Malorussia，烏克蘭一帶）、白羅斯（Belarus）。

的、宗教的紐帶，兩者之間是有可能重疊的。

關於國家愛國主義，還有最後一點必須一提。十九世紀與二十世紀大半時間裡，國家對於其公民的要求出現巨幅提升，而公民逃脫於這些要求的能力則急遽下降。因此，國家必須發展出誘因，讓個別公民認同國家，認同自己是集體的一分子。國家的要求變得愈來愈總體。兩次世界大戰和戰後重建期，可說是這種趨勢的巔峰。自一九六〇年代以來，有不少反對這種趨勢的跡象出現。

II

請容我把主題從國家轉到族群。歷史上的每一個時代，人類群體都在區分彼此，將集體名稱賦予己群，並假設本群體成員彼此之間的共通點，會多於與其他群體之成員的共通點。但我必須提出兩點，或者三點看法。**第一**，「族群」一詞本身並非政治詞彙，也沒有明確的政治意涵。所以我偏好選擇「族群」一詞，而非「民族」，畢竟「民族」帶有政治建構規畫的意味。**第二**，「族群」並非一種正向的族群特色。「族群」是族群用來區別本族與他族，或者劃出彼此間界線的方式。「固有族群特色」最常見的內涵——亦即所謂的共同血統和親族關係——要麼顯然出於虛構（就像現代的大「民族」），要麼出於主觀為之。即便是幾乎同一群人，也是可以用各種方式切分成不同的「族群」。無論如何，族群成員身分經常改變，隨著時間而不斷重新分類。沒有「他者」的話，就沒有必要定義出「我者」。我請大家回想一下一九三一年的波蘭人口調查，問卷中請普里佩特溼地（Pripet Marshes）的居民（今天也許會把他們列為白羅斯人）說明自己的民族身分。他們根本不懂這問題到底是什麼意思。他們答的都是「我們是這裡人」。不然還要講什麼？對他們的社會來說，這樣就夠了。但還有第三點。有許多的族群單位並未自己為自己命名，也就是沒有自己創造自己，反而是外部的人創造了他們、為他們命名，而且情況在十九與二十世紀尤甚。帝國主義的歷史裡充滿殖民官僚，他們盯著其臣民，彷彿盯著一大幅羅夏克墨跡[③]瞧，並決定把他們瞧成什麼形狀。「部落」（tribes）便是眾所周知的行政目的產物，這些部落的人以前不見得意識到彼此的存在有別你我。反之，當局也會出於政治或其他目的，把各式各樣的人劃歸同一類，例如美洲印地安各部落就成了新的集體——「美洲原住民」（Native Americans）的一分子。這個名詞反映的並非阿帕契（Apache）、普埃布洛（Pueblo）印地安人跟莫霍克人

---

③ 編註：瑞士精神病學家赫曼・羅夏克（Hermann Rorschach, 1884-1922）所提出心理診斷法，主要是以十幅墨跡圖來鑑定一個人的精神狀態。受測者觀看這些墨跡，並說出自己看到了什麼，藉此來判斷他的精神狀態，但其實，這種測驗方式是否科學，受到相當的質疑。

（Mohawks）有什麼共通處（很少），而是美國聯邦政府面對的一種特殊司法問題。「德意志裔」（Volksdeutsche）這種類別，則是同類情形的又一個案例。當然，無論某種族群分類的起源有多麼主觀，一旦確立下來之後，就跟其餘類別一樣真實不虛了。一群在宗教上高度異質性的人，構成了今日的「巴勒斯坦人」，明明這個類別在一九一八年以前幾乎沒有任何意義。

「族群」的概念缺少固定性，甚至可謂主觀專斷。正因為如此，族群身分的定義才會有這麼多的問題。我們可以從類似波士尼亞的處境，觀察到某些政治後果。政治性的「民族」或「人民」可以用領土來定義，至少在民族國家歷史時期是可以的。但是，卻沒有同等便捷的方法，能定義誰屬於哪個族群單位（無論輪廓有多明確）。這種據稱自然而然或始於太初的身分若要清楚定義，其矛盾之處就在於非得靠有意識的決策，去判斷是什麼構成了某個群體的成員，是什麼將成員與非成員區分開來。因而有必要建立起評判的標準。生物種族主義（biological racism）便是一種行政判準。誰是猶太人？《紐倫堡法案》（Nuremberg laws）確立的是一種判準（祖父母中有一人為猶太裔），以色列國最早的《回歸法》（Law of Return, 1950）則確立另一種判準（母親為猶太裔）。兩項法律都意識到在真實世界中，並無明確的界線能將猶太人、非猶太人**客觀**劃分開來。語言是另一種判準，但以語言的任意性不亞於血緣。我那些只講英語的鄰居住在祖傳的農場上，有誰可以否定他們威爾斯人的族群身分？威爾斯只有百分之二十一的人口講威爾斯語，難道他們非得在這個自治的威爾斯講威爾斯語，才算是真正的威爾斯人嗎？有意而主觀為之的選擇，則是第三種判準。如果不靠有意、主觀的選擇，那要怎麼決定塞爾維亞人與克羅埃西亞人跨族婚姻生下的孩子（無論男女），是屬於哪個族群？最後一次統計時，前南斯拉夫有一百四十萬跨族通婚案例。我們也別忘了，選擇可以是雙向的。斯里蘭卡的塔米爾（Tamils）穆斯林拒絕自視為塔米爾人，寧可定義自己是「摩爾人」（Moors）。多數西班牙納瓦拉人（Navarrese）則寧可認為自己是納瓦拉人，而非「巴斯克人」。

族群民族運動因此得面對基本問題：如何把自己的追隨者跟其他群體分開；此外還有更迫切的問題：如何為所有符合其定義的全體成員，提供具有說服力的理由，加入這場運動，並與「他者」對抗。解決問題的最理想策略，就是順勢讓群體關係走向極端，讓「我」群全體員將「他」群全體成員當成有潛在風險的敵人，進而完全認同於「我」群為唯一要保護的對象。製造恐慌用以引發反恐情緒，說不定是今人確保這種極化時最樂見的策略，看看阿爾斯特、斯里蘭卡、旁遮普，尤其是前南斯拉夫等地的情況就知道了。

然而，這種任意性的群體身分定義，有個環節往往為人所忽略，對此我得多說幾句。我所指的是**同化**（assimilation）。「同化」有正反兩面。族群民族運動中，固然有一些鼓勵大規模同化非成員的例子，例如加泰隆尼亞人，或者一九一四年以前的馬札爾人（Magyars），但這並不常見。只是你再怎麼願意同化外人，同化程度再怎麼徹底，都還是有限度——猶太人、吉普賽人與有色族群對此深有感觸。另一方面，「個人懷抱期待，受同化進入另一個國籍」的例子，在十九、二十世紀真可謂是多不勝數。其實，移民與同化是當時社會流動的主要途徑，在現代或許依舊如此。如今，從諸多中歐人的姓氏中，可以看出他們的先人曾改變過國籍；若非其中許多人已經改用歸化國的語言來拼寫自己的姓氏，這種現象還會更明顯。與此同時，許多民族主義運動的先驅及領導人，其實並非出身於族群團體的中心，而是來自邊緣，甚至來自外部（例如愛爾蘭共和軍裡若干英格蘭裔的領導人）；這已經是關於民族主義運動人盡皆知的社會學事實了。

同化的現象精準勾勒出族群身分的非真實性（unreality）：無論是據稱族群始於太初、自然而然，或者主張族群的出現始於**排外**，這兩者都不成立。雪亮如你一定知道，被同化者（assimilees）接受新身分時，不必然得否定舊身分。我父親那一輩是移民英格蘭者的第二代，他們縱身、縱情於英格蘭文化和規矩，甚至把姓名拼寫英格蘭化，但他們並沒有否定自己的猶太認同。愛爾蘭裔美國人也沒有忘記自己跟愛爾蘭之間的連結。同化之所以會觸怒群體認同狂熱分子，原因並非同化意味著原本的身分遭到否定（當然確實有這種情況發生），而是因為他們堅持群體身分有其**明確**判準——以猶太人為例，判準包括宗教儀軌、族群內婚，或是（以今天來說）對以色列抱持特定態度——但同化卻拒絕納入他們的堅持。正因為這種排拒在外，才會造成在群體認同之間只能擇其一的情況。

III

接著請讓我談談**宗教**——我指的是世界主要宗教，由於這些宗教宣稱普世性，因此它們不能只庇佑特定群體。至於那些應然上或實然上僅僅認同於單一共同體的宗教，我也按下不表。不過，大家都曉得，不同宗教或同一宗教不同派別的共存，實際上讓宗教在許多情況下發揮群體標誌的功能。說到底，把宗教跟其他標誌區分開來，實在是沒什麼道理的作法。北愛爾蘭、波士尼亞或斯里蘭卡發生的衝突，是宗教衝突或是族群衝突？根本不重要。（前兩者顯然無涉語言，畢竟衝突各方講的、寫的是同一種語言。）然而，宗教問題確實能讓我們抽絲剝繭，找出民族或族群認同現象中特定的層面，以及其中的特定變化。下面我就提兩點。

其一是「國家愛國主義」（**state patriotism**）、「領導人以及核心成員的民族主義觀點」與「群眾情感」這三者之間的差異。

我們知道，從十七世紀下半葉到二十世紀初，國家發展的主流之一是政教分離。民族國家既是非族群（**non-ethnic**），亦是非宗教（**non-religious**）的國家——民族國家所統治的是多元宗教、多元族群的人民。族群—語言式（**ethnic-linguistic**）的民族主義運動，會秉持「多元宗教」（**multi-religious**）民族原則（而非「多元族群」〔**multi-ethnic**〕民族原則）；當然，在宗教多元的國家更是如此。愛爾蘭民族主義、南斯拉夫民族主義、日耳曼民族主義以及其他等都是清楚明瞭的例子。不過，美國憲法雖然無涉宗教，但「神」在美國政治論述中卻大行其道，而憲法與政治論述之間這種恆久的緊張關係，顯示一定程度的「宗教性」（religiosity）其實是普羅大眾對於「美國精神」的其中一項判準。來到愛爾蘭，無論共和運動具有什麼樣的官方傳統，「天主教」對群眾來說顯然是愛爾蘭民族主義的關鍵判準。當然，早在近年來基要主義（fundamentalism）崛起之前，穆斯林國家就有這種明顯特色。

第二點則是要談宗教近年來的轉變，也就是一般人歸納為「基要主義」的這種轉變，具有什麼樣的性質。「基要主義」一詞容易讓人誤會，畢竟這意味著回歸某種原初、正統版本的信仰。然而，這類團體不僅往往係屬新創，而且必然帶來對信仰的再定義，並將之窄化，使之更適用於區分自己人與外人。對於基要主義的創新之處，我就不多提了。我只想提醒各位，阿亞圖拉何梅尼（Ayatollah Khomeini）從一九七〇年代開始宣揚的伊斯蘭國家概念，即便在積極參政的伊朗什葉派毛拉眼中也算新穎。至於「窄化」，那是明擺著的。今天，哈西迪派（Chassidim）等猶太激進基要主義要求遵奉的儀式，已經遠超過傳統上對虔誠猶太教徒的要求。「印度教基要主義」（Hindu fundamentalism，這個詞組本身就前後矛盾）是一種讓印度教更排外，淪為某種國教的運動（跟「Hindus」一詞又是個矛盾）；倘若成真，所有非印度教徒恐怕都是非印度人。類似的轉變，也讓斯里蘭卡佛教從一種和平、非政治的家內崇拜，變成僧伽羅人（Sinhalese）嗜血的集體民族主義宗教。目前為止，「各群體共存於同一片土地上，同一個國家內」始終是民族國家的基礎，而上述運動都是衝著共存去的。

不過，有一點我們必須銘記在心。我認為，今日人稱「基要主義」的這種運動複合體，其實是傳統宗教，或者說教會衰退的一種跡象。普世性的教會向來是表現群體身分的有效方式，族群特性或語言則不然。教會由有形的組織、建築物以及領域劃分構成，藉此在不同層面上勾勒出「共同體」，例如堂區（parish）、教區（diocese）、全國或普世的教會。美國總統稱公民為「美國同胞」，但俄軍士官卻不是用「俄羅斯同胞」，而是用「真信徒」或基督徒來稱呼士兵。無論身為希臘人、阿爾巴尼亞人、保加利亞人，甚或是巴爾幹地區的土耳其人，那都不是一個人的定義特徵，但身為正教會基督徒、天主教徒或穆斯林則是。我傾向於認為，正是傳統上廣為人所接受的宗教衰微了，反而導致中路大開，讓各種形式的宗教動員得以長驅直入，而這種動員方式實在很難跟族群分離主義運動區隔開來。我只是順帶提一下，或許將來能作為一個研究領域。

IV

接下來我要來談這些認同中的歷史轉變，其中大多數轉變發生在二十世紀。

其一，我在其他地方討論過：族群性與語言文化不僅注入了法國、美國革命性的民族國家概念，也注入了俄羅斯、不列顛以及西班牙等歷史著名的民族君主國。簡言之，民族自決的信條，注入了以類似方式所定義的「民族」中——約翰・斯圖亞特・彌爾、約瑟夫・史達林與威爾遜總統都擁護這種信條。精確而論，借用馬志尼的話來說，這個信條要求每一個這種「民族」皆應有權建立主權國家，而且整個民族都應該納入一個國家之內。這項不切實際的原則，隨著奧匈帝國、俄羅斯帝國以及鄂圖曼帝國這三大多族群和不同性質的帝國的瓦解，也就是一戰的結束，而化為實際運作的現實。

民族自決原則所立即引發的問題，當年在族群多元的非民族帝國根本不成氣候，甚至根本不會浮現，畢竟帝國理論上立於其臣民構成的各種群體之上。波士尼亞是個絕佳的例子。無論是一八七八年以前的鄂圖曼帝國統治時期，還是一八七八年至一九一八年哈布斯堡帝國統治時期，這兩大帝國都不偏向於任何當地社群，因此有立場居中協調，控制社群間衝突的程度。共產主義的南斯拉夫也算不偏向任何一方。一旦單一族群（共產政權成立前後都是塞爾維亞人占多數）占據國家主導權，或是不存在有效且中立的政府時，波士尼亞當地情況便會失控。多民族領土型國家若以其族群—語言「民族」之一為主流，對該民族的照顧**必然會**高於其他民族，問題也因此產生。即便該國是民主國家，對「少數」抱持寬容態度，像是戰間期的捷克斯洛伐克，或是後蘇聯時代的哈薩克，情況仍舊如此。一旦優勢族群懷抱的目標更有侵略性，例如一九一八年後的南斯拉夫、羅馬尼亞或波蘭，情勢也只會更加緊繃。

認同於特定族群的民族國家，要如何轉變為（或者試圖將自己轉變為）**單族群**、**單語言與單文化**的的國土？這個問題仍有待進一步研究。不過，我們幾乎可以斷定，這種轉變的趨勢已經愈來愈明顯，尤其是在族群—語言式運動與小型國家當中。根據邏輯推論，這種轉變過程的最終產物，必然是、也確實是以下四種政策之一：以國家力量進行大規模同化或改宗；大規模驅逐居民或「族群清洗」；種族滅絕或創造；建立事實上與法律上的隔離體系，將主流群體中的非成員轉變為外人，或是法律地位低下的次等公民。這四種都有人嘗試過，有些更是現在進行式。以上談的就是第二種轉變。

這兩者基本上都跟創造民族國家，以及創造一種「能夠與國家理想共存，同時凌駕於其餘團體認同」的團體認同有關。以極端狀況來說，即便族群民族主義透過或聖或俗的普世宗教來自我展現，但要完全認同於國家，仍然相當困難。不過，從一九六〇年代年代起，就能明顯觀察到另一種相當類似的團體認同在西方國家興起。內森・格雷澤（Nathan Glazer）與丹尼爾・莫尼罕（Daniel Moynihan）所編的《族群：理論與經驗》（*Ethnicity: Theory and Experience*, 1995）選集，最早注意到這種興起於美國的族群型態，而一套全新的術語顯然也隨之發展出來。把「族群」（ethnicity）與「認同」（identity）這兩個詞用在集體上，感覺是創新的用法。比方說，我們最近看到各種團體，他們以前並未主張這種身分，如今卻紛紛用「community」（社群、共同體），甚至是「nation」（民族、國族）（例如美國同志運動人士在論述中提到的「酷兒國度」〔queer nation」）來自稱。這些現象跟舊式族群領土型民族主義也許有關，也許無關，但部分現象顯然有這種關聯。我想到的是巴斯克民族主義的激進化，以及魁北克分離主義的出現，兩者都發生在這段時期。不過，我不認為它們是這類新型態集體認同建構過程的核心特色。在美國當然不是，畢竟各種新團體能見度愈來愈高；歐洲國家的伊斯蘭移民所發起的族群運動也不是，他們傾向採取基要主義形式。我把那些新型建構過程稱為「隔都」運動（ghetto movement），畢竟他們的主要目標，是在情感上、知性上以及空間上與大環境分隔，並排除大環境。移民圈或移民後裔之間的隔都運動堪稱典型，但不是唯一的類型。相較於以往移民的隔都化，這類運動目前的階段有一個環節大不相同——後者放棄以融入為目標。在英語世界，隔都化的通關密碼就是「多元文化主義」（multi-culturalism）。當然，幾乎所有隔都的居民實際上都生活於大環境，就業於大環境，跟其他群體在複雜經濟體內共存，受到外於、高於隔都的公權力所管理。其實，隔都運動人士主要的政治職能，就在於跟其他團體在大環境中，為了當局的資源而競爭。他們的策略跟民族分離主義可謂是天秤的兩端。

我個人認為，不該把這些發展與最近二十五年來，發生在歐洲多數既存國家結構中的深遠變化混為一談。自蘇聯瓦解以來，從民族國家的重新建構（多半是透過去中心化或區域化）到舊有單一國（unitary states）或聯邦制國家分裂為組成國，變化的步伐猛然加速。朝向邦聯結構發展的歐洲共同體更是不在話下。這些變化的共通點，在於從單一中心統治民族國家的舊模式衰落了，東西方的民族分離主義運動理所當然因此增強。自從蘇聯體系崩解後，名義上獨立的、宣稱代表「民族」的新興主權國家形成的數量，確實多於二十世紀的任何時刻，其中有十幾個國家，此前未曾在本國歷史上以現代型獨立國家面貌存在過。我認為，這些新國家之所以誕生，本質上是過往國家弱化或瓦解帶來的副產品，而非什麼強大的民族主義新浪潮或民族意識的結果。我的看法是，應該把他們當成瓦解的結果，而非瓦解的原因去分析。不過，一旦新民族國家已然存在，無論是以什麼方式存在，其民族意識也就成為一股本自俱足的、扎實的力量，也必須如此看待。一九一七年俄國制憲大會（Russian Constituent Assembly，遭布爾什維克解散）代表的選舉，顯示當時人們並未認真支持拉脫維亞與愛沙尼亞族群民族主義；但到了一九四〇年，這種支持卻是貨真價實。

二十世紀晚期各國政治結構與民族意識的變化，兩者之間的關係值得好好研究分析。不過，由於時間關係，我得把它們擱在一旁，專心談對集體認同新一波的研究有著什麼樣的社會學根據。不出所料，我們理解到，新的研究從一九六〇年代開始出現在西方，然後在一九七〇年代到八〇年代逐漸出現在其他地方。二十世紀上半葉，我們已經經歷過（至今仍在經歷）人類史上最快速、最深遠也最放諸四海皆準的社會轉型。原本定義著你我的舊型態人際關係和所有傳統的社群紐帶，卻全部隨著這起轉變，失去了大部分剩餘的、隱喻的能力。我們都是失根之人。傳統天主教信仰本來足以定義法裔加拿大人，隨著傳統信仰十年來的瓦解（上教堂的人數，以及法裔加拿大人出生率雙雙驟降）步入尾聲，魁北克分離主義也演變為一股實在的政治力。巧合嗎？我認為不是。最後請容我舉個例子，說明這種社會失序（social disorientation）怎麼會直接導向新認同的追尋（以這個例子來說，是很猛烈的民族主義認同），以作為文章的結尾。這個例子我取自強納森．史賓塞（Jonathan Spencer）對一九八〇年代早期斯里蘭卡鄉間所做的研究。[1]

史賓塞蹲點的僧伽羅村莊距離首都相當遙遠。一九四〇年代晚期，村裡有了一條公路，一座寺廟，一所學校，跟現金經濟的接觸也比以往更為頻繁。隨著瘧疾幾乎絕跡，許多移民受到吸引來到此地，村裡的居民人數也從一百人躍升到一千人。到了一九八二年，村裡的家戶有將近半數是在過去十年間移居至此的；百分之八十五的戶長出生地不在村裡。現金經濟的成長，擴大了貧富差距，而這樣的差距再也無法從一個人的家庭出身或階級／種姓來預測。「如今」——我引用史賓塞書中的內容——「兄弟姊妹、父母子女，發現彼此過著大不相同的生活。」差距的起因泰半源於學校教育，而學校教育也呈現出這種差距。有人飛黃騰達，有人跌落谷底，兩者的分野就是教育。因此，難怪（下文為引用）「『團結』與『共同體』會成為某些集體焦慮的源頭，而這多少能解釋更高一層（族群與民族）認同魅力何在」。透過僧伽羅民族—族群民粹主義訴求，「社群、團結和力量的泉源似乎大有可為，能夠挑戰地方上把持特權的人」，所謂更高一層的認同也因此形成。

強納森．史賓塞的論點，點出社會變化帶來新認同需求的一種方式。在我看來，傳統家庭結構的崩潰（隨著傳統〔男性〕體力勞動與產業雇傭結構的崩潰而來）引發了類似於先進工業國家的失根（uprootedness）及失向型態，世代之間的裂痕也愈來愈明顯。新型態的「認同政治」（identity politics）或訴諸於族群（無論這「族群」指的是什麼），或創造新族群，或透過宗教來表現，或為了彰顯認同而揭櫫愛國心，像英格蘭新法西斯足球暴徒揮舞米字旗那樣。或許這所有的一切都同時發生。更有甚者，認同政治有可能跟舊有的民族主義意識形態與運動融為一爐。不過，我認為應該把這種情況當成新的社會現象來分析，而不單純是舊有民族主義型態的延長。我認為，這種現象本質上不是政治現象，只是政客顯然會加以操弄，也必然會去操弄。

我撰寫這篇文章的目的不在批判，我只能斷定，這些運動強勢歸強勢，根本上還是負向的：它們頂多是痛苦的呼喊、求助的呼喊，有些甚至是盲目頑抗，尤其是來自那些無望之人。它們提不出政治或其他的解答，因為它們壓根沒去思考解決方法。最後，我想勸大家對時代錯置小心警惕：千萬別把今天德國的新納粹分子和一開始的國家社會黨混為一談。他們並不相同。

註釋

1 Jonathan Spencer, *A Sinhala Village in a Time of Trouble: Politics and Change in Rural Sri Lanka* (Oxford, 1990).

第十二章　凱爾特邊陲

會問「群眾階級參與追求獨立建國的民族運動時，程度有多投入？」就意味著這種運動確實存在。然而，有些情況則讓人預期民族運動將會出現，實際上卻沒有，歷史學家對這類情形應該也很感興趣才是。對於上述這兩種狀況，不列顛群島都有好例子。愛爾蘭是民族主義的經典個案，而蘇格蘭和威爾斯居民雖然大多數人都懷有明確的民族情感，但這兩個地方反而沒有發展出追求民族獨立的重要運動。這兩個構成國都有民族主義政黨（只不過建黨歷史不長），但他們若非未能在選民當中贏得夠分量的支持，就是難以從普羅大眾的參與中取得多少優勢。蘇格蘭與威爾斯民族主義確實存在，可惜目前為止，兩者在政治上幾乎都是以支持全不列顛性的政黨及運動來表達自我，只不過他們的支持方式與英格蘭政黨大相逕庭。政治之外，兩國的民族主義有時候仰賴傳統上獨立自主的正式組織（例如蘇格蘭的情況），或者準備創造獨立自主的組織，尤其是文化和教育領域（威爾斯的情況），而即便是這些領域，推動力也往往是某種泛不列顛現象的局部適應。反觀愛爾蘭，則有民族群眾運動項目，例如蓋爾式足球、板棍球。威爾斯所採行的群眾運動，是一種在英格蘭多半只有中產階級熱中的足球——英式橄欖球。至於蘇格蘭，儘管有幾種可供選擇的運動項目，且在蘇格蘭傳統中具有扎實的基礎，但蘇格蘭完全沒有採取威爾斯那種程度有限的分離主義。蘇格蘭反而接受了英格蘭標誌性的群眾運動——標準的協會足球，只不過組織了自己的全國俱樂部體系，將狂熱與激情灌注其中，讓蘇格蘭成為養成優秀球員的卓越國度。

兩國有個與愛爾蘭相異的共通點——無論歷時長短，國內對於跟英格蘭分道揚鑣的意見都不是主流。這不代表他們是英格蘭人，也不代表他們表現出融入英格蘭的明確態度，更不代表他們對於一五三六年（威爾斯）與一七〇七年之後被動歸屬的那個大國沒有明顯的敵意。兩國也不缺讓民族主義運動得以迅速具體化的那些訴求。威爾斯和蘇格蘭同時缺乏典型的民族獨立運動發展，這個共通點尤為引人注意，畢竟兩國在諸多方面，是非常不同的國家。借用十九世紀的用語，蘇格蘭是個「歷史民族」——蘇格蘭在一七〇七年與英格蘭組成聯合王國時，本來就是個歷史悠久的獨立王國（而且國內普遍對英格蘭抱持敵意），有一套幾乎各方面（語言例外）皆有別於英格蘭的制度。[1]除了全國政治等上層結構之外，蘇格蘭始終保持上述這種制度上的獨立自主（法律、教育、宗教以及社會管理方面特別明顯）。蘇格蘭擁有獨立的社會結構，貴族圈僅部分融入英格蘭，農業結構獨特，資產階級在經濟發展過程扮演自身獨有的活躍角色（尤其是工業革命以來），此外還有自己傳統上的都市生活重鎮、高等教育和國教會。直到不久之前，蘇格蘭幾乎沒有接受英格蘭移民，倒是有大量愛爾蘭人移入。

另一方面，威爾斯（再次借用十九世紀用語）則是典型的「非歷史民族」——生活在這片土地上的農業人口，是靠著相對更原始的社會、經濟結構，以及「講的語言並非英語」的事實來維繫的（至於各種凱爾特方言複合語是到什麼時候，才算是構成了單一的威爾斯語？這一點眾說紛紜）。威爾斯公國整體，在任何現實意義上，從來不是個政治實體。哪一座城鎮該算是威爾斯首都呢？無論是哪一座，都沒有足夠的歷史底蘊，也幾乎未見長久的都市發展紀錄，因此各界並無共識。不若愛爾蘭，威爾斯的地主多半係出本地，只是在一五三六年的合併後融入了英格蘭鄉紳圈。在這麼大的一片土地上，並無明確可見的貴族階級。相較於蘇格蘭資產階級，威爾斯直到十九世紀中為止，幾乎不存在資產階級。威爾斯人可以說完全是由農民、工匠以及後來的產業工人等庶民階級構成的；直到十九世紀，威爾斯社會才發展出其骨幹，由非國教派的神職人員、老師與小商人為主體。威爾斯民族的社會階級最高就是小資產階級，從職能和定義上來看，再往上就不是威爾斯人，而是英格蘭人（例如英格蘭國教會成員）。因此，威爾斯民族情緒才會如此一貫激進，結合了人們熟知的反貴族騷動（人們往往認定貴族等同於地主），對民主與教育的堅定追求，最重要的是，由新教異議派所領軍，用以對抗國教會的激進反教權主義。

「威爾斯特質」主要以兩種方式表現：（一）威爾斯語及方言文化；（二）各種新教非國教教派，他們在十八世紀傳佈信仰，於一八〇〇年後獲得多數支持，並且在十九世紀中葉集體形成全民族性的宗教。當然，非國教派之所以成為民族宗教，泰半是因為用威爾斯語傳教，而且能據以區分威爾斯人和（信奉國教會的）英格蘭人與英格蘭化的上層階級。然而，即便因為受到政治壓力而建構的威爾斯語所具備的保護、推廣機制愈來愈縝密，「威爾斯特質」也不能因此而跟第一種或第二種方式畫上等號。遲至一八五一年，威爾斯人口中仍有一大部分（以工業地帶為主）無涉宗教，工業化也導致威爾斯語言必然走向衰落（但跟英格蘭人移入情況迅速擴大的煤礦區關係不大）。[2]因此，一邊是以非國教派信仰與威爾斯語言（如果改用階級方式表述，也就是以農業部門、小資產階級骨幹）為基礎的、**有意為之**的威爾斯民族情緒，另一邊則是工業勞工階級與都市群眾的威爾斯特性（整體來說比較不語言性，也沒那麼強烈非國教派），兩者之間打從一開始就有一條潛在的裂痕。

蘇格蘭人與威爾斯人在英格蘭的命途亦各不相同，但這個主題仍需要更深入的研究。除了與蘇格蘭、威爾斯接壤的地帶，移居英格蘭的常態模式並非大規模移民，而是選擇性的移民。蘇格蘭低地的居民往南發展一般而言都非常順利。基本上，每一個階層都有骨幹人物出外打拚，而且凡是他們自身參與其中的英格蘭活動，他們大多處於主宰地位。幾乎從工業革命之初，特定活動便掌握在蘇格蘭人手中（例如工業與農業技術），另外有些活動則要等到十九世紀末（例如政治——一八九四年以前沒有蘇格蘭出身的首相，但此後的十六名首相中，卻有七人是蘇格蘭人），而英格蘭始終都能為蘇格蘭才俊提供充分的機會，南方用更高的薪水及更好的發展吸引著他們。

與此同時，蘇格蘭機構的獨立自主，等於讓蘇格蘭本地人實質壟斷了專業職位。比方說，民族主義者雖然主張蘇格蘭法律正受到英格蘭法律影響力的蠶食，但蘇格蘭法律圈仍然是英格蘭律師不足以挑戰的領域。

威爾斯人在英格蘭的發展就相對平凡許多，直到代議民主制度為威爾斯政治人物提供出路（一八六八年與一八八四年後）[①]，社會主義與勞工運動興起讓威爾斯勞工領袖有所發展（一八九八年後）[②]，以及國民教育、現代官僚體系和專業化社會在一八七〇年之後的建構，白領勞工、藍領工人、老師，以及其他知識性、非體力勞動職業者方才得到教育和工作機會，而他們也構成威爾斯技術人力輸出的主力。一九〇〇年之前，除了非國教派的牧師，威爾斯人很少在英格蘭事務中扮演要角（不論事體大小），而且人數肯定比蘇格蘭人少得多。甚至到了一九〇〇年後以及戰間期，威爾斯人被迫大規模遷徙，離開經濟殘破的家園，威爾斯人在英格蘭的成就仍遠不及蘇格蘭人耀眼，移民對於威爾斯本土的關注也因此密切許多。威爾斯民族運動主要是由失業的

---

① 譯註：不列顛的《一八六七年改革法案》（Reform Act 1867）與《一八八四年民意代表法案》（Representation of the People Act 1884）大幅放寬選民資格，威爾斯擁有投票權的成年男子人數因此大幅上升。一八六七年的改革，造成保守黨在一八六八年大選大敗。

② 譯註：威爾斯礦工的週薪與煤礦時價掛勾，對此不滿的工人在一八九八年三月發動罷工，直到九月才結束。此事是威爾斯勞工團體發展的重要開端。

知識分子與中間階級為核心，他們擴大當地教育文化、行政體系，由會講威爾斯語的人獨占，試圖在威爾斯為威爾斯人留下愈來愈多的職位保障。由於這樣的體系先前並不存在，或者不受承認，威爾斯民族主義者的主要目標之一，便是打造出這個體系，並排除目前占據相關職位的非威爾斯人。

由於咸認蘇格蘭是個不同的國家，有其獨立自主的機構與及獨有的問題，加上確實有一批具有影響力、但並未完全英格蘭化的蘇格蘭貴族與商業或工業資產階級存在，倫敦方面對於行政權的下放沒有太大反對，甚至可以接受類似最起碼的自治權——至少自由黨執政時如此。（保守黨執政的時候，他們面對一個長期由自由派主導的國家，可就沒有強化其分離姿態的興趣了）愛爾蘭民族主義情緒從一八六〇年代起逐漸復甦，愛爾蘭本地治理（Home Rule）問題主導了英格蘭政壇，加上一八八〇年代的經濟蕭條，這三者在蘇格蘭和威爾斯再再造成某種民族不滿情緒，甚至有人要求本地治理，跟愛爾蘭人遙相呼應，只是呼應得有氣無力。只是，由於愛爾蘭問題的存在，人們因而鮮少聽到關於蘇格蘭與威爾斯本地治理的討論；即便有，兩者的差異也不可以道里計，後兩個不列顛組成國內尤其缺乏對民族主義的支持。愛爾蘭的「本地治理」其實是從英格蘭獨立的委婉說法，但對蘇格蘭人與威爾斯人來說，「本地治理」則是行政權下放，以及從倫敦獲得適當財政支援的同義詞。一八八五年，蘇格蘭事務部（Scottish Office）成立。「戈申公式」（Goschen Formula）保證根據蘇格蘭占不列顛總人口比例，獲得相應的財政分配與職位。下議院討論蘇格蘭事務時，英格蘭國會議員會按照心照不宣的慣例，不干預相關討論，國會更為此在一八九四年成立蘇格蘭大委員會（Scottish Grand Committee）——保守黨抵制過一段時間，但之後委員會重新設立，並成為常設委員會。於是乎，蘇格蘭人大部分訴求就此滿足——而且波瀾不驚。雖然有中產階級利益團體施壓蘇格蘭自由黨，要促成「本地治理」，可惜成效不大。政府就算提及，多半只是為了讓某些對本地治理興趣缺缺的蘇格蘭人，能夠欣然認同由愛爾蘭人治理愛爾蘭的作法。蘇格蘭政治性組織理所當然會以蘇格蘭為基礎，但它們之所以這麼做，為的不是反對以英格蘭（或者說全不列顛）為範圍的組織（例如全英自由聯盟〔National Liberal Federation〕或工會聯盟〔Trades Union Congress〕），而是為了成為其一員。因此，它們的政治作用與效能往往低落，畢竟它們通常缺乏壓力團體那種投入於影響全不列顛組織的用心，也缺少乾脆脫離的氣魄。新興的勞工運動當然也偏向於成立以蘇格蘭為範圍的組織，只是規模通常較小。一八八五年至一九一四年間成立的勞工組織，除了蘇格蘭工會聯盟（一八九七年成立），其他已不復存在。

威爾斯的民族主義情緒無疑遠比蘇格蘭更激進、更投入，但在十九世紀最後數十年，威爾斯卻未能達成任何形式的全面地方自治，連非官方的也沒有。原則上，一八八一年《威爾斯週日禁止營業法》（Welsh Sunday Closing Act）通過，等於實現了對威爾斯在立法宗旨的個案處理；隨著聯邦制的威爾斯大學（University of Wales）成立，威爾斯也算得到某種民族承認。威爾斯民族主義的兩項關鍵訴求——威爾斯校內的雙語教學（一八八八年）與英格蘭教會在威爾斯的國教地位終止（一九一四年）——在第一次世界大戰前達成，而威爾斯郡分的行政權也在一八八八年的地方政府改革中轉移給威爾斯。儘管如此，用更加正式的方式，承認威爾斯為自成一格的國家——例如成立威爾斯「最高議會」，或是設立威爾斯事務大臣（Secretary of State for Wales）一職等作法，進展卻緩如牛步。（直到一九六〇年代，不列顛政府才算有了影子威爾斯大臣。）一八八六年至一八九六年間有那麼一刻，威爾斯的自由黨似乎就要被典型的民族主義運動（例如青年威爾斯〔Cymru Fydd〕）所吸收，或說是滲透。知識分子和移民帶起這類民族運動，再由好鬥的政壇青年推波助瀾（其中就數大衛．勞合．喬治最夙負盛名），可惜這種農業蕭條與愛爾蘭民族情緒時代誕生的產物，並不具備真正的群眾基礎，甚至到了一八九一年後仍然不太有現實感。如今，來自工業地帶的南威爾斯自由黨人成為威爾斯居民及財富的主要代表，而他們不打算任人把自己領進沒有國會代表的北威爾斯鄉村烏托邦。自由黨的拒絕，形同於扼殺了襁褓中的威爾斯民族運動。

眼下，我們得討論蘇格蘭與威爾斯何以未能發展出群眾民族主義。

經濟顯然是頭號因素。自工業革命伊始，威爾斯與蘇格蘭（除了沒有國會代表、人口稀少的小農地區）便發展為全不列顛經濟不可或缺的環節；雖然不是唯一，但當地仍是專業化的採礦、冶金與重工業重鎮。也就是說，兩地不同於愛爾蘭：愛爾蘭仍然以農業為主，其經濟問題與不列顛大多數地區大不相同，[3]也異於西班牙的加泰隆尼亞及巴斯克地區——屬非工業國中相對工業化的地區，而該國的中央政府掌握在非工業化的卡斯蒂亞（Castile）手中。就經濟角度而論，脫離英格蘭並無明確的優點。蘇格難與威爾斯明顯比英格蘭窮困、落後（其實，正是因為生產成本低，才有助於工業集中於此），恐怕也感到不受重視，但無論是哪一個地區，都稱不上受到「剝削」。儘管蘇格蘭與威爾斯工業體系在十九世紀上半葉仍不穩固，然隨著鐵路與汽船時代的降臨，兩地也邁入一段活力非常的擴張時期，甚至可稱為一九一四年以前，古典不列顛工業資本主義最後蓬勃發展的兩個區域，是煤礦出口、造船等產業的重鎮。整體而言，勞工處境仍然劣於英格蘭，平均就業率卻較高。一九一三年至一四年的全國失業率平均落在百分之三點八，而威爾斯、蘇格蘭失業率則分別是二點三、二點一。勞工身為勞力付出者，自然有許多不滿之處；但身為蘇格蘭人或威爾斯人，只要工業勢頭持續，就沒有很明顯的不滿因素。

蘇格蘭的工業發展只會強化這種立場，強化強大的蘇格蘭資產階級（尤其是格拉斯哥和蘇格蘭西部）依附於不列顛所得到的益處。工業擴張確實在威爾斯造就了一批本土資產階級，例如P．A．湯瑪斯（P. A. Thomas），以及大衛．戴維斯（David Davies）、愛德華．戴維斯（Edward Davies）與大衛．戴維斯（David Davies）祖孫三代等。他們不再不自覺地傾向融入英格蘭或英格蘭化的鄉紳，或是工業時代初期的英格蘭移民企業家。工業的發展也鞏固了民族骨幹，同時也讓威爾斯資產階級在經濟上沒有什麼不滿的，只要工業與貿易景氣依舊。威爾斯丘陵區的農民在農業蕭條時或有騷動，失業的威爾斯畢業生或有不滿，而威爾斯煤礦主根本就沒有理由發牢騷。

兩次大戰期間，不列顛基礎工業的崩潰對蘇格蘭與威爾斯各自造成嚴重的影響。兩地異常蕭條，失業率急遽攀升：一九一四年，亞伯達（Aberdare）失業率為百分之〇點二，卻在一九三〇年代經濟復甦的高峰（一九三七年）攀至百分之二十五點七；梅瑟蒂德菲爾（Merthyr Tydfil）從百分之一點四升至百分之四十一點六；格里諾克（Greenock）從百分之一點六增加到百分之二十一點四……凡此種種不及備載。因此，威爾斯與蘇格蘭民族主義（分別於一九二五年與一九二八年開始組織民族主義政黨）由於兩國經濟較差，以及遭到倫敦忽略而出現異議，也就更言之成理。不過，整個不列顛舊工業地帶都受到打擊。凱爾特邊陲面臨的災難雖然更嚴重，但還是同一場危機，而英格蘭某些地區承受的打擊未必較輕。然而，到了這個時候，威爾斯和蘇格蘭勞工階級寧可堅定支持勞工運動；當地實業家則是夠現實，不會期待靠分離主義或自治的美好口號解決問題。

第二個原因在於自由黨的性質及功能。自由黨是蘇格蘭與威爾斯政治利益的主要喉舌。蘇格蘭偏向輝格黨（Whigs）有其悠久歷史；十九世紀中葉之前，自由主義很難在威爾斯形成全國性的政黨；不過，對於這兩國來說，自由黨反映的都是它們相對貧窮、落後的事實，反映的是農民、工人和中間階級底層之間經濟差距甚微的事實，以及兩國對於隨之而來的激進主義、民主思想和清教思想的偏好。當地工業資產階級理所當然支持自由黨，只不過是出於經濟理由。一八六七年與一八八四年的選民結構民主化，促使自由黨成為兩國國內長期的多數黨。自由黨在威爾斯占有壓倒性的優勢——在巔峰期（一八九二年），自由黨對保守黨的國會席次比例是三十一比三。在蘇格蘭，自由黨在四次選舉中皆足以掌控多數都市席次，並確立其難以撼動的支持度，尤其是北部郡分的支持。愛爾蘭問題導致自由黨分裂（一八八六年），主要是因為較富裕、偏權貴的支持者退出該黨。隨著問題浮現，凱爾特邊陲在黨內的影響力也一飛衝天。由於保守黨在英格蘭占優勢，自由黨的發展因此大多取決於黨內蘇格蘭與威爾斯支持者的聯手，以及與愛爾蘭民族主義者的合作。正是在愛爾蘭本地治理問題主導不列顛政壇期間（一八八六年至九五年最受矚目，一八九五年至一九一四年程度稍減，一九一四年至二二年仍有一定影響力），自由主義滲透進威爾斯與蘇格蘭的民族主義成分中，在威爾斯有時甚至達到青年威爾斯的民族主義者能從內部威脅取代威爾斯自由黨的程度。這股短暫的民族主義亢奮情緒在威爾斯尤其明顯，並於一八九二年至九五年間脆弱的自由黨政府主政期達到高峰，無奈其基礎卻是空中樓閣。民族主義從來都無法君臨一切，畢竟主要工業中心（南威爾斯、西蘇格蘭工業地帶以及格拉斯哥）總是不慍不火，勞工階級對此投入也不深。自由黨固然願意對威爾斯與蘇格蘭做出讓步，可惜幅度向來受限，畢竟兩國沒有、也不願意跟愛爾蘭人一樣，真的拿退出做要挾。自由黨在不列顛的聲勢之所以能恢復，靠的不是威爾斯人與蘇格蘭人的支持（即便在支持力道最大的一八九二年，[4]催生出的也只是史上最弱的自由黨政府），而是英格蘭。等到各方在一八九〇年代體認到凱爾特影響力的局限（當然瞞不過人，讓人多少有點情感幻滅），蘇格蘭人和威爾斯人這下子才冷靜了下來，成為有效的區域性壓力團體（只要不跟英格蘭的前輩起衝突就好）；蘇格蘭與威爾斯政治人物在二十世紀初期崛起，掌握全國影響力，對此也有幫助。亨利・坎貝爾—班納曼（Henry Campbell-Bannerman）與大衛・勞合・喬治等重要的全國性政治人物嶄露頭角，而他們的崛起顯然削弱了分離主義的訴求，至少讓人們稍微願意容忍那些失敗的民族大業。

自由黨在一九一六至二二年間土崩瓦解，威爾斯和蘇格蘭民族主義也因此失去表達政治意見的主要管道。勞工階級退出自由黨，並加入工黨，而一九二〇年代從自由主義廢墟中站起來的威爾斯與蘇格蘭民族主義政黨，走的也不長遠。他們在威爾斯連個議員都當選不上，在蘇格蘭也只有一九四五年的幾個月有過短暫且反常的勝利——當時正值戰時選舉休戰（wartime electoral truce），競爭對手暫時不派人選。主要政黨中的民族主義派別，其主力之構成向來是知識分子，以及不景氣、工業部門小的地方行政區（例如伯斯〔Perth〕），或是農村傳統、威爾斯語言衰落的非典型區域內的專業人士階層。

自由黨地方黨部內的蘇格蘭與威爾斯民族主義陣線的瓦解，讓我們了解凱爾特邊陲民族主義失敗的第三個原因：勞工運動興起。經濟發展、階級利益這兩點，讓民族主義者和勞工分為不同陣營。蘇格蘭自由主義及威爾斯民族主義的核心人物（本土資本家、小貿易商、非國教教派）通常對激進的勞工運動、社會主義抱持敵意，對工會的漠不關心已經算好的了。工黨之所以在一九〇六年的選舉中大有斬獲，是因為跟自由黨結盟，讓工黨候選人搶占一定席次，但蘇格蘭自由主義仍然堅定保持對勞工的全面敵意。一八九二年至一九一四年間，蘇格蘭幾乎所有獨立參選的勞工及社會主義候選人都遭到自由黨反彈，只有兩人例外。蘇格蘭與威爾斯都有勢力龐大的本土實業家團體不因經濟理由而支持民族主義，這也導致階級衝突得以凌駕民族團結。此外，無論是在威爾斯或是蘇格蘭，自由黨民族主義派別的吸引力對落後的農業高地或非工業階層再怎麼強大，對工業地帶卻愈來愈不相關。威爾斯與蘇格蘭自由主義仍然能棲身在遙遠、人口稀少的傳統區域，甚至在不久前復興，可惜已經無法在兩國的人口及經濟核心立足。

威爾斯與蘇格蘭勞工運動當然也屬民族運動，卻不算正統。直到十九世紀尾聲，工運勢力多半相對弱勢，有時候甚至比英格蘭的工運還要溫良恭儉讓。工運在這兩國出頭，可說是路線急轉往左，轉向工會激進派與社會主義；這既讓威爾斯和蘇格蘭變成異常強硬的地區，卻也讓勞工運動走向不尋常的極端。兩國勞工運動的靈感，皆源於一八八〇年代和九〇年代社會主義與工會的復興，其關注焦點不見得是民族性的。的確，工運後浪往往以反民族主義為導向，這是因為威廉·亞伯拉罕（William Abraham，藝名「青春之神」〔Mabon〕）等態度溫和的前浪領導人，偏好自由主義，以及傳統非國教派的傳道、吟唱和威爾斯語話術。年輕激進的工運中堅分子，將融合馬克思主義與革命工團主義（revolutionary syndicalism）的意識形態灌注到南威爾斯礦工之間；二十世紀最有名的威爾斯勞工領袖（在英格蘭也一樣出名），認同的是礦場與工黨極左派或共產黨（例如A．J．庫克〔A. J. Cook〕、亞瑟．霍納〔Arthur Horner〕、安奈林．貝文〔Aneurin Bevan〕等人），而非威爾斯語言或文化。蘇格蘭也發揮著某種不列顛勞工運動先鋒或極端側翼的作用，說不定比威爾斯還有效，畢竟蘇格蘭為獨立工黨（Independent Labour Party）、工黨、共產黨以及若干重要工會組織提供全國性的領導人，並且至少一度（一九二二年）成為倫敦的國會工黨（Parliamentary Labour Party）轉向左派的主要驅動力之一。

更有甚者，兩國工運的力量泉源，都在各自國內最不受民族主義傳統符號所左右的地區。蘇格蘭的勞工階級有一大部分是（天主教）愛爾蘭移民，（至今仍占百分之十五），以羅伯．布魯斯[3]（Robert Bruce）、約翰．諾克斯[4]（John Knox）或佛洛登戰役[5]（Battle of Flodden）為號召的話，不太可能打動他們。雖然遲至一九一四年，南威爾斯礦工還會在會議紀錄中加上威爾斯語摘要，但他們工作時都講英語，甚至連隆達等英格蘭化程度最低的礦區也是如此。此外在威爾斯，特定的意識形態肯定凌駕於區區的族群威爾斯性之上。在整個工業地帶，威爾斯的礦區早在一九〇〇年就為（蘇格蘭）社會主義領袖克亞爾．哈第（Keir Hardie）提供國會席次，後來選出（蘇格蘭）工黨領導人拉姆齊．麥克唐納（Ramsay MacDonald），更是長久以來（英格蘭）共黨領袖哈利．波立特（Harry Pollitt）最有希望當選的選區。

蘇格蘭的民族色彩多少比威爾斯濃重。先前談到，當地多數政治組織存在蘇格蘭底蘊，新的工運也不例外。到了一八八〇年代，勞工組織似乎也傾向採用本地治理等民族主義口號。儘管如此，這種姿態仍然不具決定性。一八八八年成立的蘇格蘭工黨雖然有本地治理的黨綱，後來卻併入全不列顛的獨立工黨，堪稱是該黨的老祖宗。除了在格拉斯哥得到的支持往往高於其他地區，這個政黨沒有任何跟蘇格蘭明確相關之處。其他活動範圍大致不出蘇格蘭的組織，像是社會主義工黨（Socialist Labour Party，美國社會主義者丹尼爾・德萊昂〔Daniel De Leon〕的追隨者），其方針就更不民族主義了。戰間經濟蕭條年間，蘇格蘭的工黨內也出現以本地治理為解決方案的意見，而工運對於建立蘇格蘭國會的民族主義倡議——「蘇格蘭誓約」（Scottish Covenant）也有更多的投入，呼聲在一九四九年至五〇年達到高峰。未想經濟在一九五〇年代復甦後，誓約也迅速瓦解。從根本上來看，儘管蘇格蘭勞工階級胸懷蘇格蘭愛國主義，但他們信賴的還是各社會主義政黨的全不列顛或國際性的規畫。獨立從未成為嚴重的議題。

傳統勞工運動受到侵蝕，那麼民族主義口號在未來是否有機會打動更多蘇格蘭或威爾斯勞工階級呢？只有未來才能回答這個問題了。[5]

③ 譯註：十四世紀初蘇格蘭國王，在第一次蘇格蘭獨立戰爭時擊敗英軍，確保王國獨立。

④ 譯註：十六世紀蘇格蘭改革宗神學家，主導蘇格蘭宗教改革，也是蘇格蘭長老教會的奠基者。

⑤ 譯註：一五一三年，英王亨利八世率兵渡海，加入神聖同盟（Holy League）的反法戰爭。蘇格蘭國王詹姆斯四世應法王路易十二之請，率兵南侵以牽制英王用兵。時任薩里伯爵（Earl of Surrey）的湯瑪斯・霍華（Thomas Howard）率領守軍，在佛洛登擊敗蘇軍，詹姆斯戰死。是役為蘇格蘭與英格蘭對戰人數最多的一次戰役。

總結凱爾特邊陲民族主義的問題，我們也許可以斷定——這種民族主義以相當罕有的方式，描繪出十九世紀古典社會主義理論所期待的無產階級民族，其勞工階級抵抗了民族主義煽動的誘惑，寧可以階級利益為基礎，集結於國際意識形態的旗幟之下。威爾斯與蘇格蘭以前是什麼樣的自由黨民族，現在就是怎麼樣的工黨民族，[6] 民族主義的活動範圍因此局限於鄉村、小城鎮和非無產階級者之間。因此，經典形式的威爾斯民族主義（一種威爾斯導向的地區性自由主義），可說是介於具有自覺的威爾斯中間階級底層、資產階級的出現以及具階級意識的無產階級運動興起之間（亦即介於一八六〇年代與一九二〇年代早期之間）的一段插曲。蘇格蘭民族主義雖然比威爾斯民族主義更為普遍，卻沒那麼激進，畢竟大家都接受「歷史性的」蘇格蘭民族確實存在，而威爾斯民族在威爾斯的存在則尚待建立，需要十九世紀的鼓吹者援引馬志尼等人的說法加以建構；兩地的民族主義情緒之所以有差距，或許也是因為英格蘭為蘇格蘭民族運動潛在的骨幹提供更多的機遇，讓這些有機會在南方贏得重要地位的中流砥柱，對本國的區域性問題失去關注。[7] 此外，就國家與社會層面而論，蘇格蘭的同質性也不像威爾斯那麼高，這個事實也反映在蘇格蘭政治更高的異質性上。過去一百年來，保守黨在威爾斯幾乎沒有過任何能見度，但蘇格蘭卻有眾多保守派政治人物和知識分子，行政官員、軍人以及貴族更是不在話下。關鍵在於，激進民主自由主義無論在蘇格蘭還是在威爾斯，都是最接近全國性的運動與意識形態；只要大批工業勞工階級不再信奉激進民主自由主義，兩地的民族主義便無法生存下去。

假如**作為國家**的威爾斯或蘇格蘭曾受到任何可以稱之為「剝削」的遭遇，或者假如威爾斯與蘇格蘭遭遇的問題能夠如同愛爾蘭，跟英格蘭迥異到幾乎無法化約為某個公分母，那麼凱爾特邊陲民族主義說不定還能有個基礎，讓兩國的不同階級、地區有強烈的理由合作對抗英格蘭人。然事實上，兩種情況都不存在。兩國都比英格蘭大部分地區貧窮。兩國都有感覺受到忽略的原由，或者因為某項全不列顛性的政策未能照顧到它們的困難而飽受折磨（尤其是景氣蕭條時）。兩國受到一定程度的歧視，而英格蘭人與外國人又往往忘記不列顛之內不只一個國家，而是有三個大不相同的國家，會有共同的不滿自是理所當然。不過，兩國同時也都是全不列顛單一工業經濟體的一個部分，這個經濟體在三國國內同時成長，意味著蘇格蘭和威爾斯的經濟問題畢竟不是迥異於不列顛其餘地區，其中幾個同病相憐的地方甚至完完全全屬於英格蘭。兩國感覺到的歧視，也無異於英格蘭部分居民（例如非國教派）長期以來的感受。蘇格蘭與威爾斯一直有些內部問題，需要兩國各自的方法才能解決，但這些解決方案鮮少能夠影響英格蘭，因此不會跟英格蘭利益產生嚴重衝突。凱爾特邊陲政局的典型模式便反映出這種情況：也許會發展出蘇格蘭自由黨或蘇格蘭工會聯盟這類全國性組織，不過這些組織不會拋棄自己在相應的全不列顛性組織，例如全英自由聯盟與工會聯盟當中的成員身分。分離民族主義的基礎也因此限縮到幾個少數（非典型）地帶，這些地方的問題確實跟英格蘭各地大不相同（例如兩國各自的高地地帶所獨有的農業、語言等問題）；或者限縮到受過教育，卻無法（或是不滿足於）在更大的英格蘭或不列顛帝國勞動市場中尋找出路的社會階層；或者限縮到核心思想家身上。

也許不見得能左右一切，但凱爾特邊陲民族主義還有一個弱點。兩國都是小國，可能有人認為作為獨立實體是行不通的（愛爾蘭人倒是從來不受這種論點影響）。儘管行不通，倘使兩國有依附某個外部大民族的機會，國內的民族主義或許能得到一定的強化，可惜現實是沒有任一外部民族有資格聲稱收復固有領土或一家親。唯一的可行之道，只有將威爾斯、蘇格蘭，或是其他凱爾特破碎帶與愛爾蘭團結起來，形成集體的凱爾特民族主義；但是，雖然一直有思想家提倡凱爾特大團結，可惜卻敗在（也必然敗在）將威爾斯或蘇格蘭統一於愛爾蘭這種行不通的作法上。愛爾蘭與不列顛凱爾特人之間的共同點，只有「考古學家、人類學家、語言學家以及歷史學家都對他們感興趣」。愛爾蘭人（在宗教上有別於激進的蘇格蘭與威爾斯新教徒）在威爾斯人數不多，但在蘇格蘭則是人數可觀的少數族群，跟鄰居的關係也稱不上和睦。一八八六年本地治理危機之後，威爾斯自由黨員展現了對格拉斯東（Gladstone）的堅定支持，但威爾斯對本地治理問題本身並無強烈的看法。蘇格蘭則有，從這場危機造成蘇格蘭自由黨嚴重分裂便可看出。不過，無論在威爾斯或是蘇格蘭，「全凱爾特獨立」或是與任何外部民族的結合，都不過是少數狂熱分子的春秋大夢而已。

註釋

1 除了人數愈來愈少的蓋爾語少數族群之外，蘇格蘭的文化與行政語言向來都是英語；蘇格蘭人的口語（在純文學中有一定程度的使用，此外並無其他文學目的）是英語的一種方言，跟官方語言的差距遠不及日耳曼方言與高地德語之間那樣鮮明。

2 到了一九一一年，隆達河流域的非威爾斯裔居民還不到百分之十；但早在一九〇一年，只說英語者便占了百分之三十五的人口（一八九一年時的統計資料雖然沒那麼完備，數字仍相去不遠），而只講威爾斯語的人口比例則是從一九〇一年的百分之十一，跌落至一九一一年的稍高於百分之四。

3 愛爾蘭唯一工業化的東北部，並未與其餘地方一同要求獨立，至今仍然是聯合王國的一部分，這恐怕不是巧合。

4 威爾斯與蒙茅斯夏（Monmouthshire）的三十四個席次中，自由黨掌握三十一席；蘇格蘭的七十二個席次中，自由黨拿下五十一席。

5 現在（一九六八年）可以回答這個問題了。自從一九六六年對工黨政府期待破滅之後，蘇格蘭與威爾斯的民族主義史上頭一遭轉變為選舉中的主要勢力。

6 一九一八年，工黨握有威爾斯三十五個席次中的十席；一九二二年為十八席，一九二九年為二十五席。在蘇格蘭，明顯的轉向發生在一九二二年，是愛爾蘭獨立後愛爾蘭裔選票的轉移、經濟蕭條以及戰時好戰記憶的綜合結果。到了一九二九年，工黨掌握七十個席次中的三十七席，對於蘇格蘭低地工業區的控制最為穩固。即便保守黨在英格蘭大奏凱歌，威爾斯、蘇格蘭仍然是工黨的地盤。

7 拉姆齊．麥克唐納政治生涯初期，便在倫敦擔任蘇格蘭本地治理倡議組織的書記，但此時他還沒有在整個不列顛政壇闖出名堂。

二、民族主義的險境

第十三章　民族主義的極限

民族主義說不定是二十世紀最強勢的政治力量，而在現實層面，無論是用半宗教性的熱忱，或是敬而遠之的態度，我們每個人都得接受。以前，受過教育的人多半會鄙視每一種民族主義，但如今已經鮮少有人公開抱持這種全盤否定的態度；在國際共產運動中，「世界主義」（cosmopolitanism）甚至成了貶義詞。在理論層面接受民族主義可就更難了，歷史學家對此尤其如鯁在喉。民族主義理論與信念實在很難跟理性認識人類事務的作法相調和；至於民族主義的歷史，歐內斯特．勒南則是一針見血：「我敢說，民族形塑過程中的關鍵因素，就是忘記歷史，甚至是搞錯歷史。」

這種錯亂有兩大主因。首先，民族主義信仰簡直是把過去兩百年的歷史徹底翻新，而民族主義理論的基本信條，就是把「民族」看成人世間自然而然、亙古不變的一部分。現實當然不是如此。沒錯，威爾斯人很清楚自己具備有別於薩克遜人的威爾斯特質，猶太人知道自己具備有別於外邦人的猶太特質；說不定每一個共同體，無論是大是小，都會以各式各樣的方式區分出「我們」、「他們」，並偏好「我們」。只不過，這些共同體今天所依附的現代民族不見得認可他們那些區分方式。

然而，現代民族主義不僅徹底轉變了這種情感認同（例如引入「單一標準化國語」這種嶄新的概念），更添上前所未有的特定概念。其中最重要的概念，莫過於以「民族」作為個人政治性、社會性忠誠與義務的基本（甚至是唯一）要點，以及認為「民族以形成民族同質領土型獨立主權國家為歸依」的信念。除非是掉書袋，否則不可能把兩種思想的歷史回溯到法國大革命之前。今人不假思索地接受這兩者，因此「獨立國家」一詞基本上已無異於「民族」（看看所謂「聯合國」〔United Nations〕），甚至連依舊以完全不同的原則（例如伊斯蘭信仰）來團結國人的國家，也傾向於把自己定調為「民族」（說不定沒錯）。

二十世紀的民族或許真實，或許虛幻，可是一旦談到歷史，那肯定是幻想。我舉個例子——查爾斯．狄更斯（Charles Dickens）故居所在地，如今蓋了一棟現代辦公大樓，大倫敦議會（GLC）在原本房子上設置的紀念銘牌也移到新大樓的牆上。現代義大利民族跟歷史上曾生活在義大利領土內的居民兩者之間的關係，其實沒有比那棟辦公大樓故居之間的關係緊密多少。彼此雖然有關，但相異處遠比相同處顯眼。某些特別非傳統的民族主義，不會不曉得這一點。錫安主義（Zionism）和以色列民族主義，就是刻意採取和猶太民族真實的過往相左的方式來自我定義；因此，它們傾向於強調自己跟在巴勒斯坦奮戰、最後才離開的猶太居民之間一脈相承，輕而易舉地跳過中間那雖然足夠猶太，但不符合任何現代「民族」定義的一千八百年時光。其他的民族主義則不自覺創造出像《巴基斯坦五千年》這種書名的著作——書裡把印度河流域的史前文明併入巴基斯坦民族或國家，只是巴基斯坦民族或國家的概念直到一九三〇年代才發明出來，而其身分判准（伊斯蘭信仰）直到所謂的巴基斯坦民族誕生後一千七百年方才成形。

第二個原因是，民族主義在今日乘載了超乎尋常的情感需求重擔，而箇中的社會學原因仍待探索。民族主義並非一套政見，而是一股有其政治後果的強烈情感。雖然相對知性的支持者，會試圖根據當時社會盛行的看法，將民族主義合理化（例如十九世紀的自由派，或是今天的社會主義者），但理性實在不能動其分毫。不受這種強烈情感左右的人，當然可以輕易便看出民族主義的主張或論點多麼難以服人，但熱中於此的人是看不出來的。到頭來，民族主義總是退而求其次，訴諸於那些從血脈出發思考事情的人——他們認為，跟自己流著不同血液的人不僅無法了解，甚至沒有試圖了解的資格。

弔詭的是，無論民族主義是否孱弱得需要人家同情，只要是否定溝通的可能性，其實就等於是在懇求理解。如果一個黑人以「你又不是黑人，你不懂」來回答他人對於美國黑人力量運動（Black Power）論述的批評，其實他是用另一種方式在說「我們的行動綱領也許不切實際，但你必須了解，它的目的在於把遭到剝奪的自信與自豪，還給一群失去這兩者的人民。無論結果如何，這都是讓這群人恢復生機所需的基礎。如果你是黑人的話，不用解釋你就會懂。」

我屬於一群流離失所的人。經驗使然，假如沒有有效的簽證與足夠的現金，無法讓我在短時間內前往最近的合適國家，我還是會有一種隱約的不安。我了解亞裔在肯亞的處境，而相較於問題主要跟平權和整體公民自由有關的人，我對不列顛移民官員感到的恐懼更深刻、更出於本能。但這種感受既不神祕，也不是不能理解。如果我因此像民族主義者那樣，由此推衍出「難民與移民的利益絕對高於其餘一切」，那我就錯了。

不過，民族主義思想確實有這種閉關自守、自我封閉的傾向，其政治與知識論述自然也有一樣的傾向。

批判民族主義不理性、無節制的重擔，落到了民族內部人士的肩頭上。列寧跟所有馬克思主義者一樣反對「將人類分為小國家，讓所有民族孤立的現況」。他認為俄羅斯布爾什維克必須完全接受非俄羅斯民族的分離主張，原因不光是一旦拒絕這麼做的話，等於是掩飾、鼓勵「大俄羅斯沙文主義」，也是因為在政治上只有一種方法能打擊分離主義，亦即透過屬於非俄羅斯民族的革命者從內部行動。列寧的想法沒有錯。從外而內的話就是壓迫，難以服眾。

愛爾蘭民族主義的荒唐，留給愛爾蘭人批評；威爾斯民族主義的荒唐，留給威爾斯人批評；至於英格蘭獨有的民族主義，雖然相較之下很難發覺，但到底還是留給他們自己批評吧。別人無法代勞。這件事恐怕很不容易，很不討喜，有時甚至令人絕望，但若是一個民族沒有人從內部批評，就會像希特勒時代的德國一樣迷失。

外人很難感受到內部批判者處境有多麼艱難，尤其戰爭或民族狂熱動員期間，他們承受的情感與實際壓力，恐怕不是常人所能堅持。今天，猶太人遠比以往更難當個反錫安主義者、批判以色列的政策，更別說是非錫安主義者了。畢竟，與主流立場有所歧見的人，無論是對是錯，都得背負某種「叛徒」的印記。

如果異議者能形成一股群眾運動，那就沒有那麼嚴重。法國共產主義者向來不受「分離主義者」或「外國間諜」的指控所影響，因為他們的大批支持者從來不覺得共產主義跟自己的法蘭西特質，甚至跟本能上的雅各賓民族主義與政治信念有任何衝突。若是在貝爾法斯特，政治人物在相關場合揮舞聯合王國旗還好，但要是連窮人都在貧民窟牆上畫王國旗，問題可就嚴重了。

甚至連思想都會因為民族主義而變得情緒化。某個深具吸引力的考古遺址（例如馬薩達〔Masada〕）出土之後，變成國家級典禮的基礎；古代手稿（死海古卷〔Dead Sea scrolls〕）殘片的所有權，演變為是否要設立國家級祭壇的問題。對外人來說這儼然是個笑話，就像那些關於馬其頓居民確切族群或語言地位的辯論——南斯拉夫、保加利亞與希臘學界至今仍在為此你爭我奪。但對於以追尋真相為職志，或是跟嚴陣以待的學者站在同一陣線的人來說，這可不是兒戲。

力抗這種情緒，說不定是天底下最難的事。只是，又不能不抵抗，而且必須要從內部抵抗才行。有朝一日，一定得有某個猶太裔的學者承受來自他人的壓力，針對歷史上最敏感的統計數字

——也就是他六百萬同胞的死，發表批判性的研究，面對以下的可能性——無論真實數字多麼駭人，人們所接受的數字都有可能太過誇大。一定要有人站出來，用行動表示：身為某一群人的一員，不見得就得接受盛行的觀點，不見得就得接受身為成員就該有的樣子。

第十四章 巴別塔

就為了製作威爾斯語的路牌，有些學者已經做好坐牢的心理準備了。柯比意（Le Corbusier）設計的昌迪加爾（Chandigarh），原本預計作為印度一個邦的首府之用，但後來一分為兩邦，分別以印地語與旁遮普語為主要語言，且兩邦為了昌迪加爾的歸屬而爭。比利時則遍尋不著任何政治方案能夠調解法蘭德斯人與瓦隆人的要求，對此也已經麻痺了。為了讓法語成為歐洲共同市場中官方的國際語言，法國外交界在並不張揚的情況下，投注可觀的心力。隨便選個時間點，看一眼國際新聞，任誰都能清楚了解語言多麼容易引發爭議。英語母語人士安穩生活在英語的語言世界霸權下，也許不了解到底有什麼好爭的。他們確實有可能這麼覺得，畢竟問題點確實不明確。

「巴別塔」是古老的傳說，但上帝打亂世上語言的後果，其實並沒有為人類造成嚴重的不便，是直到最近一百多年才亂象叢生。而語言之所以成為問題，出於幾個原因。首先，語言不通的人們彼此相遇或必須交流的情境，如今遠比以往頻繁得多。其次，語言經歷了一段重大且潛移默化的政治性轉變。語言不再只是人們口中講的、乘載了豐富情感的「母語」，而是成為「民族」的一項特質。結果，語言相關的知識變得跟影響力的問題、政治與經濟權利的問題，以及一些本屬次要或至少能自己內部就能解決的問題混在一起。

我們其實活在某種弔詭的處境中。全球科技的整合，使得多語環境變得比以往更為重要；有些人講的語言正好是國際通用語，除了他們，其餘各種語言的使用者都必須學習母語以外的語言，而後者對這種情況有所不滿，且日漸感到心有不甘。有趣的是，是在前工業時代，多數人（也就是農民）僅憑當地方言，幾乎就能處理現實中的每一件事，他們對多語使用反而沒有什麼偏見。

這種現象部分是因為社會不流動（領主之間講的雖然跟農民是不同種的語言，卻也不影響農民生活），部分是因為不識字才是常態（拉丁文文件就跟本地語言寫的文件一樣難懂），部分則是因為當時的社會對盛行的國際性語言持中立態度。無論是已經無人使用的經典語言（classical languages），為經商而拼湊出的洋涇浜（pidgins），或是軍營中統一採用的烏爾都語（Urdu），其選擇皆出於實用，此外鮮有其他作用（文人相輕例外）。它們就好比今人的「計算機語言」，目前還沒聽過計算機語言引起政治上的猜忌。

不過，這主要跟語言功能區分有關，如同大多數的孩子還是知道正式用語（在學校或家裡講）跟非正式用語（在家裡或同儕團體講）之間的差異。瑞士德語區的學童在學校學的是德語，講的是瑞士德語，完全沒有何時用哪一種語言的問題，也幾乎沒有那種讓人分不清楚該用哪一種語言的場合。大規模雙語制在某些極端案例中曾經是（也依然是）常態：今天，百分之八十的亞爾薩斯人都會雙語。雙語的推行怎麼沒有更普遍？技術上是可以辦到的。至於在比較不極端的案例中，雙語或多語使用群體則出於商業需求，必須跟講不同語言的人往來。但基本上，語言在這些案例中都是非競爭性的（non-competitive）。

情況已不再如此。如今這股語言偏執的風氣，顯然有部分跟識字率有關，有了讀寫能力，才會引發學校教學、行政官僚以及其他政治敏感問題；此外也有一大部分跟民主與平等思想有關，畢竟人人都不願意接受只會講一種語言——比方說只會講農民的語言——所伴隨而來的卑下地位。不過，也不盡然如此。爭議性的語言議題，有時完全跟實用的考量無關。

法蘭德斯人與威爾斯人之所以激動，並非因為受雙語教育導致他們在教育上居於不利的位置（實情正好相反），而是因為他們在威爾斯語和法蘭德斯語以外，又得學習英語或法語。歷屆法國政府之所以困擾，在於其語言已不再是國際準則。語言之所以引起爭議，在於民族主義。

不過，這種針對語言的民族主義態度，其實是種理性與非理性的獨特融合。我們先假設社會中「現代化」的基本單位，是一塊特定量級的領土（從歷史角度來看，這一點直到不久前都很合理）；幾乎可以肯定，為了愈來愈多的目的，這塊土地尤其需要一種標準化的單一語言，以補充數量雖多、但往往相互之間難以溝通的語言之不足。

另一方面，把這種「國語」（出於某種難以細說分明的原因）當成民族與國家的基本判準（因此，根據定義，新誕生的民族國家幾乎都是語言國家〔linguistic states〕），認為它足以應付各種用途的想法，則沒有理性的基礎可言；至於認為應該說國語，不該說其他語言的人，就更沒有道理了。國語鮮少是民族主義的基礎，而且往往是民族主義的結果。甚至有些國語出於人為的極端案例，例如現代希伯來語——從來沒有人把希伯來語當成家內用語，直到一八八一年，行徑乖張的猶太裔語言學者艾利澤·本—耶胡達（Eliezer Ben Yehuda，此時，他剛發明希伯來語的「民族主義」一字）決定在家裡只講希伯來語；有些國語則是有意識地推導民族主義而得出的結果，例如印地語，除了「每個民族都必須有個國語」之外，印地語沒有理由作為印度的國語。奉國語為圭臬，反而會導致有人提出與之抗衡的主張，認為一個在歷史上本來是多元、多語言的社會，要裂解為單語言的語言國家「才對」。這種反向的主張甚至引出了一種荒謬的結論：「民族國家」跟內部少數族群水火不容，必須將之屠殺殆盡或驅逐之。過去二十五年來，上述極端觀點竟然在歐洲與其他地方大行其道。

交通標誌的國際標準化，以及國際語言與跨區域語言的發展，清楚說明了單一語言不足以滿足所有需求。時至今日，甚至連中等教育及高等教育階段以外的人，也感受到了只會一種語言的話，實在過於不利——除非你會講的是英語。問題在於，人們不再認為語言各有各的功能，也不再認為語言不會互相排擠。

大家認為語言可以彼此互通，在功能上並無二致——除非講的人是移民，想稍稍保留過往生活中的多樣性（他們的新國家得允許才行）；或者是機場的飛航管制員，他們承擔不起單語民族主義的風險。大家認為，用於幾種實際目的時，語言之間是平等的（顯然不是）。如今根本沒有什麼力量能讓芬蘭語變成跟英語一樣有用的國際溝通媒介，或是讓某個喬治亞人能夠像每一個哥斯大黎加人一樣，享有以一種廣為使用的語言為母語帶來的好處。

用巴斯克語發行一份《生物化學學報》，實在是非常奢侈的象徵舉動；但奢侈歸奢侈，說不定這一類的作法，可能是／正是建立民族自尊心所需。當然，如果當初是由世界語（Esperanto），或是由其他政治上並無特殊意味的媒介語言，取代曾經中性的、無人作為母語使用的「經典」第二外語的話，情況會容易得多。偏偏從現在來看，歷史選擇的是另一條路。某些語言就是比別的語言更平等，本能的憤慨也無法改變現況。

當然，這種話幾乎不可能讓英語使用者來講，就算他通多語也不可能，因為其他人會打著公平正義的大旗，指控他「語言沙文主義」。這種情況比我們以為的更常見。我們唯一可以接受、客氣的態度，就是（比方說）威爾斯人覺得，在威爾斯需要設置雙語路牌，而且在英格蘭也要設置的話（畢竟我們是個多語國家），我們就盡可能支持。無論如何，有些話非說不可。這些話語言狂熱者不太可能會說，說的時候斯堪地那維亞人或荷蘭人也不用在場（雖然他們的語言流通範圍有限，但他們不會覺得補自己語言的不足，就是國恥），而且甚至可能得由英格蘭人說出口。

哪些話呢？第一，民族與語言的認同，並非天經地義，而是意識形態的發明；第二，不同語言共存於一個國家，或是存在同一個人身上，在歷史上相當尋常；第三，現代世界需要每一個民族都有一定程度的多語使用環境，當然也包括那些口裡講的正好是區域性或世界性語言的民族。不消說，只要是活語言，在該語言為人所使用的地方，都應該享有同等的權利，可以教授、印行，作為官方使用的語言——不過，這不只代表布列塔尼人應該獲准學習布列塔尼語，也意味著愛爾蘭人會因為自己不懂愛爾蘭語而感到不便。

倘若要舉一件百分之百確定的事，我敢肯定上述觀察對於法蘭德斯人與瓦隆人，對於想在馬德拉斯推行印地語，或者對於不久前主張希伯來語基本上是一種西方語言的那位先生來說，完全不會有一丁點的影響。語言政治是無理性的政治。理性主義者只能像已逝的伯特蘭·羅素（Bertrand Russell）那樣，一試再試。

第十五章
難以服眾的民族主義「社會生物學」

民族主義是一種影響力驚人的政治現象，一方面完全沒有說服力，一方面卻能說服那些本來就不需要說服的人；說不定正因為如此，進行分析的人才會覺得這種現象極端棘手。民族主義論證本身並不具備普遍的說服力，因此許多民族主義者才會如此斬釘截鐵，主張跟自己不同民族的人，就無法「真正」了解他們。

我們都能同意的，頂多就是某種約定成俗的禮貌，接受在理論上每一個群體都有權自稱為「民族」，並且提出與其他民族一樣的主張，哪怕內容在外人眼裡看來再荒唐也不要緊。實際上，一旦（情況幾乎都是這樣）人們對於構成民族的群體有了爭議，兩種以上的民族主義主張彼此衝突，恐怕連斯文也要掃地了。假如馬爾（Mar）、巴坎（Buchan）、安格斯（Angus）與莫里（Moray）自稱是民族的話（按照像是古老的亞伯丁大學〔University of Aberdeen〕所做的分類）①，

---

① 譯註：在蘇格蘭一些歷史悠久的大學，學生會根據出身淵源形成自治組織，參與校務，英文即為「nation」，與「民族」同。此處提到的四個地名，即為亞伯丁大學的四大「nation」。

蘇格蘭民族黨（Scottish National Party）會有什麼反應？真想見識看看。但凡與民族主義有關的概念，幾乎都非常模糊。

這種模糊，解釋了為什麼所有想讓民族主義客觀一點，想解釋民族主義在今日何以政治魅力非凡的嘗試，無不瀰漫著一種鋌而走險的感覺；此外也讓大家看到，分析者若太過輕率，便顯得自不量力。近日理查・林恩（Richard Lynn）教授（〈民族主義的社會生物學〉〔**The sociobiology of nationalism**〕，《新社會》〔*New Society*〕，一九七六年七月一日）便是在這兩方面慘遭滑鐵盧的實例。他認為，無論是社會學，抑或是他自己的專業領域——心理學——對於民族主義的解釋都令人不盡滿意。他的想法沒錯，可惜他試圖另闢蹊徑，卻遠不及他以為的成功。

林恩的論述大抵如下。綜觀歷史，人類始終有一種傾向，分隔出偏向內婚制（同族通婚）的圈內人（**in-groups**）與他者——這是在人類歷史上普遍可見的，而民族主義只不過是團體的另一種型態。這種團體「有『部落』、『社會』、『族群』、『文化』，或『民族』等稱呼」，會產生自己的文化。由於上述團體分離傾向的行為往往有悖於理智，我們因此假定這些是「本能」的行為。若非如此，便難以解釋這種行為，我們只能順著常見的達爾文式論說方式，推斷它「之所以演化出來，是因為具有某種生存價值」。無論是圈內人忠誠心在征服其他群體時發揮的價值，還是將全體人口分成近親亞群（**inbreeding sub-populations**）的可能基因優勢，他提出了各種可能的生存價值。也就是說，根據「社會生物學」的解釋，民族主義屬於人性的一環。

我提筆為文，旨不在探討上述社會生物學猜想正確與否，何況我跟林恩教授都不是遺傳學家，我自然也不會比他更有資格去分析。林恩的主張帶有某種興味之處，甚至是天真的目的論之感（「嗯，蒼蠅為什麼存在？」），但我反對的真正原因，跟他所提倡的社會生物學假說並無關係。

關鍵在於社會生物學跟民族主義沒有關係，畢竟從歷史的角度來看，民族主義其實是種相當新穎的現象。無論人類是不是天生就有形成群體的普遍傾向，都不能這麼簡單把民族主義跟這種傾向畫上等號。毫無疑問，民族主義和許多由來已久的社會發展方式一樣，只要在歷史傳承中找到任何可便宜行事的門路，就會任意地把古意的蟲洞跟許多新建構的機制（例如泰半出於虛構的民族歷史），甚或是新建構的標準國語依附在一起。但是，把人性與人類的整個歷史，跟過去兩個世紀中所獨有，而且多半出現在歐洲的現象畫上等號，其實就跟寫一本談論印度河流域考古的書，再冠上《巴基斯坦五千年》這樣的書名一樣荒謬。

我們可以試著推測美洲人適應狩獵生活之後產生的遺傳結果，但不能推測騎馬生活有什麼樣的遺傳效應，畢竟美洲本來沒有馬，馬是西班牙人後來帶來的。林恩教授沒能體認到這是兩種截然不同的推測，不只浪費自己的時間，也浪費大家的時間。

當然，就算是心理學家，應該也能憑藉有沒有馬，辨識出騎馬的社會與不騎馬的社會之間有何不同。「民族」、「獨立」或「分離主義」等抽象事物就比較難區分。好比斗篷和毯子，兩者的功能在於大致上可覆蓋身體多數部位，而不是像手套或鞋子，僅針對特定部位。正是這種語義上的模糊，致使民族主義者得以在這種毯子的遮掩之下，抽換掉對「英格蘭」這類詞彙的特定歷史解讀，以其他事物來取代。分析者最忌沒能清楚區分概念，要是再加上對歷史無知的話，可是會出人命的。

理查·林恩的作法是：第一，在自己不甚明瞭的情況下，採用了當前民族主義盛行的自我定義；第二，硬是用離譜的方式，把民族主義當成放諸四海皆準的現象，逆向且側行塞進歷史和地理形勢裡。今日盛行的民族主義「模式」，是一個政治獨立的主權國家有別於其他國家，擁抱一片理想上團結又連續的領土，國內的公民權都屬於同質性的、有別於他者的單一「民族」，偏好使用單一特定的語言，並在理想的情況下作為一個人是否屬於該「民族」的判準。

但凡從基本的歷史知識出發想一下，都能看出民族主義絕非人類歷史的常態。畢竟，無論是中國、羅馬或鄂圖曼等歷史上的大帝國，又或者世界上非帝國領土的大多數地方，都不是民族主義的涵蓋範圍——包括透過十九世紀端的觀點，看似「民族」的古希臘人，或是法國大革命以前的義大利人與日耳曼人也不例外。總之，歷史上大部分的時間裡，基本政治單位都跟現代領土型國家相去甚遠（也不可能類似），而分離傾向的「本能」要麼並不違背作為大帝國成員的身分，要麼是以遠遠小於部落、族群或文化的規模來自我表達。無論是前者或是後者，都跟現代民族鮮有共通之處。

只要我們接受事實，接受民族主義是種相當晚近的歷史現象，就不用把社會生物學跟民族主義的解釋扯上關係了。為什麼許多蘇格蘭人想從英格蘭獨立？為什麼美國人對於棒球的喜愛勝於足球？社會生物學能告訴我們的不多。這兩個問題都不能用「人類社會普遍存在圈內人忠誠、仇外心理以及團體比賽」等泛泛之論作為解答，畢竟無論我們認為這兩個問題主要是涉及特定**種類**的內團體行為或團體運動（觀賞性運動、現代民族主義），還是特定個案（蘇格蘭、棒球），問題的本質總歸是特定的。

對於歷史的無知，對於知識的混淆，一旦兩相結合，其風險自不待言，只會強化各種迷思。我想，林恩的意思絕對不是希望這種事情發生。即便如此，利害關係人八成還是會把他的看法，解讀成用科學方式證明歧視南亞人可以讓人類進步，或是大自然已經注定讓曼島（Isle of Man）加入聯合國。利害人士之所以會如此解讀他，不只是因為他們本來就會為自身觀點尋找或發明證明——要是魔法預言能夠讓民族主義銷路大開，魁北克分離主義者絕對會引用神諭——更是因為他論證中的缺失能助長不實的陳述。

這實在太讓人遺憾了。科學家如果要對付某個困難、複雜，甚至含糊的問題，最低限度要觀念清楚，並完成最起碼的歷史及政治功課。林恩教授兩者都缺，我恐怕他的努力全都白費了。

第十六章　民族現況

評論休・西騰—華生（Hugh Seton-Watson）著，《民族與國家》（*Nations and states*）

無論政治在我們這個世紀有多少種作用，所有的政治都得接受民族主義存在的事實。政治人物或政治思想家無一對此感到樂觀，只有奉民族主義為圭臬者例外；甚至連樂觀以對的人，也只樂見自己支持的民族主義，以及那些距離自己夠遠的民族主義運動，好用來為自己的運動提供論據及道德支持。對於自己參與其中的民族主義，他們則相對淡漠。這篇書評所要評論的作品提醒了我們，波蘭民族民主黨（Polish National Democrats）深深認為，日耳曼與俄羅斯等壓迫者民族不讓波蘭獲得自由，是一件不公不義的事，但他們同時也對波蘭內部或接壤的烏克蘭人、白羅斯人、立陶宛人、羅馬尼亞人和猶太人抱持敵意。更有甚者，儘管我們多半同意政治必須面對民族主義，卻沒人曉得該怎麼做。時至今日，能懷抱自信提出民族主義規畫的人，已經不多了。

休．西騰—華生這部大長篇、百科全書式的「民族起源與民族主義政治研究」，從各種角度勾勒出對於民族主義，人們的熱情和信心早已不再。本書本質上是歷史研究，而且範圍相當全面。幾乎每一個地方的民族主義運動，書中都有提及。不過作者顯然對自己的研究領域，亦即中、東歐與俄羅斯的歐亞領土最為熟悉，而且還不止一次帶進教科書般的簡史。或許，這是因為他沒有認真試圖從理論角度分析民族主義現象，畢竟除了**事後回溯**，就沒有其他令人滿意的方式足以定義一個民族。這很可惜，他大範圍、資訊豐富的研究中雖然蘊含了一套民族與民族主義的分析模型，但這畢竟仍不完整，即便在歷史方面也是。另一方面，他非常擅長辨識出特定群體或國家在哪一個歷史瞬間可以稱之為民族，而哪一個時刻對他們來說還太早（無論民族主義者抱持什麼論調）。他認為，巴西比墨西哥更適合「民族」一詞，而非洲大陸的大部分地區則根本稱不上適用。

或許，他不從理論角度分析，也是為了避免通則化（generalization），真這麼做的話，等於要更堅定投入於民族性（nationhood）的概念，而這不合他的胃口。對他來說，就像對我們許多人來說，民族主義的負面之處最是明顯：「極端民族主義是一種粗糙的宗教替代品，以狂熱的恨意，取代枯萎的信仰。民族主義領袖幾乎都是些沮喪的、跟社會格格不入的人，以及自視甚高的半桶水知識分子。最糟糕的情況下，民族主義會引發大屠殺，導致無辜的人民遭強力掃蕩。」

又一次，「民族主義者瘋狂執拗，決心建立自己的獨立國家，決心把他們的民族身分強加於治理範圍內不同民族的人身上，或者決心把他們主張屬於自己、其實卻是在其他政府統治下的領土搶過來；他們有能耐發動慘烈的內戰和國與國的戰爭，如今邁入核戰年代，這些戰爭大有滅絕全人類的風險。」每一派民族主義運動咸認為，這種有問題的性格只會發生在其他民族身上，自己的民族決不會如此。西騰—華生對這種信念嗤之以鼻，所言甚是。

之所以會有這種除魅心態，其實並不意外，畢竟他知識廣博，而且每一名研究哈布斯堡帝國與捷克斯洛伐克歷史的史家都知道，「西騰—華生」這個姓在中、東歐民族獨立奮鬥過程中占有一席之地[①]，備受尊崇。不過，作者也知道，民族的浮現可說是普羅大眾浮現於歷史過程中的一環，我們大可稱之為群眾社會或民主的抬頭。一旦民族存在了，基本上就無法抹滅。我們得設法與民族共存，而且我們大多數人都生活在其中。

民族並非一直都存在。像是法國人、英格蘭人、蘇格蘭人、卡斯蒂亞人、葡萄牙人、丹麥人、瑞典人、匈牙利人、俄羅斯人以及波蘭人，這些民族在法國大革命的時代便已存在——法國人與英格蘭人說不定更早，十四世紀就有。西騰—華生主張當時有些群體正走在通往民族地位的路上，例如德意志人、義大利人，或許還有愛爾蘭人、加泰隆尼亞人和挪威人。其他的民族則是

① 譯註：休．西騰—華生的父親威廉．勞勃．西騰—華生（Robert William Seton-Watson）不僅是東歐史專家，更積極參與一戰戰時對奧匈帝國的戰爭宣傳，以及戰後東歐國家的建國。

在十九與二十世紀出現，未來也許會再出現一些。但是，只要民族登上台，就不下台了。而民族依舊為認同與解放而奮鬥之際，自然容易得到同情，尤其他們抵抗的對象是暴政或其他不受歡迎的政權時更是如此。一旦我們在他們奏凱歌之後觀察他們，熱情便隨之灰飛湮滅。

但我們該拿民族主義怎麼辦？除卻一些特定的方案，例如西班牙與不列顛的聯邦制不算的話，西騰—華生似乎鍾愛「文化自治」解決方案——一九一四年以前，奧地利馬克思主義者與俄羅斯的猶太「崩德」所擁護的方案——也就是從最廣義的角度，將「民族」定義為基本上同屬特定「文化」的共同體。理論上，這種方案的吸引人之處有二。它可以區分開民族主義跟國家主權，而正是國家主權為民族主義提供最危險的武器。它也可以區分開民族及領土，從而讓世人體認到多數的「民族問題」（尤其是發生在今天的問題），是無法透過獨立、分離或瓜分來解決的。以貝爾法斯特為例，民族問題發生在除非以大規模驅逐或屠殺為手段，否則彼此間難以有效區分的共同體之間。至於《聖經》上的土地，耶路撒冷城對猶太人與阿拉伯人來說都是歷史聖地（基督徒更不用說），雙方皆主張要完全排外占有並控制這座城，結果帶來的是永不止息的戰爭。而領土型民族主義判準，是無法平息這類爭端的。

作者清楚，一旦把「文化自治」實際套用在民族國家，或是具有民族意識的群體上——就像當年的奧匈雙元君主國，或是猶太人——這個解決方案恐怕會無以為繼；但他仍然主張，如果用於非洲與亞洲一些事實上的多元社群國家，說不定能獲致一定程度的成功。但即便如此，也算不上面對關鍵的難題。西騰—華生知道，民族與領土型國家在歷史上彼此糾纏。這並非天經地義，也不見得會天長地久下去。然而，只要領土型國家（「民族國家」）依然是國際政治的標準單位，而「民族」又認為領土為其所獨有的話（有時正確，但往往錯誤），恐怕就沒有多少機會能把「民族」跟領土分開。國家依然會創造「民族」，以作為其骨架之血肉。民族若無國家主權，便會覺得不圓滿。假如民族真能像奧地利馬克思主義者所想，可以簡簡單單定義為文化共同體，那麼中東地區民族共存的問題，確實就能解決，就像當年在鄂圖曼帝國治下共存的情況。可惜啊，嗚呼哀哉，列寧主義者把領土納入民族定義的作法，恐怕才是對的。正因為如此，今天的以色列人和巴勒斯坦人，才會找不出雙方都能接受的和平方案。

我們可以推測「民族國家」的未來，而它依舊健壯如斯，只不過因為外部的主權力量而削減並弱化。因此，除了打算動用強制力的國家之外，任誰都沒有方法解決民族國家的問題。西騰—華生對南斯拉夫在「多民族國家內朝向化解民族衝突方向前進」的成就大感佩服，但就連在南斯拉夫，民族緊張關係也導致又一次的主張高壓政策。他對南斯拉夫聯邦制度的樂觀評估也許有道理，可惜不是所有人都跟他有志一同。

對於民族主義，雖然作者就跟本書的讀者和評論者一樣無可奈何，然他的著作在民族主義方面，仍是優秀的比較資料。由於全面性的研究並不多見，加上大多數對這個主題有興趣的人（民族主義者多半如此）只知道些許民族運動及處境，此外無異於極端無知，因此《民族與國家》一書可說是甚有幫助。書中的十三個章節涵蓋原有的到新科歐洲民族、民族國家與多民族國家、歐洲海外殖民地國家、穆斯林世界、東亞、非洲、種族與民族、離散民族、階級以及意識形態等內容。

作者的成見（尤其關於蘇聯）有時不用當真，而他對某些重要民族運動的處理，例如越南，就是比其他的部分來得草率。至於對這類書籍來說至關重要的索引，則可以整理得更好。徵引書目有時令人摸不著頭緒，而且許多讀者恐怕無法得益於羅馬尼亞語、馬札爾語、斯洛伐克語和塞爾維亞—克羅埃西亞語的書目。不過，每一個讀者想必都能從書中收獲許多此前未知之事。這本書最好是當作參考書，而不是一口氣讀完。不過，吾輩當中有誰不希望寫出一部經常有人翻閱查找，或者常常在未經知會的情況下被人剽竊的作品呢？又有誰敢預言，西騰—華生探討的這個主題將會退流行、不再迫切需要呢？

第十七章　語言皆平等？

這篇論文的原標題，雖然是〈語言、文化與民族認同〉（Language, culture and national identity），主軸卻是語言在文化中的處境，畢竟書寫或口說形式的語言，至今仍是各文化的主要傳遞媒介。講得明確點，我的主題是「文化多元主義」，畢竟它必得仰賴語言。「民族」則承其餘續，因為對於你我所身處的國家來說，關於如何將語言為公共的目的所用、用於何處（例如學校）的政治決策，具有關鍵的重要性。而今人往往將這些國家等同於「民族」，就像「聯合國」（United Nations）一詞所表現。兩者的混用非常危險。容我聊置數言。

由於世界上幾乎不再有殖民地，今天我們幾乎全數都生活在獨立主權國家中。除去極少數的例外，連流亡者與難民也都生活在國家裡，只不過不在自己的國家。國家是由什麼構成的？關於這一點，至少對現代型的國家來說，我們不難達到共識。自十八世紀晚期起，現代型國家已經成為所有新獨立政治實體的樣板。這種國家最好有一塊相連而不破碎的領土，跟鄰國之間有明確的國界線；國界內所有公民受領土型政府的專屬管轄，以及政府運作規定所規範，無一例外。除非得到上述政府的授權，否則沒有更高的權威；歐洲共同體法律高於國內法一事，也是靠共同體內各成員國政府的決定才得以確立。一國領土之內，除了政府明確排除的「外國人」（政府也有權接納誰能成為公民），其餘都是生長、生活於斯的公民，而他們的公民權（在民主國家）不受剝奪。人們視「外國人」屬於其他領土型國家，未想第一次世界大戰以降，慘無人道的情況與日俱增，導致官方眼中隱形的居民人數漸增，如今其人數已極為龐大。我們這可悲的世紀，得特別想出一些用詞來稱呼他們：「無國家」（stateless）、「無國籍」（apatride）、「非法移民」，諸如此類。

有時候（主要是十九世紀末以降），人們將現代國家居民視為一群透過語言、文化、族群等，橫向連結而成的「想像的共同體」。理想情況中，這樣的國家將由一群族群、文化和語言同質的人作為代表。如今，我們曉得這是種對「族群清洗」的開門揖盜，不僅危險，而且根本不切實際；今日將近兩百個的國家裡，只有大約十來個符合這種方針。更有甚者，起先建立民族國家的元動們，肯定會對這理想境界感到不可思議。對他們來說，民族之統合是一種政治上的統合，而非社會—人類學的統合。一群擁有主權的人，決定生活在共同的法律與共同的憲法之下，不受文化、語言與族群組成的影響。法國大革命的政治理論家西哀士神父（Abbé Sieyès）以法語慣有的清明說道：「團結一致，生活在共同的法律之下，由制定上述共同法律的立法機構為其代表的個人之整體，即為『民族』」（《何謂第三階級》〔*Qu'est-ce que le Tiers-État?*〕，一七八九年一月）。當然，認為族群出身、語言、文化、宗教等共同體，必須透過領土型國家，甚至是「單一一個」領土型國家來表現自我的這種假定，可說是相當新穎，甚至是歷史準則的翻轉，一如錫安主義。猶太教正統派拉比是猶太教傳統毋庸置疑的代言人。一九〇〇年，一名來自濟科夫（Dzików，位於波蘭）的正統派拉比寫道：

> 有外人跑來說，以色列人民應該披上世俗民族主義的外衣，說以色列民族有如其他民族，認為猶太信仰奠基於三件事——民族情感、土地以及語言，甚至說民族情感是這整個大雜燴中最值得讚賞、也最能有效守護猶太信仰的，還說《妥拉》（*Torah*）與十誡的奉行是私事，端賴個人性情。願主譴責這些邪佞，願祂擇揀耶路撒冷，封住他們的嘴。[1]

我的第三項觀察，讓我更貼近上述講道的主題。單一、排外且不變的族群或文化或其他身分認同——這種觀念無疑是危險的洗腦工具。鞋子一次只能穿一雙，但人類的心理認同又不是鞋子。你我都是多向度的存在。來假想倫敦有個帕特爾（Patel）先生好了，他首先會認為自己是印度人，還是不列顛公民、印度教徒、古吉拉特語使用者、來自肯亞的前殖民地人、特定種姓或家族的成員呢？這取決於正在跟自己打交道的人究竟是移民官、巴基斯坦人、錫克教徒或穆斯林、孟加拉語使用者，諸如此類。帕特爾君並沒有柏拉圖式的、單一的本質。他是上述這一切，以及其他許多向度在同一時間的總合。出身倫敦的理論家大衛・賽爾伯恩（David Selbourne）呼籲「英格蘭的猶太人」「停止假裝自己是英格蘭人」，並認清自己「真正」的身分是猶太人。以這種非此即彼的選擇來困擾我們的人，他們的政策在過去曾經、未來也會造成種族滅絕。

更有甚者，即便是民族同質性的背後，也存在著多重的歷史認同。過去（今天亦然，只是稍微沒那麼全面），每一個日耳曼人皆同時擁有兩、三種身分認同：「部落」成員——薩克森人、施瓦本人、法蘭克人；屬於日耳曼公國或國家；身處一種結合單一標準書寫語言與所有日耳曼人各式各樣方言的語言文化中，甚至有些方言發展出書寫文學。（宗教改革帶來的並非單一《聖經》譯本，而是好幾種日耳曼語言的譯本。）其實，直到希特勒掌權之前，只要你是巴伐利亞人、薩克森人或施瓦本人，人人都當你是日耳曼人，而上述幾個地方的人如果不講標準的文化語言，彼此甚至會聽不懂對方的方言。

這自然會導向我這篇文章的核心主軸——多語制與多元文化主義。從歷史角度來說，這兩種概念都很新穎。直到三種情勢綜合起來——以識字率普及為目標、平民的政治動員，以及特定形式的語言民族主義——否則多語制與多元文化主義是不會出現的。

就歷史而論，不同語言、文化的人群彼此共存才是常態；換句話說，「全國上下語言與文化單一且同質」才是少之又少。即便是冰島及其三十萬居民，至多也只是藉那無端的冰島化政策（包括強迫每一個移民取個源遠流長的冰島姓氏），來維持如此的一致性。法國大革命時，法國只有半數居民會講法語，其中只有百分之十二至十三的人能說得「字正腔圓」；最極端的例子則是義大利——義大利建國的那一刻，每一百名義大利人中，僅兩、三人確實是以義大利語為家內語言。只要大多數人生活在口說之宇宙，口語和識字的少數人使用的書面語之間，就不存在必要的連動關係。只要「讀」與「寫」依舊是少數專業人士的常態，所讀和所寫的語言甚至不見得必須是活語言。一八三〇年代，印度的行政語言從經典波斯語——在印度根本沒人使用——改為跟前者一樣難懂的英語。假如不識字的人需要跟講其他語言的人交流，他們若非仰賴能夠通曉對方語言或學過足夠舊行政語言的人當中間人，就是發展出非書面但能有效交流的洋涇濱或混合語——語言學家向來時興研究的主題。

直到普通公民成為國家的重要成分，單一的國語才有其重要性；唯有這些公民肩負讀寫國語的期待時，書面語言與口說語言之間才會有發展出關係的必要。但我們可別忘了，除了少數例外，大部分國家初等教育普及的歷史頂多只有一個多世紀而已。

一開始，人們支持標準語言的原因完全不是為了文化，而是為了民主。倘使一個國家是用公民所不能理解的語言（例如一八四〇之前的匈牙利國會，便採用拉丁語）來治理的話，公民怎麼有辦法理解國家體制？參與治理就更不用提了。這不就等於保證由少數菁英把持政府？這是格雷瓜爾神父（Abbé Grégoire）在一七九四年提出的論點（見氏著〈論消滅方言，推行法語的必要性及其手段〉〔Rapport sur la nécessité et les moyens d'anéantir les patois et d'universaliser l'usage de la langue française〕）。因此，無論公民在家裡講哪種語言，法語教育都是成為法國公民的基本要求。美國——同一個民主革命時代的另一個產物——至今仍保持這種立場。移民要成為公民，得通過英語測驗；讀過列奧・羅斯頓（Leo Rosten）的小說《海曼・卡普蘭受教育》（*The Education of Hyman Kaplan*, 1937）的讀者，肯定很熟悉這段語言同質化過程。當然嘍，卡普蘭先生奮力學習英語，但這不會妨礙他在家跟妻子講意第緒語，而他確實也這麼做；學習英語也不會影響他的孩子，孩子們顯然都就讀於講英語的公立學校。人們彼此之間講或寫哪種語言，就跟他們的宗教信仰一樣是自己的事，別人無從置喙。你一定記得，甚至在一九七〇年（也就是如今這一波大規模移民潮浮現之前），還有三千三百萬美國人（加上另外九百萬未回答相關問題的人當中的不詳比例）會認為英語不是自己的母語。其中超過三分之一的人是移民第二代，或是年紀較大但土生土長的美國人。[2]

如果是標準國語以外的語言，其語言教育傳統上都是留給私人投注心力，留待少數群體志願奉獻，像是捷克的康門紐斯學校（Comenius schools，一九一八年之後，在捷克政府的幫助下於維也納成立，為城內為數不少的捷克少數族群提供教育），或是美國常見的情況，則由各地自行選擇。英語／德語雙語教育於是在一八四〇年於辛辛那提展開。到了一九六〇年代和七〇年代，人們逐漸要求官方在聯邦層級開辦雙語教育之後，前述那種由地方自行籌備的語言教育（十九世紀下半葉也出現過幾次嘗試）多半也隨之悄悄消失。我會說，這是種政治要求，而非教育要求，而且是這段時期新型族群與認同政治興起的一環。

當然，如果一個地方沒有單一、主流的國語（口說或書面皆然），或者當地的語言共同體對於其他語言的地位高於己感到不滿的話，情況自然大不相同。從一八四八年起，「（公共）行政與學校教育用語」便成為多民族的哈布斯堡帝國的政治議題，稍後比利時與芬蘭也面臨相同處境。帝國內最常見的最低限度方案是（以下我引自《一八六八年匈牙利國籍法》〔Hungarian Nationality Law of 1868〕）：在初等教育階段，以及特定情況的中等教育階段，民眾應接受母語教育，也應當允許他們在跟當局往來時直接使用母語，或者透過通譯為之。（但是「什麼是語言」則是由政治決定的。）上述法律中並不包括意第緒語，也沒有納入伊斯特里亞（Istria）一地所使用的混和語——一八五〇年代的專家們認為，這裡的語言有十三種不同的民族變化。[3]如果想要一種有別於方言或「行話」（jargon）的語言，你得先接受民族或國籍的分類。假如某個語言群體在某個地區有穩固的聚落，地方甚至區域可以用所謂的「共通語言」（language of common use，口語〔Umgangsprache〕）治理無礙的話，最低限度方案是可以奏效的；但對於語言聚落混雜地帶，以及大多數的城市來說，卻會引發大問題。當然，真正的教育議題不是初等教育，而是中等教育與高等教育。後兩者才是主戰場。戰場上的勝利條件無關大眾的讀寫能力，而是非官方菁英的語言地位。大家別忘了，二戰爆發之前，十五歲至十五歲年齡群中頂多只有百分之二的人讀過高中，甚至連素有民主國家美名的丹麥與尼德蘭等國亦是如此。在這種情況下，但凡達到大學教育程度的法蘭德斯人或芬蘭人，想必都有能力閱讀法語或瑞典語的大學。

簡言之，問題仍然不在教育，而是政治。

基本上，但凡有志成為民族國家者，都會渴望這套「一國一官方語言」的體系，只不過必須為堅持其語言的少數群體提供特殊的安排。人們認為，瑞士這種多語言民族國家著實反常；事實上，各州的自治權之大，就連瑞士也很難算上多語言國家，畢竟每一州其實都是單語，只有一州例外（格勞賓登州〔Grisons〕）。第二次世界大戰之後，爭取到獨立的殖民地自然認為要以某種本土的語言為國語，以作為民族教育與文化的根柢——巴基斯坦採用烏爾都語，印度採用印地語，斯里蘭卡採用僧伽羅語，阿爾及利亞採用阿拉伯語。我們馬上就會談到，這種想法其實是危險的幻想。以族群—語言方式來定義自我的小民族，依然渴求這種同質性的理想：拉脫維亞只講拉脫維亞語，摩爾多瓦只講羅馬尼亞語。事實上，這一帶在一九四〇年再度併入俄國時，當地人口將近半數不是羅馬尼亞人，而是烏克蘭人、俄羅斯人、保加利亞人、土耳其人、猶太人以及其他數個群體。說白一點，假如想在多族群、多語言地區達成民族語言同質性，又缺乏改易語言的意願，就只能憑藉大規模的強制措施、驅離或種族屠殺來達成目標。波蘭人口在一九三九年有三分之一不是波蘭裔，在今天波蘭裔則占壓倒性多數，不過，這是因為境內的德意志人被趕到西邊，立陶宛人、白羅斯人以及烏克蘭人則脫離波蘭，成為東邊蘇聯的一部分；至於猶太人則是慘遭殺害。讓我再補一句：無論是波蘭，或是其他任何「同質性」的國家，都不可能在今天這個大規模勞力移動、航空交通、旅遊與都市化的世界中保持同質性，唯一的手段仍然是無情的排外，或是創造法理上或事實上的種族隔離社會。

因此，凡是偏好採用任何一語言，作為一國之內唯一的教育與文化用語，其論據必然是政治性、意識形態的，最起碼是實用取向的。但有一點不是——不會是基於教育的。假如書面語言跟本地口說語言沒有關係，識字率的普及便極難達成；除非父母與社群特別在意，要孩子能讀寫書面語言，一如今天大多數遷徙到英語系國家的移民，否則識字率的普及恐怕根本不可能達成。至於正規雙語教育對識字率的提升是否必需，則是另一個問題。明明不會為學習者帶來明顯的優勢，卻要求官方為既有語言以外的語言提供教學，這樣的要求基本上正是為了得到認同、權力或地位，而不是為了促進學習。然而，這種要求或許也能確保讓某種非競爭性語言得以存續並發展，也許不採取行動的話，這種語言就要消失了。時至今日，語言的存續與發展，是否需要官方的制度化呢？這個問題很有趣。不過，該領域的專家認為，光靠雙語教育是難以奏效的。[4]

請容我多補充一個重點。任何一種語言只要從純粹的口語邁入讀寫的領域，尤其是成為學校教育或官方用途的媒介，其性質必然會有所改變。語法、拼寫、詞彙，乃至於發音都必須經過標準化；詞彙的範圍也必須擴展，以涵蓋新的需求。聖經上的希伯來語（biblical Hebrew）好比《馬比諾吉昂集》（*Mabinogion*）所使用的威爾斯語，都屬於古代牧人和農民語言；現代希伯來語至少有三分之一的詞彙，是在二十世紀形成的。義大利語、西班牙語、法語、英語、德語、俄語，以及其他幾種現代國家既有的文化語言，早在十九世紀之前便走過社會化工程的這個階段。世界上多數的書面語言，但凡是「經過現代化」者，也都已經在過去百年間經歷過相同的階段；有些語言（例如巴斯克語）則仍處於此階段。將語言轉變為書寫媒介的過程，會摧毀該語言作為本地語言的身分。我暫且借用非裔美國人維權人士有時候會提出的說法：標準英語不是我們的孩子平常講的語言，他們講的是黑人英語；黑人英語並非標準英語的「錯誤版」，而是有其獨立的語法。不該讓我們的孩子學習標準英語，而是該學習黑人英語。也許如此。但是，一旦你把黑人英語變成學校用語，它就不再會是孩子們講的語言了。一名母語為法蘭德斯語的傑出法國史家曾經說：「法蘭德斯當地的學校現在教授的法蘭德斯語，已經不是法蘭德斯母親與祖母教小孩的那種語言了。」真的不再是「母語」了。有個太太幫我打理我在紐約的公寓，她跟西班牙同一區域的同鄉都是西班牙語、加利西亞語雙聲道；但是，她很難理解精煉、標準化的加利西亞語，也就是今日加利西亞官方語言的一種。現今的加利西亞語已經不是該地區的共通語言，而是一種新的社會建構。

姑且不論我前面說的這些是對是錯，它們如今都已經過時了。有三件已經發生的事情，是民族主義大行其道時沒有人考慮到的，也是此際令人感受到威脅的民族主義新手所忽略的。第一，我們再也不是全然生活在某個讀寫文化中。第二，我們所生活的世界，再也無法靠單一且萬用的國語打遍天下；我們生活在一個必然多語言的世界裡。第三，我們生活的這個時代，至少眼下存在著一種全球交流通用的語言，也就是英語的一種版本。

第一項發展基本上是電影、電視，以及小型攜帶式收音機所造成的結果，尤其是收音機。口說地方語言再也不限於面對面、家內或範圍有限的使用。不識字的人因此直接進入大環境、大文化的所及範圍。這也意味著小語種和方言更容易保留下來；只要有最起碼的聽眾，便足以讓地方廣播電台節目有理由存在。少數語言的使用愈來愈常見。然而，透過媒體而暴露於某種大語種之下，恐怕會加速語言同化。大致上，廣播有利於小語種，電視不利於小語種，然而，一旦有線與衛星電視變得跟調頻廣播一樣唾手可得，情況或許又會有改變。一九九四年，紐約已經有義大利語、法語、漢語、日語、西班牙語、波蘭語、希臘語的電視節目，有時甚至有阿爾巴尼亞語。總之，假如目的在於讓語言走出家庭，走上街頭，海闊天空，已經不必靠追求成為官方語言了。當然，相較於擁有讀寫能力的人——無論是書面語言，或是程式語言——沒有讀寫能力的人仍然處於嚴峻、愈來愈不利的處境中。

以歐洲來說，標準國語通常是把國內主要人口講的方言融合起來，轉變為文學語言。但這種作法對後殖民國家來說可行性極低，一旦像斯里蘭卡那樣推行，賦予僧伽羅語獨一無二的官方地位，結果便成了一場災難。其實，最合宜的「國語」若非通用語，就是不會講彼此語言的人們純粹為了相互溝通而發展出的洋涇濱語，例如史瓦希利語（Swahili）、菲律賓語或印尼語，或是曾經的帝國通用語，例如在印度與巴基斯坦的話是英語。這類語言的優勢，在於它們中立於實際的口說語言，不會讓特定群體居於優勢或劣勢——當然，菁英是唯一的例外。為了確保不會像斯里蘭卡，因語言基礎而爆發內戰，印度以英語為行政語言。但若要流利使用外語為書面語，必須接受好幾年的完整教育。印度為此付出的代價，是導致那些沒有受過這類教育的人絕對無法在公共事務中，或是在（今日）商業中晉升到中等以上的程度。我覺得，這個代價很划算。划算歸划算，你不妨設身處地想像一下：要是印地語成了歐洲議會唯一的通用語，只有讀得懂印地語的人才讀得懂《倫敦時報》（*The Times*）、《世界報》（*Le Monde*）與《法蘭克福匯報》（*Frankfurter Allgemeine Zeitung*），會對歐洲帶來什麼影響。

這一切正在改變，或者將要深刻改變多民族社會中各語言彼此之間的關係。以前，但凡有志於獲得國語地位，成為國家教育與文化基礎的語言，都會以在各層面成為全方位的語言為目標，亦即能夠替換主要文化語言。對於試圖確立其地位，與強勢語言相對抗者，自然更是如此。因此，芬蘭語在芬蘭必須能夠在各方面取代瑞典語，法蘭德斯語在比利時必須能取代法語。語言解放若要真奏凱歌，就要成立使用本土語言的大學：在芬蘭、威爾斯與法蘭德斯運動歷史上，這種大學創校的日期，往往是民族歷史上的大日子。過去幾個世紀，許多小語種試圖成就這個目標，我想是始於十七世紀的尼德蘭語，現階段最後一種衝線的語言則是加泰隆尼亞語。還有一些語言仍在嘗試，例如巴斯克語。

如今，這種作法已經行不通了，只有小國的民族主義仍在盡其所能，抵擋局勢的發展。語言再度各擁其棲位，在不同的情境中使用，為不同的目的而使用。因此，它們不需要爭搶同一面比賽場地。一部分的原因是，實際上只有少數幾種語言用於國際用途。儘管歐盟當局把三分之一的收入，用於十一種官方語言的譯出與譯入，但實際運作絕大多數至多用三種語言便足以進行。為了用愛沙尼亞語撰寫分子生物學論文而建構一套詞彙，也是絕對可行的，就我所知還真有人這麼做。即便如此，如果希望有其他愛沙尼亞分子生物學家以外的讀者閱讀自己的論文，任誰都不會用愛沙尼亞語書寫。論文要有讀者，就得用國際主流語言撰寫；在類似經濟學這樣的領域，連法國人與德國人都得這麼做。除非就讀高等教育的學生人數眾多，而且他們多半來自單語家庭，那才稱得上有穩固的教育理由，去發展一套完整的本土科學語彙——而且為的也只是撰寫教科書；為了進一步深造，學生還是得充分學習某種國際語言以閱讀文獻，而且他們說不定還得學習足夠的英語，畢竟英語之於今日的知識分子，就好比拉丁語之於中世紀的學者。今天，讓所有大學在特定科目都用英語授課，其實是種實際的作法；有些國家，例如尼德蘭與芬蘭，已經部分實現了這一點，而它們居然曾經是化本土語言為全能語言的先驅。沒有別的辦法。官方而論，十九世紀的匈牙利成功將馬札爾語打造成全方面的語言，從詩歌到核子物理學盡皆適用。實際上，由於只有一千萬人講馬札爾語，每一個受過教育的匈牙利人必定擁有、也確實擁有多語能力。

我們今日所擁有的語言，無論是否具有官方語言，都不是可互換的語言，而是彼此互補的。

在瑞士，因為沒有人在政治上反對以高地德語、英語以及法語為書面語言，國內自然沒有將瑞士德語的口說語法化為書面語的壓力。加泰隆尼亞本來是個雙語地區，居民與生俱來擁有說、寫少數主要國際語言——西班牙語的優勢。將加泰隆尼亞語轉為加泰隆尼亞地區的全用途語言，代價就是從窮人與未受教育者身上奪走上述優勢。在巴拉圭，人人講印第安瓜拉尼語（Guarani，嚴格來說，該國百分之四十五的人都擁有雙語能力）。自從該國成為西班牙殖民地以來，這種印第安語一直扮演區域通用語的作用。然而，雖然瓜拉尼語早已獲得與西班牙語平等的權利，但幾乎只有純文學寫作才會將之作為書面語使用；為其他目的書寫時，主要用語還是西班牙文。一九七〇年代，奇楚瓦語（Quechua）在祕魯獲得（應有的）官方地位；但無論是日報上的文字，抑或大學教育，都極為不可能使用這種語言。哪來的需求？巴塞隆納當地人普遍講加泰隆尼亞語，但就連在巴塞隆納，絕大多數的日報（包括全國性報紙的加泰隆尼亞地方版）都使用西班牙文。至於典型的第三世界國家，先前我已經指出，它們不可能只有一種全用途的語言。

正是這種情況，促成了通用語在國家與區域範圍內的發展，也促成英語在世界範圍內興起成溝通的媒介。洋涇濱或混和語固然可以作為文化與文學語言，但那不是它們原本的目的。中世紀教士用的拉丁語，跟維吉爾、西塞羅使用的拉丁語沒有什麼關係。通用語也許是，也許不是官方語言（國家確實需要有用於一般性公共交流的語言），但如果是的話，那就要避免它們成為唯一的文化語言。我們最好不要讓詩人染指這類溝通用的語言，因為詩作會促成不利溝通性

（incommunicability）與語言民族主義。不過，這類語言很容易受到行政與科技術語所主導，畢竟這就是它們的主要用途。為了讓語言具有清晰表達的能力，我們也應該對抗上述這種傾向。美式英語已經成為歷來發明的語種裡最多行話的一種，由此看來，威脅是確實存在的。

有些語言我們不妨稱之為純政治性的語言——亦即特別創造出來，作為民族主義或區域主義大業之象徵，通常服膺於分離主義或分裂主義用途的語言。請容我對此稍做幾點說明，作為結論。能夠支持這種作法的論點根本不存在。試圖重建康瓦爾語，是個極端的例子。十八世紀中葉之後就沒有人講康瓦爾語了，之所以重現江湖，只是為了將康瓦爾跟英格蘭劃清界線。這種建構的語言有機會成功——所謂「成功」，指的是變成真實生活中有人講的活語言——例如以色列的希伯來語，卻也有失敗的例子，例如民族主義詩人在戰間期試圖將蘇格蘭方言話為文學語言的努力（即「低地語」〔Lallans〕），但這種建構活動的目標既不是為了溝通，也不是為了文化。這些例子比較極端，但所有語言都有政治性自我肯定的成分在內，畢竟處在民族或區域分裂主義時代，自然會有讓語言分離主義與政治獨立彼此截長補短的傾向。眼下，我們可以看到這種情形在克羅埃西亞發生。此外，語言建構還會為民族主義或區域主義激進分子提供優勢就業區，讓他們如虎添翼，例如在威爾斯。我重述一次：研究語言純化（language purism）的專家已經說得很明白了，這類語言操弄的核心並非文化，而是政治。捷克語的語言純化，主要目標在於抹除德語元素，而不是抵制大量流入的法語借用詞，以及過去的拉丁外來語。[5]這再理所當然不過了。盧塞尼亞人（Ruthenes）之所以用一種「語言」自我標榜為一個「民族」，並不是針對所有人，而是衝著烏克蘭人而來。[6]加泰隆尼亞民族主義只針對西班牙，就像威爾斯語言民族主義只針對英語。

然而，今日卻有一項新元素會促成語言的政治創生（political creation），這就是國家的系統性區域化（systematic regionalization of states）——潛在的分離主義地區，同化了不具備特定語言、族群等特徵的區域，例如加泰隆尼亞同化莫夕亞（Murcia）。如果我們把西班牙的情況作為先例，則能推論這種系統性區域化將帶來地方化「官方」語言的創生，而這些語言最終無疑會要求獨占的地位，一如加泰隆尼亞的情形。今日瓦倫西亞（Valencia），明日皮卡第（Picardy）。

全面巴爾幹化的幽靈森然隱現。歐盟政策重區域、輕既有民族國家，蘇格蘭人與加泰隆尼亞人立刻心領神會，發現這項政策實際上有利於分離主義，巴爾幹化也因此成為真正的問題。巴爾幹化解決不了任何語言與文化認同問題。我們應該維持現狀。布魯塞爾確實是把三分之一的收入用在筆譯與口譯上；假如歐洲付得起，那何樂而不為？葡萄牙語、希臘語，甚或丹麥語與尼德蘭語，並非推動共同體政務的主要語言，甚至根本沒有用它們來推行政務過。語言巴爾幹化造成的結果，是讓衝突情境翻倍。克羅埃西亞人的先人建構了塞爾維亞—克羅埃西亞語（Serbo-Croat），以統一南斯拉夫人，只是成效不彰；假如克羅埃西亞人能夠以這種統一用語為材料，為自己創造出一種有別於他人的語言，那誰都可以辦得到。只要語言無法獨立於國家，無法達到美國憲政體制下政教分離的那種程度，就將成為持續且多半出於人為的國內動盪起因。

想想巴別塔的故事吧。上帝讓人類注定為了語言而不斷衝突，巴別塔因此永遠無法完工。

註釋

1 轉引自Elie Kedourie, *Nationalism* (London, 1960), p. 76.

2 S. Thernstrom et al. (eds), *Harvard Encyclopedia of American Ethnic Groups* (Cambridge, Mass., 1980), p. 632.

3 Rolf Wörsdörfer, '"Ethnizitaet" und Entnationalisierung', *Oester reichische Zeitschrift fur Geschichtswissenschaften*, 5 (Jg 2/1994), p. 206.

4 Joshua Fishman, 'Language Maintenance', in S. Thernstrom et al. (eds), op. cit., p. 636.

5 Bjorn Jernudd and Michael Shapiro, eds, *The Politics of Language Purism* (Berlin, 1989), p. 218.

6 Paul Robert Magocsi, 'The Birth of a New Nation or the Return of an Old Problem? The Rusyns of East Central Europe', *Canadian Slavonic Papers/Revue canadienne des slavistes*, 34:3 (1992), pp. 199–223.

第十八章　福克蘭惡果

由勞工運動支配的愛國心，是一種強大的武器。而由右派支配的愛國心，其風險則令人憂心忡忡。左派忽略福克蘭群島戰爭所敲響的警鐘，這一點非常危險。

人們對於福克蘭群島的討論，遠比近年來其他不列顛與國際政治議題更多，也幾乎比其餘問題更能教人頓失理智。我所說的不是普羅大眾，比起那些舞文弄墨、形塑輿論以營生的人，一般人不僅沒那麼激烈，也沒那麼歇斯底里。我也不打算針對福克蘭群島戰爭諸多起因著墨太多，畢竟這場戰爭跟福克蘭群島關係其實不大。絕大多數人對福克蘭群島所知有限。我看，國內跟福克蘭群島有個人聯繫，甚或在島上有熟人的人，應該少之又少。而除了一千六百八十名島民以外，就只有福克蘭群島公司（擁有當地大片土地）、鳥類學家以及史考特極地研究中心（Scott Polar Research Institute）——畢竟該群島是所有南極研究活動的基地——對該群島有著切身利益。福克蘭群島向來不怎麼重要，至少從第一次世界大戰以降，或是第二次世界大戰剛爆發之後便是如此。國會甚至乾脆放手把相關事務任由十來名國會議員——福克蘭遊說團（Falklands lobby）——去運作，可見福克蘭群島重要性之低，距離關注焦點之遙遠。這個遊說團的政治組成五湖四海，真正的五湖四海。外交部對群島的派駐問題，只要措施本身不算非常緊要，遊說團都能插手。政府與各方咸認福克蘭群島全無利益可言，而這個事實卻讓他們忽略了該群島對阿根廷來說有切身利益，甚至是對拉丁美洲也有一定程度的影響。對阿根廷人來說，福克蘭群島絕非一無是處。它們是阿根廷民族主義的象徵，對裴隆（Perón）來說特別重要。我們大可無限推遲福克蘭群島問題，或者我們以為可以，但阿根廷人辦不到。

「忽視」成問題

眼下，我不打算評價阿根廷方的主張是否有其正當性。如同大多數民族主義的主張，再再經不起深入檢視，阿根廷方的主張也一樣。基本上，我們不妨把其主張的根據稱為「國高中地理」——但凡屬於某個大陸棚，就應該屬於最近的國家——而明明從來沒有阿根廷人在島上生活過。即便如此，我們仍不得不說：阿根廷方的主張幾乎可以肯定更有力於不列顛方，國際上也認為如此。例如美國，美國從未接受不列顛官方隨著時間不同而異的主張。但重點不在於判斷何者的主張更有力。重點是，對不列顛政府來說，福克蘭群島在優先順序表上的位置低得可以。而且，這個順序完全無視於阿根廷人與拉丁美洲人的看法，不只是軍政府，而是整個拉丁美洲。結果，不列顛政府將原本派駐在福克蘭群島、象徵性表示「你不准來犯」的巡邏艦「堅毅號」（Endurance）撤走，從而讓阿根廷軍政府以為聯合王國不致抵抗。阿根廷眾將領顯然又瘋癲又無能又暴躁，決定展開入侵。要不是聯合王國政府舉措失當，阿根廷政府本來不可能決心入侵的。他們固然錯估形勢，不該入侵；不過，不列顛政府雖然沒有意圖，但顯然在實際層面促發了這個情勢。於是乎，不列顛民眾在四月三日得知福克蘭群島遭到入侵並占領。政府應該要知道入侵行動迫在眉睫才是，未想政府竟宣稱並不知情；就算真的知情，也沒有採取行動。

群情激憤

但是，戰爭爆發以及進行期間，不列顛內部情勢又是如何？容我稍加總結。首先是幾乎鋪天蓋地的憤怒感，許多人認為「你不能就這麼吞下去，一定得做點什麼」。這種感受出現在包括基層在內的社會各界，而且跨越了各黨派，不受左右派之囿，因此可以說這種情緒並非為了黨同伐異。我知道在當時的局面中，許多左派（甚至連極左派）都跟右派有一樣的反應。這種全面的怒不可遏及羞辱感，從第一天就表現在國會議場內；要求採取行動的壓力其實並非來自柴契爾及政府，而是來自四面八方——保守黨中的極右派、自由黨與工黨，只有極少數人例外。我覺得，這種群情確實可以感受得到。但凡對這股情緒有任何一種感受能力可言的人，都知道事情一發不可收拾；如果有哪個左派沒有注意到這股基層情緒，不知道這股情緒並非媒體炒作的結果（至少在這個階段不是），而是貨真價實的盛怒和恥辱的話，都該認真重新檢視自己評斷政治的能力。這種情緒雖然並不令人喜聞樂見，但要說它不存在，那也太脫離現實。

莫之能禦的衰退

說起來，這股潮湧的情緒，其實跟福克蘭群島本身並無關係。大家覺得福克蘭群島只是一塊遙遠的土地，深鎖在合恩角（Cape Horn）外海的迷霧中；我們對它一無所知，更遑論關心了。這股情緒跟本世紀一九四五年以來的歷史，以及不列顛資本主義危機在一九六〇年代以降的加劇大有關係，尤其是七〇年代晚期與八〇年代初期的不景氣影響。五〇年代、六〇年代期間，西方資本主義的國際經濟一片看好，只要上漲的潮流持續推動其他資本主義經濟體更快速向前，連相對虛弱的不列顛也能雞犬升天。既然情況顯然正在好轉，我們就不用太過擔心，只不過到處都出現一股明確的懷舊之情。而到了某個階段，不列顛經濟的衰退與危機顯然變得更是劇烈得多。七〇年代的不景氣與一九七九年以來真真切切的蕭條強化了這種感受，發生在柴契爾執政期的去工業化與大規模失業，也凸顯了不列顛情勢不容樂觀。因此，許多人甫得知阿根廷居然入侵、占領不列顛領土的一小角，當下那種發自肺腑的反應可以用下面這段話來描述：「我們國家走下坡路已然數十年。這段時間裡，其他國家變得比我們更有錢，更先進。人人都以高高在上的眼神看著我們、可憐我們，我們在足球場上連阿根廷或其他國家都踢不贏，不列顛什麼都不對，誰都不曉得該怎麼辦、怎麼撥亂反正。如今，居然到了一批外國人覺得自己可以就這麼進占、奪取不列顛領土的程度，他們當不列顛人遠在天邊，不會有人為此有任何反應，也不會做任何事的。夠了喔，是可忍孰不可忍，一定要做點什麼。對天發誓，我們要讓他們看看，我們可不會坐等你們予取予求。」我同樣不打算評判這種觀點合不合理，但我確實認為，當下許多人心裡是這麼覺得，只不過沒有訴諸文字而已。

帝國的衰落

其實，我們左派老早就預料到不列顛會失去海外帝國領土，而且是全面下滑，而這遲早會為不列顛政局帶來某種劇烈的反應。我們雖然沒有預料到會是這種特定的反應，但這無疑是對不列顛帝國衰落造成的反應，是我們許久以前便預料到的。正因為如此，這種情緒反應才會得到廣泛的支持。那不只是單純的極端愛國主義。但是，即便這股國恥感遠遠超過極端愛國主義所能囊括的範圍，右派依舊得以輕易抓住時機，而且右派也確實掌握住了，我個人覺得柴契爾夫人及其支持者採取的行動在政治上堪稱到位。請容我援引一段她的經典聲明，她認為，福克蘭群島戰爭證明了：「我們採取行動，而搖擺不定和怯懦的人卻認為我們再也無法完成曾經的壯舉，他們認為我們無法扭轉頹勢，認為我們再也不若以往，認為不列顛不再是那個建立帝國、統治四分之一個世界的民族。只能說，他們錯了。」

事實上，這場戰爭純粹只有象徵作用，根本沒有證明上述任何事情。但從柴契爾的這番話，你會發現有人把握到特定的群眾情緒，將之導向右翼（我差一點就想說是類法西斯，只差一點）的方向。因此，從右派的觀點來看，這一仗不只是為了把阿根廷人趕出福克蘭群島（只需要展示武力加談判便足矣），更是要打一場痛快的勝仗。所以，無論阿根廷方的態度如何，促成戰爭的都是不列顛方。幾無疑問，阿根廷人一發現不列顛態度如此，便設法脫離這種令人不堪的處境。誰知道柴契爾不打算放過他們，因為行動的終極目標並非立刻化解情勢，而是要證明不列顛依舊偉大，即便只是象徵性的證明也無可厚非。不列顛政府在聯合國內外的政策，幾乎每一個階段都是絕不妥協。我的意思不是軍政府讓和解變得比較容易，而是我認為歷史學家應該會斷定「阿根廷人在協商後撤退」絕非不可能。他們並未吃了秤砣鐵了心。

新聯盟

這種尋釁的政策有雙重的好處。國際上，不列顛得以有機會展現自己的裝備、決心以及軍力。回到國內，柴契爾派得以從保守黨內外的政治勢力手中奪取主動權。此政策讓柴契爾派得以全面接管，不只是接管保守黨陣營，而是接管整個不列顛政壇。有趣的是，福克蘭群島戰爭期間，跟柴契爾派政策最相似的居然是裴隆派的政策——雖然是對戰的另一邊，裴隆派卻也是最早把福克蘭群島推向阿根廷政局中心的人。裴隆和柴契爾夫人及其小團體類似，試圖跳過當權派的領袖，利用大眾媒體直接對群眾喊話。不列顛的情況中，柴契爾派跳過的包括保守黨當權派，以及反對黨。她堅持要打她那場仗。推動這場戰爭的不是國會，甚至不是內閣；而是由柴契爾夫人和一小型戰爭內閣所操控的。與此同時，她還跟軍方建立起直接的橫向聯繫——但願這不會造成長期的政治影響。直接煽動群眾、忽視政治程序和既有秩序、跟軍方和國防官僚建立直接的橫向聯繫，此三者相加便是一場戰爭；也是這場戰爭的特色。開支不重要，目標不重要——其中最不重要的當然就是福克蘭群島，這座群島不過就是不列顛實力的象徵證明，足以用來當作頭條，別無其他。這一場戰爭，是那種為了創造凱旋閱兵而存在的戰爭。正因為如此，所有得以象徵戰爭與帝國力量的資源，盡皆以小規模的形式動員。海軍的角色無論如何都是最吃重的，但傳統輿論也在其中投入許多情感資本。派往福克蘭群島的部隊簡直是一座迷你博物館，擁有每一件能跟聯合王國旗相互輝映的事物——除了衛隊，還有技術創新的空降特勤團（SAS）以及陸軍傘兵團（**Paras**）；人數雖少卻歷史悠久的廓爾喀部隊（**Gurkhas**）最具代表性。這些部隊不見得必要，你卻不能沒有他們，因為這無疑是舊帝國排場的某種重現，或是不列顛君主喪禮或加冕典禮的隊伍。

《克雷西梅》重出江湖

碰到這種情形，我們就不能引用卡爾·馬克思那段名言，什麼「歷史會重複自身，第一次是悲劇，第二次是鬧劇」，因為戰爭絕非兒戲。即便是一場兩百五十名不列顛人與兩千名阿根廷人戰死的小規模戰爭，也不是可以拿來開玩笑的事。無奈外國人不見得意識到福克蘭群島對不列顛國內政局有多關鍵，在他們眼中，這場戰爭看起來是、實際上也絕對是令人費解的行動。法國《世界報》稱之為南大西洋的《克雷西梅》（*Clochemerle*）。你或許仍記得加百列·舍瓦利耶（**Gabriel Chevallier**）一九三四年發表的知名小說，劇情是某個法國小鎮中的左派與右派，為了在哪裡蓋公共廁所的問題而大打出手。多數歐洲人就是搞不懂這一切是為了哪樁。他們沒有滲透，這整件事根本與福克蘭群島無關，也跟民族自決權利無關。這場軍事行動關注的基本上是不列顛政局，以及不列顛的政治氛圍。話雖如此，我還是能肯定地說，天秤的兩端並非「什麼都不做」與「柴契爾的戰爭」。我想，在這個階段，任何不列顛政府在政治上都不可能一動也不動。政府不可能就這麼接受阿根廷的占領，把責任推給只會通過空泛決議的聯合國，另一方面，卻也不見得要接受柴契爾夫人想重現一八九八年蘇丹戰爭期間，英埃聯軍指揮官基齊納（Kitchener）用機關槍在恩圖曼（Omdurman）大敗蘇丹人的那種意圖。

和平路線屬於一小群孤立的少數派，可以說，他們守住了勞工運動中高貴的傳統。可惜這條路線在政治上是行不通的。光是從當時組織的反戰遊行之微弱便可見一斑。事實證明，那些主張戰爭毫無意義、根本不應該開戰的那些人確實有理，可惜他們並未因此在政治上受益，也不太可能因為料中結局而受益。

輿論分歧

我要談的下一點較為正面。柴契爾在《太陽報》（*Sun*）的幫助下奪得對戰爭的話語權，在輿論中開啟了一道深刻的裂痕，但這道裂痕並未沿政黨界線裂開。大致而論，裂痕的一邊是百分之八十的人，他們被某種本能的愛國反應掃過，因此認同戰爭舉措，只不過恐怕沒有像《太陽報》頭條那麼聲嘶力竭；另一邊是少數派，他們體認到，就實際全球政治而論，柴契爾的所作所為毫無道理。這些少數裡有所有黨派的人，也有無黨無派的人，而且許多人其實並不反對派特遣隊去執行任務。我不好說裂痕的一邊是有讀書的人，另一邊是沒讀書的人；然事實是，抵抗柴契爾主義的主要力量，無不刊登在內容嚴謹的報紙上，當然還要加上左派的《晨星報》（*Morning Star*）。《金融時報》（*Financial Times*）、《衛報》（*Guardian*）與《觀察家報》（*Observer*）始終對整件事情維持懷疑論調。我想，國內幾乎每一名政治線的記者，無論個人立場從托利黨右派到左派，咸認為整件事瘋得可以——這麼說應該不為過。柴契爾夫人抱怨的「怯懦的人」，就是他們。情況雖然出現兩極化，反對派雖然人數少之又少，但他們的反對力量就連在這場短暫、軍事角度而言用兵出色的戰爭期間，也並未因此有所動搖。這深具意義。儘管如此，戰爭是打贏了；柴契爾夫人無疑是幸運的，因為戰事迅速解決，且不列顛人傷亡不多，支持率立刻有了回報。柴契爾與其支持者，以及極右派對托利黨的掌控力量自然也大幅增加。同時，柴契爾夫人則樂登九霄——她把自己想像成威靈頓公爵（Duke of Wellington）再世，卻沒有鐵公爵未曾失去的愛爾蘭現實主義；她把自己想像成溫斯頓・邱吉爾（Winston Churchill）轉世，手上卻沒有雪茄——好歹也該有白蘭地吧，可惜還是沒有。

短期影響

此際，容我來談戰爭的影響。這一段我只談短期影響，而我所謂的「短期」，是指從現在起到大選之日為止。首先，大家肯定會為了「是誰的錯」而唇槍舌戰。

第二項議題則跟軍事行動的花費、後續開銷，以及在福克蘭群島維持駐軍的長期支出有關。根據官方說法，目前的支出來到大約七億英鎊，但我個人猜想，數字八成會飆到數十億英鎊。大家都曉得，會計可說某種形式的創意寫作。你如何計算這類特殊行動的方法，其實是可以操作的。只是無論怎麼操作，肯定都是非常、非常龐大的支出。當然，左派會主打這個議題，他們也應該這麼做。然而很不幸的是，總金額實在太過龐大，大到對多數人來說失去意義。所以我想，雖然政治攻防時常常提到這個金額，但議題本身不會特別顯著，政治效果也不會特別大。

第三個議題是福克蘭群島跟不列顛戰爭政策的關係——現在人們比較喜歡稱之為「國防政策」。福克蘭群島戰爭想必加劇了陸海空軍將領和國防部之間激烈的內鬥，而國防部也已經出現戰後的第一名受害者——國防大臣約翰·諾特（John Nott）本人。海軍高層幾乎是毋庸置疑地利用福克蘭群島事件，來證明一支有能力到地球另一端作戰的龐大海軍，對大不列顛來說絕對不可或缺——只是人人都明白，我們根本負擔不起，而且就為了補給史丹利港（Port Stanley）而維持如此規模的海軍，實在是不值得。這些討論無疑會帶來「不列顛是否能同時負擔一支全球海軍與一批三叉戟飛彈（Trident missiles）」，以及「不列顛自有核武的意義與重要性究竟何在」等問題。至此，這些問題已經觸及解除核武軍備的發展，對此我們不能小覷。接下來則是福克蘭群島本身的未來。還是老樣子，既然這座群島對大多數不列顛人來說已經不再有嚴肅的重要性，會忽略它也是情理之中。但是，福克蘭群島對公務員、外交部等相關部會來說仍然是個頭痛問題，因為我們對於其未來沒有政策可言。這場戰爭的目標不在於解決福克蘭群島問題。我們只是回到原點，或者說比原點更後退一些。我們遲早得做點什麼，好為這個問題尋找長久的解決方案，除非不列顛政府寧願一直投入到所費不貲卻又毫無益處的目標，一路探底探到南極去。

愛國主義與左派

最後，我想談談更嚴重的長期影響問題。這場戰爭以極端好戰的形式，展現了愛國主義的力量與潛在政治能量。這本不該出乎我們意料，只是馬克思主義者很難接受「勞工階級愛國主義」這種整體現象，也很難接受英格蘭或不列顛愛國主義這種個別現象。此處的「不列顛」，指的是非英格蘭民族的愛國主義，正好與英格蘭愛國主義目標一致之處；至於目標不一致之處——例如某些時候的蘇格蘭與威爾斯——馬克思主義者往往會更注意民族主義或愛國情緒的重要性。順帶一提，我認為蘇格蘭人對於福克蘭群島的感受相當「不列顛」，威爾斯人則不然。從一開始，國會中就只有一個政黨——威爾斯黨（Plaid Cymru）——以政黨的身分反對這場戰爭。當然，就威爾斯人的看法，「咱們的小伙子」跟「咱們的親朋好友」不在福克蘭群島上，而是在阿根廷——巴塔哥尼亞威爾斯人（Patagonian Welsh）。他們年年派代表參加威爾斯民族群英會，意在展現你可以生活在地球彼端，卻仍然是威爾斯人。至少就威爾斯人的反應來看，柴契爾一黨訴諸於福克蘭群島、訴諸於「親朋好友」的論點，恐怕是落空了。回來說左派。為什麼左派，尤其是馬克思主義左派，著實不想面對我國愛國主義的問題？原因五花八門。左派懷抱著「國際主義」這種特別的歷史概念，傾向於把民族愛國主義排除在外。我們也不該忘記，自由主義／激進主義、反戰與和平主義傳統的力量依舊強大，而且一定程度上也傳遞進了勞工運動。因此，左派會有一種「民族主義或多或少跟階級意識相衝突」的感覺（確實經常如此），而統治階級和霸權階級每每能把民族主義導向他們的目標，獲得極大的優勢（這一點同樣不假）。其實，左派在我國取得最戲劇性、最具決定性的發展，或許就發生在抵制第一次世界大戰的時候——是勞工階級掙脫了愛國主義與軍國思想的桎梏，決定選擇階級鬥爭；他們追隨列寧，把自己的敵意從外國挪開，對準自身壓迫者。畢竟，社會主義國際之所以在一九一四年大受打擊，正是因為工人未能堅守階級鬥爭。一九一七年之後，各個交戰國都有工人團結起來，反對戰爭，追求和平，支持俄國革命。說起來，這也算是恢復了國際勞工運動的靈魂吧。

不列顛傳統

馬克思主義者對愛國主義問題的重視恐怕不夠多。原因有幾個。請容我以歷史學者的身分，提醒大家千萬不能忽略愛國主義。不列顛勞工階級有著悠久的愛國主義傳統，而且人們不見得認為這跟強烈、好鬥的階級意識背道而馳。我們提及十九世紀初期憲章運動（Chartism）及其他重大激進派運動的歷史時，每每側重階級意識的部分。但在一八六〇年代，少數以勞工階級為題寫作的不列顛工人之一——「出師技工」托瑪斯．萊特便為中間階級讀者寫了一本不列顛勞工階級指南，因為其中一些工人即將獲得投票權。他以熟手技工身分，寫出自己知道的歷代勞工，留下有趣的速寫。他談到憲章世代，也就是生於十九世紀初的那一代時，提到這些人痛恨所有與上層階級有關的事物，而且對他們沒有分毫信任。他們拒絕跟我們後來所謂的「階級敵人」有任何瓜葛。與此同時，他也觀察到這代勞工極為愛國，強烈排外，尤其痛恨法國。這些人孩提時正是反拿破崙戰爭正熾時。歷史學家偏向強調戰爭期間不列顛勞方的雅各賓元素，忽略了同樣草根的反法元素。我只是想說，即便處於英格蘭勞工階級最激進的時代，你也不能大筆一揮，把愛國主義從畫面中抹去。綜觀十九世紀，一般人普遍認為海軍是很庶民的單位，對海軍的好感遠甚於陸軍。到現在，你仍可看到諸多酒吧以納爾遜勛爵（Lord Nelson）這位真正的全民英雄為名。不列顛人——尤其是英格蘭人，對海軍和我們的海軍官兵引以為豪。順帶一提，十九世紀激進思想中，有不少是以軍人為訴求對象，而不是只針對勞工及其他平民。《雷諾茲新聞》（*Reynold's News*）與當時其他激進派老報社有許多讀者是軍人，因為這些報社很有系統地表達出職業軍人的不滿。我不清楚這種情況止於何時，不過在第二次世界大戰期間，《每日鏡報》（*Daily Mirror*）正是出於同樣的原因，成功在軍中爭取到廣大的讀者群。雅各賓傳統與主流的反法傳統，都是英格蘭勞工階級歷史的一環，只是勞工史家往往強調前者，輕視後者。此外，一戰爆發之際，勞工階級的群眾愛國主義是真心誠意的。那不是媒體能輕易製造出來的感受。勞工運動中有少數人並不抱持愛國主義，但愛國群眾沒有因此不尊重少數。工人組織並沒有排斥勞工運動中的反戰元素與和平主義元素。就此而論，勞工與小資本階級軍國主義者態度大相逕庭。儘管如此，不列顛工人在一九一四年至一五年間從軍報國，仍然是史上規模最大的一次群眾志願入伍，這一點殆無疑義。因為當局最後意識到，要是礦場裡不留下一些礦工，就沒有煤礦可用了，礦場這才不至於人去樓空。幾年後，許多工人對戰爭有了不同看法，而我們也不能忘記一開始愛國主義的湧現。我沒有要合理化這些事情，我只是想指出其存在，提醒人們在檢視不列顛勞工階級史與今日的現實時，都得接受這些事實，無論我們是否樂見。無論是過去或者現在，這種愛國主義的威脅一直很明顯，尤其是因為不論古今，愛國心都極其容易受到統治階級的軍國主義、排外民族主義，以及今日的種族歧視所操弄。一旦愛國主義足以跟勞工階級的其他情感與目標分離，甚至是用於對抗勞工階級——例如用民族主義對付社會解放時——其威脅更是難以估量。為什麼大家對於我所謂的「憲章主義者的軍國主義」（jingoism of the Chartists）不太關心，是因為這種主義與龐大、好鬥的階級意識相結合，並掩蓋在階級意識之下。待兩者分道揚鑣（而且兩者輕易就會被分開），威脅也就特別明顯。反之，只要兩者處在控制下齊頭並進，不只可以放大勞工階級的力量，還能讓勞工階級得以領導社會改革聯盟，甚至有機會與階級敵人爭奪領導權。

不尋常的一九四五年

正是因為這股力量，共產國際才會在三〇年代反法西斯時期呼籲要把民族傳統從資產階級手中搶走，奪得右派長久以來揮舞的國旗。因此，法國左派才會試圖爭取、實際出手爭奪或再一次爭奪三色旗和聖女貞德，而且取得一定程度的成功。至於我國，我們並未追求相同的目標，但我們成就了更重要的事情。事實證明，在一場貨真價實的群眾戰爭中，反法西斯戰爭已經極為戲劇性地展現出愛國主義與階級意識的結合，可以讓人在政治上激化到前所未有的程度。溫斯頓・邱吉爾——柴契爾夫人的老前輩，毋庸置疑的凱旋領袖，打贏的戰爭遠比福克蘭群島更為輝煌——居然在如日中天之際，在完全出乎自己意料的情況下落馬，這是因為打過同一場戰爭且出於愛國心而上戰場的民眾，態度業已因為戰爭而趨於激進。激進的勞工階級運動，與這波運動背後的庶民運動兩相結合，證明自身的影響力且強大。人們大概會因為麥可・富特（Michael Foot）過度以「邱吉爾時代」的記憶——一九四〇年、不列顛的獨力抵抗、反法西斯戰爭等諸如此類——思索一切而撻伐他，而工黨對福克蘭群島的反應當中，顯然也有這些記憶的跫音。①只是我們可別忘了，我們的「邱吉爾時代」記憶不只愛國的光榮，更有對國內外反動的勝利——工黨的勝選，以及邱吉爾的挫敗。雖然在一九八二年很難想像，但身為歷史學者，我必須提醒大家這件事。任右派獨占愛國主義，是非常危險的事。

統御吧，不列顛

眼下，左派很難奪回愛國主義。愛國精神的潮湧一開始並不局限於政治上的保守黨，更別說是柴契爾派了，未料柴契爾派居然輕輕鬆鬆便駕馭了浪頭，這堪稱福克蘭群島一事最不祥的預兆。我們又一次注意到，非軍國主義者輕易便被人貼上不愛國的標籤，至少是貼上「對阿根廷佬軟弱」的標籤；而聯合王國國旗居然這麼輕而易舉地便任人揮動以對付國內外的敵人。還記得部

① 譯註：富特時任反對黨工黨黨魁，但在福克蘭戰爭爆發後，他立刻發言支持執政黨政府對阿根廷用兵。

隊乘坐運兵船回國的照片，其中有人打著橫幅，寫著「停止鐵路罷工，否則我們要叫來空襲」。其中便隱含著福克蘭群島對不列顛政局的長期影響。大凶之兆。今天的極端愛國主義尤其猖獗，因為多少彌補了我國多數人衰微、消沉以及自卑的感覺，而這些人當中有許多是工人。經濟危機加深了這種感受。象徵性的軍國主義幫助人們感覺到不列顛並非不斷下探，而是還能行動，還能成就點什麼，還能讓人認真以對，還能像人們說的那樣——做個「大」不列顛。之所以說是「象徵性」，是因為柴契爾派的軍國主義其實沒有、也不可能有任何實質成就。〈統御吧，不列顛〉（Rule Britannia）再度——我想是一九一四年以來的第一回——發揮類似國歌的作用。為什麼在福克蘭群島戰爭之前，〈統御吧，不列顛〉會漸漸變成音樂化石，卻又在事件發生後還陽？將來這會是個值得研究的題目。就在當下，就在不列顛顯然再也無法統御波濤，也無法統御帝國的時刻，這首歌再度浮上水面，而且無疑撥動了唱歌的人身上特定的神經。我們開口唱，不只是因為我們打贏了一場小小的戰爭，傷亡不算慘重，擊退了連在足球場上都踢不贏的外國人，更是因為這首歌鼓舞了民眾，彷彿我們憑槍桿子贏得了世界盃。但是長期而論，這一仗還有其他作用嗎？實在很難看出來這場戰爭有其他任何的成就，其實原本也不會有什麼成就。

白馬上的救世主

還有一種風險。孩提時，我曾經生活在威瑪共和國，渡過了影響我人生至深的幾個年頭。我曾經生活在另一個感受到挫敗、失去昔日的確定感與穩定感、在國際聯賽中遭降級、被外國人看不起的民族當中。加上經濟蕭條和大規模失業，接下來又換希特勒來敲門。如今的我們是不會遇到舊的法西斯主義了。但是，民粹、激進的右派愈來愈右的威脅依舊明顯，而且特別危險，因為今天的左派分裂、士氣低迷，更是因為不列顛——至少英格蘭的廣大群眾對政治過程和政治人物（所有的政治人物）——已經不抱希望及信心了。柴契爾夫人的王牌，便是民眾形容她不像一般政治人物。如今，有三百五十萬人沒有工作，諾斯非（Northfield）百分之四十五的選民、佩坎（Peckham）百分之六十五的選民懶得出門投票。一九七四年，佩坎可是有百分之四十一的選民投給工黨，一九七九年時有百分之三十四，今天則僅有百分之十九點一。我說的不是票匭裡的選票數，而是整個選區的總選舉人數。諾斯非如今位於不列顛汽車產業重災區的中心。一九七四年，諾斯非有百分之四十一的選民投給工黨，一九七九年有百分之三十二，今天則是百分之二十。最大的威脅正隱藏在這種政治疏離當中，而政治疏離反映了人們對政治幻滅，無能為力的感覺應運而生。我們眼下看到的，並非柴契爾及其追隨者的支持實際提升。幾乎可以確定的是，「福克蘭群島因素」對托利黨來說是個愈來愈不值錢的資產，不過福克蘭群島事件的確能暫時讓許多不列顛人感覺好一些；但是，這件事對於國內許多人內心深處的失落、冷漠以及失敗心理，對於那種難以掌握自己命運的感覺，不會帶來多少改變。政府似乎握有比預期更多的支持，那是因為民眾（全然失算）並未把國家當前的可悲狀況歸咎於柴契爾，而是囫圇吞棗地歸咎於她或任何政府所能掌控的因素。工黨目前之所以沒能重獲足夠的支持（其實是可以的），不只是在於內部分裂，更在於許多勞工其實不太相信任何政治人物克服經濟不景氣、解決不列顛經濟長期危機的承諾。既然如此，何不投其他人看看？太多人對政治失去信心，不再相信自己有能力影響政治。但難道就只會巴望著救世主會騎著白馬出現？不太可能，但我們不難想像會有人訴諸情感，憑藉鼓動人們對抗國內外的某些敵人，說不定再來一場小戰爭，讓人熱血沸騰。以目前的局面來看，小戰爭可能會演變成大戰，接著說不定就像我們所知道的，變成最後的一場戰爭了？這很有可能。我不認為救世主會是柴契爾，正因為如此，我才能用稍微樂觀一點的態度作結。她所致力於發展的自由經濟並非致勝法寶，一九三〇年代的法西斯宣傳就已經證實了。高喊「富者愈富，窮者去死」是不可能贏的。柴契爾的前景甚至比不上希特勒——希特勒上台三年後，德國已經沒有多少人失業，而柴契爾上台三年後的失業率卻更遠甚於以往，而且大有向上攀升的可能。她是打腫臉充胖子。她還是有可能被擊垮的。但是，既然曾經以愛國主義和軍國主義把政治情勢導向她希望的方向，那麼有一就可以有二。我們必須保持戒心。狗急跳牆的右派政府可是什麼都做得出來的。

第十九章　離散猶太人的貢獻

原為二〇〇五年五月十日，利奥．拜克研究中心（Leo Baeck Institute）五十週年慶的講座內容，講題為〈啟蒙與成就：一八〇〇年以來猶太人天賦之解放〉（Enlightenment and Achievement: the Emancipation of Jewish Talent since 1800）。

猶太人在總人口當中，幾乎一直都是少數族群。猶太史領域中大多數的研究，處理的也幾乎是外界對猶太人的劇烈衝擊。而我關心的則是猶太人對其他人的影響；尤其在十九與二十世紀時，猶太人對外界的影響出現了爆炸性的轉變，而這一切盡皆始於十八世紀晚期猶太人的解放與自我解放。

從西元一世紀被迫遷離巴勒斯坦，直到十九世紀，猶太人都生活在外邦人的廣闊社會中，他們採納外邦語言並為己所用，根據儀典要求調整外邦的料理；但是，在這相對廣闊的社會裡，猶太人能夠參與，以及願意參與（意願和能力同樣重要）外界文化與智識生活的程度不僅低，而且斷斷續續的。猶太人對於這段時期的生活，其原創性貢獻因此微不足道，即便自從解放以來貢獻卓著，也無法改變曾經的事實。唯有在智識文化之間擔任中介——尤其是（歐洲）中世紀在伊斯蘭與西方基督教世界之間建立起橋梁時，猶太人才算扮演要角。

來談猶太人成就非凡的領域——數學。就我所知，在十九世紀之前，進代數學的重大發展鮮少跟猶太人的名字有特別的聯繫。我們也不知道，猶太數學家為數學所帶來的某種重大進展——整個數學界在許久之後才發覺到這件事——情況如同印度數學家在十四與十六世紀之間以馬拉亞拉姆語（Malayalam language）所寫下的研究，直到二十世紀下半葉才為人所知。或說下棋，猶太教宗教權威（尤其是邁蒙尼德〔Maimonides〕）普遍認為，這種踰矩的行為會害人無法專心研究律法，因此非常不鼓勵人們下棋。無怪乎第一位聲名鵲起的猶太棋手，會是法國的阿宏・阿利克松（Aron Alexandre, 1766-1850），他的生平正好與猶太人的解放是同一時期。

這種隔離或隔都化（強制或自行皆然）在十四世紀至十八世紀之間最為嚴格；一四九二年後，未改信基督教的猶太人被迫離開西班牙領土（包括在義大利的領土），隔都化也因此加劇。猶太人與非猶太人之間的社交或智識交流因此減少，只有聯繫猶太人和外邦世界的職業相關活動不受影響。我們確實很難想像在這段期間，猶太人跟受過教育的外邦人會有日常的知性互動，大概只有唯一留在西方的主要都市猶太人，亦即阿姆斯特丹的塞法迪（Sephardi）社群得以例外。畢竟大多數猶太人若非囿於隔都，就是遭到禁止居住在大城市內，直到十九世紀情況才有所改變。

雅各·卡茨（Jacob Katz）在《出自隔都》（*Out of the Ghetto*, 1913）的觀察一針見血，他說當年「猶太人不太在乎外界」。正統派的儀軌構成了猶太宗教的主體。各個時代都有人仔細將這些儀軌編纂為成文摘要（知名者如《法俗備便》〔*Shulchan Aruch*〕），由此強化了隔絕；傳統型態的猶太知性活動，也就是《聖經》與《塔木德經》（*Talmud*）的解經釋義，以及將之應用於猶太生活，致使其他活動很難有發展空間。拉比權威禁止哲學、科學等非猶太源頭的知識——在烏克蘭部分地區，甚至連外語都在禁止之列。僅極少數東方猶太人提倡解放，並認為有必要將外邦印刷文化中讀書人唾手可得的著作，例如歐幾里得，或是三角學、地理學與民族學譯為希伯來文。由此來看，猶太人與外邦人知識界之間的鴻溝再明顯不過了。

解放時代之前與之後，情況的反差教人吃驚。好幾個世紀以來，撰寫世界的思想史與文化史時，幾乎不會提到任何猶太人——正統派所認定的猶太人——的貢獻（邁蒙尼德或許算例外）。誰知我們幾乎一瞬之間便進入現代，而猶太人的名字不成比例地輩出，如同一下子把壓力鍋的鍋蓋給掀了。除了大名鼎鼎的海涅（Heine）、孟德爾頌—巴托爾迪（Mendelssohn-Bartholdy）、李嘉圖（Ricardo）、馬克思、迪斯累利（Disraeli），幾個在備受青睞的城市（尤其是柏林）裡受過教育的富裕猶太人更是一片欣欣向榮。但我們不能被他們的名氣誤導。拿破崙戰爭一結束，日耳曼、荷蘭或哈布斯堡帝國仍有一大群阿胥肯納吉猶太人（Ashkenazi Jews）沒有融入所在地的外邦社會，只是在行政上融入（相當晚近的發展），成為擁有民事姓氏的子民。連上層家庭都還有努力空間：馬克思的母親對高地德語總是感到彆扭，而羅斯柴爾德家族（Rothschilds）第一代與第二代仍然用希伯來字母，並以猶太德語（Judendeutsch）通信。哈布斯堡帝國中歐腹地的猶太人直到一八四〇年代才有人受到解放的影響（此時開始有機會移居城市），加里西亞與俄羅斯猶太村莊的話，則要更晚。甚至在美國，根據史蒂芬・瑟恩斯卓（Stephen Thernstrom）在《哈佛美國族群百科》（*Harvard Encyclopedia of American Ethnic Groups*）提出的報告，「二十世紀過了一大半，但大多數移民仍然能回想起，甚至直接出身於傳統猶太社會」。大批塞法迪人依然生活在與外隔絕的飛地中。其實，除了法國與尼德蘭的小型難民社群，以及北義大利、法國南部的傳統社群，我很懷疑能否找到有任何地方在法國大革命之前，是所有猶太人（而不是只有社會上層）都融入周圍社會，比方說連在彼此之間都習慣講當地外邦人的語言。

承上而論，猶太人解放的過程其實不像突然間的泉湧，比較像是涓涓細流一下子變成滔滔江河。我根據出生日期，將《猶太百科全書》（*Encyclopaedia Judaica*）相應條目提到的數學家、物理學家以及化學家加以分類。這三個群體中，只有一人生於一八〇〇年之前，三十一人生於十九世紀上半葉，一百六十二人生於十九世紀下半葉。（前解放時期的猶太人，在另一個知識領域——醫學——立身已久。醫學領域也有類似的轉折，只是沒有那麼劇烈）。我多事補一句：以這個階段來說，我們的注意力絕大部分都放在猶太人的阿胥肯納吉分支上，他們構成全世界猶太人當中的多數，人數也隨著猶太人的都市化而愈來愈多。維也納猶太人的人數，從一八四八年的不滿四千人，躍升到一戰前夕的十七萬五千人。

我們絕不能低估一小群受過教育的富有菁英——在十九世紀初的柏林，大概有四百零五個猶太家庭——所帶來的影響。前民主自由時代的社會，就是為了裨益這類群體而建構的。因此，義大利猶太人雖然只占總人口的百分之零點一，卻在義大利選舉法的限制下擁有達百分之十的選票；一八五一年，加富爾在薩瓦王國的選舉，便得到都靈（Turin）猶太社群選票的幫助。這也許有助於解釋猶太人何以迅速在西歐與中歐公共舞台上嶄露頭角。就我所知，猶太人幾乎沒有參與法國大革命，也很少是革命的同情者，只有身處尼德蘭資產階級氛圍中的猶太人例外（這不難想見）。但到了一八三〇年的數場革命，猶太人在法國政局中的角色簡直不可能忽略，尤其是南法地區。日耳曼與北義大利也是一樣的情況：馬志尼的祕書，以及幾個幫手和金主都是猶太人。到了一八四八年，猶太人已相當醒目。例如阿道夫・克雷米厄（Adolphe Crémieux）旋即在新的法國革命政府中擔任部長，而達尼耶勒・馬寧（Daniel Manin）則成為威尼斯革命派的領袖。普魯士制憲會議中有三名猶太人位居上首，法蘭克福議會中則有四名（議會解體後，是一名猶太人救下了國璽；幾年前，他在不列顛的後代子孫將國璽歸還聯邦德國）。來到維也納，是猶太大學生起身呼籲發動三月革命，而《維也納作家宣言》（*Manifesto of Viennese Writers*）的二十九位聯名人中就有八個猶太人。梅特涅列出的奧地利屬波蘭顛覆分子名冊中，並無明顯的猶太人姓名，但僅僅過了幾年，波蘭的猶太人便展現出對波蘭自由的熱情，甚至有一位拉比獲選進入帝國議會，與波蘭派同席。對於前民主時代的歐洲來說，政治——甚至連革命政治亦然——屬於一小群讀過書的人。

毫無疑問，解放者認為有兩項改變至為關鍵：一定程度的世俗化與教育。這兩者不只要以國語進行，更要習慣採用國語進行。所謂的國語，最好是眾所接受的書寫文化語言，不過這不是必要條件（想想看熱情接受馬札爾化的匈牙利猶太人吧）。我所謂的「世俗化」，意思不是放棄猶太信仰（雖然思想解放的人當中確實掀起一股改宗潮，有人是真心誠意，有人是考量現實），而是表示宗教再也不是不得鬆懈的、無所不在、鉅細靡遺的生活框架。無論宗教再怎麼重要，都只是生活的一個環節。理論上，這種世俗化讓受過教育的猶太女性得以和外邦人通婚或結為伴侶，而這些女性不僅扮演重要的文化角色，後來也成為（左翼）政治要角。婦女解放跟猶太解放之間的關係，是個非常重要的主題。

初等教育（必然是以本地語言進行）在十九世紀的前三分之二並未普及，但我們可以推測，到了十九世紀中葉，識字能力在日耳曼大部分地區已經相當普遍。一八一一年後，人在日耳曼地區的猶太男孩基本上很難脫離公立教育體系，實際上連教會學校也不再像東方那樣強制學習希伯來字母了。在俄羅斯與奧地利屬波蘭國界線以西，猶太兒童教會學校（cheder）已無法與世俗教育抗衡。然而，各地的中等教育機會仍相當有限：十九世紀中葉相應年齡群體中受過中等教育的人口而論，比例最低的是義大利——不到百分之零點一，而最高的則是普魯士——不到百分之二；大學教育機會更是受限。富足程度更甚於他人的小群體——例如猶太人——他們的子弟獲得的機會因此最高，而猶太人又特別重視治學。這正是猶太人在普魯士高等教育中人數比例在一八七〇年代及於巔峰的原因。此後隨著高等教育逐漸普及，猶太人占比也隨之下降。

跟非猶太裔的讀書人說、讀、寫同樣的語言，是加入現代文明行列的先決條件，也是破除隔離最直接的手段。然而，解放後的猶太人更是熱情擁抱所在國家的國語與外邦文化，許多人不只會加入歷史悠久的社團，甚至能夠自視為創社成員。他們解放的時候，正值德語、匈牙利語以及波蘭語經典文學與各種民族樂派成形的時代。拉結・法恩哈根（Rahel Varnhagen, 1771-1833）[1]在十九世紀初的柏林感受到的氛圍，豈不是最貼近德語文學最前沿嗎？德國作家提奧多・馮塔內（Theodor Fontane, 1819-1898）曾經如此形容一名熱情的猶太解放者，「唯有在他居住的地區，我們才能找到貨真價實的德語文學」。無獨有偶，兩三個世代之後，解放的俄羅斯猶太裔知識分子——借用猶太復國主義作家澤維・賈鮑京斯基（Ze'ev Jabotinsky, 1880-1940）的話——「又狂又恥地愛上了俄語文學」。只有在多語言的黎凡特（Levant）地區，由於缺少國語文化，語言的改

① 編註：德國作家，其所主持的沙龍，為當時歐洲翹楚。知名作家漢娜・鄂蘭曾以她為研究對象並完成傳記。

易也就沒那麼關鍵。多虧一八六〇年成立的普世猶太人協會（Alliance Israélite Universelle），黎凡特當地現代化的猶太人得以以法語接受教育，同時繼續講（但不再寫）猶太西班牙語、阿拉伯語或土耳其語。

至此，所有解放性的語言中，最重要的便是德語。其中原因有二。從柏林到大俄羅斯深處，從斯堪地那維亞到亞得里亞海，再深入巴爾幹——對於歐洲半壁而言，從落後通往進步，從地方思維通向遼闊世界的路，都是用德語文字鋪成的。我們往往忘記德語曾經扮演的角色。德語是通往現代性的門扉。當代小說家卡爾—埃米爾．法蘭佐（Karl-Emil Franzos, 1848-1904）為紀念席勒（Schiller）百年誕辰，創作了故事〈席勒在巴瑙〉（Schiller in Barnow）。對十九世紀日耳曼平民領袖來說，席勒是道德與政治自由的經典之聲，法蘭佐的故事對此有精采的呈現。故事中，在作者苦澀地稱之為「半是亞洲」（Halb-Asien）的地方，卻有一小本印刷品質粗劣的席勒詩集，這本詩集更成為一名道明會修士、一名年輕盧塞尼亞學校老師，以及一名兒童教會學校中的窮困猶太男孩找到解放的途徑——十九世紀的教育及現代文化所提供的解放。故事的高潮發生在朗讀〈快樂頌〉（Ode to Joy）的時刻。在黑暗無比的東方，甚至有人將席勒的作品譯為希伯來文。德語的解放角色，解釋了加里西亞最猶太化的重鎮——布羅地（Brody，百分之七十六人口為猶太人）的市政高層為何堅持以德語為學校教育用語。一八八〇，他們甚至到維也納的帝國法院打官司，為這種作法辯護，主張德語是加里西亞的一種通用語（顯然站不住腳），而且勝訴了。

德語當然不是當地的通用語。絕大多數東猶太人講的是德語的一種方言——意第緒語。意第緒語是證明東猶太人曾經與整體社會連繫在一起的遺緒，如今卻像一四九二年之後的塞法迪西班牙語，變成語言隔絕的烙印。照理來說，意第緒語應該可以作為口語媒介，與書面的國語共存，就像當年其他德語方言，以及現在的瑞士德語。可惜情況不如人意，意第緒語在當時成了加入現代世界的障礙，有如許多蒙昧社群所使用的語言，必須在語言上與意識形態上加以移除。

人在華沙的猶太解放先鋒們，總是以講波蘭語或德語，穿上「德式夾克」來凸顯自己。意第緒語移民子弟就讀德語學校的時候，每每發現自己的語法習慣困住了自己——對意第緒語來說十分正確，對德語來說則不然。相對富裕的猶太人（對地主國既有社會來說是新貴）甚至寧可拋棄自己身上可見、可聞的出身標誌。阿圖爾・施尼茨勒（Arthur Schnitzler）的小說《自由之路》（*Der Weg ins Freie*, 1908，英譯本為《開放之路》〔*The Road to the Open*, 1913〕），對於世紀末維也納猶太人同化過程中的幽微處，有著入木三分的刻畫。書中的富商埃倫貝爾格（Ehrenberg）在妻子的沙龍裡，故意在外邦人「名流」面前，回頭講以前那種夾雜意第緒語的德語——「以前在埃倫堡家的日子實在不好過」（vor die Jours im Haus Ehrenberg is mir mieß）——以表示自己摒棄了維也納猶太人對老式日耳曼自由思想的憧憬。

一邊是未受同化、講意第緒語的東猶太人（Ostjuden），另一邊是已同化的西猶太人（Westjuden），兩者之間的區別逐漸成為關鍵，直到他們在同一場大屠殺中消逝。讀書人言談間想必討論過透過民族語言（亦即意第緒語）為猶太人賦予民族地位的作法，但自豪、獨樹一幟、受過教育的中產階級第一次碰到有人（質疑日耳曼化的人）試著這麼做，則是在一八七〇年代的布科維納（Bukowina）。中歐地區解放後的猶太人認為，不能用「東猶太人」來界定自己，他們也不願意當東猶太人——東猶太人跟自己看起來這麼不同，簡直就像另一個物種。我還記得小時候在維也納，有一次聽完大人交談之後，我問一名長輩：「這些東方猶太人名字怎麼這麼怪啊？」——她顯然很尷尬，畢竟她知道我們家——格呂恩家（Grüns）與科利區歐訥家（Koritschoners），是從奧地利屬波蘭直接遷到維也納，像魯道夫．莫瑟（Rudolf Mosse）、海因里希．格雷茨（Heinrich Graetz）、伊馬努耶．拉斯克爾（Emmanuel Lasker）與阿圖爾．魯平（Arthur Ruppin）等傑出的德國猶太人也是直接從普魯士屬波蘭前來德國的。

恰恰正是十九世紀晚期以來，東猶太人的這波大規模遷徙，大幅轉變了猶太人衝擊現代世界的方式。猶太人在二十世紀對外邦世界的影響，或是造成的印象，跟十九世紀時的影響之間確實有明顯的延續性，但兩者完全是不同層次。自由派資產階級的世紀，轉變為俄裔美籍歷史學家尤里．斯廖茲金（Yuri Slezkine）書名所謂的「猶太世紀」（Jewish Century）。美國猶太社群成為目前為止最大的西向離散群體。不同於其他已發展國家中的離散，這一波美國猶太離散絕大多數都是窮困的東猶太人，而他們的人數實在太多，難以嵌進美國既有的、已經文化適應的日耳曼猶太人框架中。二次世界大戰結束前，上述的猶太離散始終是文化邊緣人，恐怕只有法理上例外。波蘭與俄羅斯猶太居民受到現代化影響，政治意識大規模覺醒，加上俄羅斯革命的推波助瀾，改變了猶太解放運動的本質，甚至連錫安主義版本的解放也不例外。除了現代化與俄國革命之外，高等教育工作機會的大幅增加（尤其是十九世紀下半葉）、法西斯主義崛起、以色列建國，以及一九四五年之後西歐反閃歧視的急遽式微，對兩地的猶太居民也有影響。這種猶太文化軟實力的規模，是一戰或二戰之前根本無法想像的。具有認同意識、愛買書的猶太民眾顯然也愈來愈龐大，這自然會影響圖書大眾市場的樣貌，先是影響威瑪共和國，然後及於其他地方。因此，我們必須把這兩個時代分清楚。

一開始，解放的猶太人對地主國社會的貢獻就大得不成比例；但因為解放的本質使然，他們的貢獻並無文化辨識度：他們就是希望成為道地的法國人、義大利人、德國人和英格蘭人。反過來說，雖然地主社會容許反閃情緒的流竄，但這些社會在自由主義階段，卻也同樣歡迎富裕且受過教育的少數，來強化社會的政治、文化與民族價值。以二戰前的演藝圈來說，猶太人可是真正的霸主：歐美兩地的輕歌劇與音樂劇、劇場與後來的電影，或是大西洋兩岸的流行歌，都由猶太人主宰。十九世紀時，法國有作曲家奧芬巴哈（Offenbach），奧地利有《藍色多瑙河》作曲家史特勞斯（Strauss）。甚至進入二十世紀之後，美國也有詞曲創作者厄文·柏林（Irving Berlin）；在猶太人控制好萊塢的大時代，你找到的絕對只有派拉蒙創始人祖克爾（Zukor）、米高梅（MGM）創辦人勒夫（Loew）與邁爾（Mayer）等認為百分之百符合美國白人價值的事物，甚至從影星的名字，都看不出其移民出身。義大利統一後，國內猶太人口只占百分之零點一，但他們在公共生活中扮演的角色卻遠比在其他國家吃重：參議院中有十七名猶太裔參議員；猶太人出任首相、部長，甚至是將領。但是，他們跟其他義大利人幾無分別，因此直到戰後，才開始有歷史學家注意到猶太代表占比過高的情況。

高雅藝術也有同樣的情況。猶太作曲家譜寫德法音樂，猶太樂手與大師級演奏家占領了音樂廳和管弦樂隊樂池，可謂蒙昧的東方開始解放的最初跡象。但是，二十世紀的偉大猶太小提琴家與鋼琴家反覆強化了西方古典樂的常見曲目，不像吉普賽小提琴手、黑人爵士樂手以及拉丁美洲演奏家會開拓各自樂種的範圍。一小批在倫敦活動的愛爾蘭作家（王爾德〔Wilde〕、蕭伯納〔Shaw〕、葉慈〔Yeats〕）在英語文學上留下清晰可見的「愛爾蘭」痕跡，而猶太作家對十九世紀歐洲各國文學卻沒有帶來如此深刻的印記。不過，進入現代主義時期後，猶太人對文學與視覺藝術的貢獻不僅愈來愈明確，影響力也愈來愈大，或許是因為現代主義在這些領域的創新，吸引了這群不知如何立命於世的人，也或許是因為十九世紀的社會危機，讓外邦人更容易體會到猶太人的飄零處境。心理分析之父佛洛伊德對於自己的猶太身分相當有自覺，而他的理念正是在二十世紀時浸潤了西方文化。《尤利西斯》（*Ulysses*）以一名猶太人為主角；托馬斯．曼（Thomas Mann）對心理分析主題難以自拔；卡夫卡身後對二十世紀有著莫大的影響。反觀大衛．馬梅（David Mamet）則提醒了我們，從另一個角度來說，亞瑟．米勒的《推銷員之死》（*Death of a*

Salesman）背後的意義放諸全美國，甚至全世界皆準，讓我們鮮少注意到米勒寫下這部劇作時，顯然是以猶太人的經驗為其根據。

視覺藝術領域正好有一兩名傑出人物是猶太人（馬克斯・李柏曼〔Max Liebermann〕、卡米耶・畢沙羅〔Camille Pissarro〕）；長江後浪推前浪，他們在二十世紀全球性大離散中讓出位子，而離散中的猶太人不只人數愈來愈多（盛大的「柏林／莫斯科，一九〇〇年至五〇年」〔Berlin/Moscow 1900-50〕藝展手冊中，大約有百分之二十的藝術家是猶太人），愈來愈引人注目（現代主義畫派的莫迪利亞尼〔Modigliani〕、帕斯金〔Pascin〕、馬庫西〔Marcoussis〕、夏卡爾〔Chagall〕、蘇丁〔Soutine〕、埃普斯坦〔Epstein〕、利普茲〔Lipchitz〕、利西茨基〔Lissitzky〕、札欽〔Zadkine〕），有時候更是一看就帶有猶太色彩（例如夏卡爾的作品）。近年來因為大眾媒體文化的美國化，新聞記者開始採用意第緒成語。今天，使用英語的外邦人泰半懂得「chutzpah」（膽大包天）一詞的意思；換作是四十年前，會使用或是懂這個詞的人幾乎都是猶太人。

至於自然科學領域，猶太人的貢獻在一九一四年之後急遽增加，從諾貝爾獎相關獎項紀錄便可見一斑。然而，他們絕少為此帶來民族與文化的色調，只有極右派意識形態才會把這兩者連起來，把自然科學當成「猶太科學」。出於人盡皆知的原因，社會科學與人文科學情況就大不相同了。但凡社會的本質與結構，以及在歷史劇變時期可能的社會轉型，相關議題無論在實際上或是理論上，幾乎是從一開始便吸引著人數多得不成比例的猶太人，聖西門主義者（Saint-Simonians）與馬克思可謂其濫觴。猶太人傾向於支持全球性、變革性的轉變，而猶太學者對社會科學與人文科學的關懷也符合這種傾向。這一點在受到馬克思啟發的社會主義、共產主義運動大行其道時尤其明顯。我們確實可以說，十九世紀初解放西猶太人的價值觀，跟西猶太人本身並無關係，但東方的阿胥肯納吉猶太人則泰半是透過跟自己有密切關係的普世革命價值觀自我解放的。甚至連推動以色列建國的錫安主義，一開始也深受馬克斯思想薰陶。

無獨有偶，進入二十世紀後，社會學等新的學術領域在歐洲特定地區開展，其中心理分析的發展尤其蓬勃；我們再度看到，其中的猶太裔學者不成比例地多，簡直就像小提琴大師的國際俱樂部，多是猶太人。但是，這些學科就和其他猶太人貢獻卓著的領域一樣，並非代代相傳，反而缺少固著性，能夠帶來創新。丹尼爾．史諾曼在《希特勒流亡者》（*The Hitler Emigrés*, 2002）指出，在不列顛，受到中歐「流亡者衝擊最大」的「或許是那些比較新、偏向跨學科的領域（藝術史、心理學、社會學、犯罪學、核子物理學、生物化學），以及變化最快的行業（電影、攝影、建築、廣播），而不是那些歷史悠久者」。愛因斯坦之所以是二十世紀科學界最知名的門面，並非因為他是猶太人，而是因為他在知識動盪的世紀中，在一門變革中的科學成為眾人膜拜的符號。

也許有人會問，猶太人對整體西方文化與知識界的貢獻，為什麼在某些地區比較顯著，其他地區則不然？以諾貝爾科學獎項為例。七十四名不列顛獲獎者中有十一位是猶太人，但除了一人可能例外，其餘都不是在不列顛出生的。一九一七年以來的十一次獎落俄羅斯的獎項中，有六、七項是猶太人贏得的，而且這些得主都是土生土長。雖然以色列有著頂尖的人均科學論文發表數，但在二〇〇四年之前，以色列研究人員從來沒有在任何國家贏得諾貝爾獎科學獎項；到了二〇〇四年，以色列誕生兩位諾貝爾獎得主，一人生於以色列，一人生於匈牙利。另一方面，南非的立陶宛猶太人人數不多（約十五萬人），但自從以色列躋身獨立國家行列以來，卻有兩三位南非立陶宛猶太人贏得諾貝爾獎，只是他們人都不在非洲。該怎麼解釋如此懸殊的差異呢？

對此，我們只能推測。在上述學術領域，研究者人數的大幅增加確實相當關鍵。一九一三年，普魯士大學教師總人數不到兩千人；德國公立中學教師人數是四千兩百人出頭。二戰之前，傑出的傳統學院派經濟理論家名單中，猶太學者人數少得出奇（李嘉圖是知名的例外）；這個事實恐怕跟經濟學領域學術職位員額之少脫不了關係。反之，猶太人大量囊括一九一八年之前的諾貝爾化學獎，肯定也跟化學是受過學術訓練的專家最早大量受雇的領域有關——光是德國三大化學公司，就雇用大約一千人。我父親的七個兄弟裡，僅一人在一九一四年前算是專業人士，他就是個化學家。

這些標準或許不夠嚴謹，但也不能等閒視之。如果美國學術界沒有在一九四八年後對猶太人開放，學界的猶太裔人數沒有迅速增加的話，美國顯然不可能在一九七〇年後收獲那一波本土諾貝爾得主浪潮。此外，我相信還有一項更重要的因素——種族隔離，無論是解放前的那種隔離，或是領土型／遺傳型民族主義造成者皆然。若從以色列國內猶太人口的相對比例來看，以色列的貢獻程度算是令人失望，這或許可以用隔離因素來解釋。生活在外邦人之間，以外邦人為受眾，似乎對物理學家或電影製作人來說，都是一種激勵的要素。就此而論，出身布魯克林，比來自台拉維夫更有優勢。

另一方面，除去理論上的平權，歷史證明若猶太人與外邦人之間有著一定程度的緊張關係，也會發揮很大的效用。以前的德國與哈布斯堡帝國顯然可茲證明，二戰結束之前的美國、二十世紀上半葉的俄羅斯／蘇聯，以及南非與阿根廷也都是實例。無論在南非或是美國，猶太人對於其他受到官方歧視的群體都提供了大量的支持；雖然並非所有猶太群體都跟外邦人處於緊張關係，但他們對上述群體的支持，肯定是關係緊張的一種徵兆。即便身處徹底接納猶太人的地方（例如第三共和時期的法國、法蘭茲．約瑟夫治下的西奧地利，以及大規模馬札爾化的匈牙利），最能激發猶太人天賦的時代，也正是猶太人意識到同化之限度的時代——普魯斯特（Proust）的世紀末瞬間（他在德雷福斯事件的那十多年間長大成人）、荀伯格（Schoenberg）、馬勒（Mahler）、佛洛伊德（Freud）、施尼茨勒以及卡爾．克勞斯（Karl Kraus）的時代。離散猶太人是否可能融入在地社會，融入到失去那種刺激的程度？向來有人主張這就是落地生根的盎格魯猶太人在十九世紀面臨的處境；當然，不列顛猶太人在社會主義與社會革命運動領導群裡，甚或是在社會主義知識分子當中，也跟「傑出」相去甚遠——只要跟萊茵河以東與阿爾卑斯山以北的猶太人一比，就很明白了。對此，我沒有資格說三道四，妄下定論。無論情況如何，到了希特勒與大屠殺的時候，一切都跟著變了。

一九四五年以來的這個時代有個弔詭之處，在於猶太歷史上最慘痛的悲劇，居然造就兩種完全不同的結果。一方面是讓全球猶太人當中為數可觀的一小部分人集中在一個民族國家——以色列。以色列一度是猶太解放的產物，也是猶太人懷著熱情，想和世界上的其他人進入同一個世界所造就的產物。以色列建國使得離散的規模大幅縮水，在伊斯蘭地區尤甚。另一方面，在悲劇落幕後，世界上大部分地區進入了一個幾乎毫無保留公開接納猶太人的時代（我年輕時的那種反閃主義與歧視幾乎消失了），猶太人在文化、思想以及公共事務領域的成就也邁入舉世無雙、前所未有的階段。啟蒙（Aufklärung）在後大屠殺離散（post-Holocaust diaspora）大奏凱歌，這是歷史上所僅見。即便如此，還是有人想從啟蒙中抽身，回到隔離的狀態——也許是舊有的宗教極端正統派，也許是新的、隔絕外界的族群——基因國家共同體。我認為，倘若他們成功了，對猶太人或全世界都沒有好處。

第二十章　猶太人與德意志

評論彼得・普澤（Peter Pulzer）所著《猶太人與德意志國家：少數族群政治史，一八四八年至一九三三年》（*Jews and the German State: The Political History of a Minority, 1848–1933*）以及露絲・蓋伊（Ruth Gay）所著《德國猶太人歷史鈎沉》（*The Jews of Germany: A Historical Portrait*）。

直到十八世紀晚期，人們書寫世界史的時候多半無須對猶太人過多著墨，頂多提到這一小群人雖然是世界性一神宗教的先驅（伊斯蘭信仰也肯定這份恩情），卻為基督教創造出無止盡的難題——或者說，為那些不幸生活在基督教統治者治下的猶太人帶來無止盡的麻煩。基本上，整個西方世界與各個東方偉大文化的思想史，至多為猶太人對自己的直接貢獻下幾個註腳，稍加關注了猶太人在地中海古典遺產、伊斯蘭以及中世紀西方之間扮演的中介者與文化掮客角色。想到這一小群人的成員在二十世紀文化、思想與公共事務領域的卓越表現，再想到他們在大屠殺前的人口數最高峰時，占全球人口甚至不到百分之一，實在令人大感訝異。

由於公共事務多半不對他們開放，他們在法國大革命以前缺席此領域，也在意料之中。不過，過去兩千年的大部分時間裡，猶太人的思想活動顯然絕大多數都是向內導向，可能只有希臘化時代例外。從猶太的斐洛（Philo the Jew）到史賓諾沙（Spinoza）之間，偶爾才出現一些聖哲會認真探討非猶太教的思想，而這些聖哲就像邁蒙尼德，正好出生在開放的穆斯林西班牙文明中，而這一點絕非巧合。偉大的拉比們以巴比倫式的鉅細靡遺，為聖典所做的評註，當時仍然是塔木德學院（Talmudic academies）的重要科目。[1]這些拉比對於非猶太教信徒的觀點不感興趣。猶太學術與思想著力於聖事，其中例外的恐怕只有醫學——猶太人的醫學專業眾所公認，跨越了共同體的邊界。意第緒語中，用於指稱敬拜地點「會堂」（synagogue）時所用的單詞「shul」，就是古日耳曼語的「學校」。

顯然有那麼一片浩瀚的油田，尚待人類史上最為人稱道的運動——十八世紀啟蒙運動——來加以開採。啟蒙運動帶來諸多貢獻，其中之一便是猶太人的解放。約瑟夫二世（Joseph II）頒布一七八一年至八二年《宗教寬容詔令》（Toleranzedikte）將近一世紀之後，解放的範圍基本上仍局限於西歐與中歐西部的小型猶太社群，而猶太人此時尚未開始在後來卓然有成的幾大知識領域中留下痕跡。有鑑於此，猶太人一下子為十九世紀歷史帶來的貢獻，其規模可謂格外出眾。李嘉圖與馬克思的關懷，都是猶太解放的第一個五十年所造就的產物；有誰撰寫世界史的時候，能夠不注意到這兩人呢？

我們不難理解，多數書寫猶太史的人（多半是猶太人自己人）傾向於關注外界對自身族群的影響，而非猶太人對外界的影響。連彼得．普澤出類拔萃的「少數族群政治史」，也難以跳脫這種內向性。兩位對日耳曼政治衝擊最劇的猶太人，也是日耳曼勞工運動的奠基者——馬克思與拉薩爾（Lassalle），在書中幾無現身（書中只有三處提到拉薩爾，其中一次談的還是他的父親），而「許多猶太人在威廉時代（Wilhelmine）的社會民主黨領導層與黨政論辯中扮演要角，然而支持社會民主黨的猶太選民人數成長卻相對緩慢，一前一後的差異」顯然令作者渾身不自在，以致他寧可著重於後者。

瑕不掩瑜，他觀察入微的分析（雖然有時過於繁瑣）避免掉入多數猶太歷史分離主義的誘惑。倫敦的利奧．拜克研究中心說不定是日耳曼猶太自由派傳統的最後傳人。我們不妨把《猶太

① 譯註：猶太教的《塔木德經》可以分為兩大部分，一為成文的口傳律法「米實拿」（Mishnah），一為歷代拉比對米實拿的詮釋與研究成果「革馬拉」（Gemara）。革馬拉有兩大體系，一為敘利亞、巴勒斯坦地區的拉比在西元三、四世紀間的研究，一為巴比倫地區的拉比在西元六至十一世紀的研究。前者與米實拿的組合，稱為《耶路撒冷塔木德》；後者加上米實拿，則是《巴比倫塔木德經》。《巴比倫塔木德經》成書晚，內容縝密繁複，加上拉比解經的關注焦點超越了以色列一地的習慣法，因此成為主流。目前所說的《塔木德經》，一般指《巴比倫塔木德》。

人與德意志國家》視為該中心相關研究群的作品之一。這所令人欽佩的研究機構得到阿諾·帕烏克（Arnold Paucker）與維爾納·摩瑟（Werner Mosse）等學者的鼎力支持，發表平實、低調、堅定、公正的猶太研究。自從希特勒登台以來，世人幾乎不能理解為何德國猶太人深覺自己就是德國人，尤其為何「憑藉著翻到破爛的萊辛（Lessing）、康德與歌德的大部頭巨作，憑藉著布滿刮痕的指揮家福特萬格勒（Furtwängler）與《三文錢歌劇》（The Threepenny Opera）唱片，在漢普斯特德（Hampstead）與華盛頓高地（Washington Heights），在好萊塢與納哈里亞（Nahariya）站穩腳跟的『第四帝國』，反倒見證了德意志文化民族（Kulturnation）扎根之深」。簡言之，得到啟蒙解放的十九世紀猶太人，怎麼會如此熱情地「高聲表示自己已經離開隔都，已經走入文明」？對此，普澤和同道中人深有所感。

明明「日耳曼猶太社群在各地猶太人之間，在思想上居於主要甚至主導性的地位」，但思想解放後的猶太人卻是以德語使用者為大宗，即便只算那些在一八七一年成為德意志帝國子民的猶太人，德語使用者的人數也依舊居首。更有甚者，露絲·蓋伊明晰通透、內容豐富的《德國猶太人歷史鉤沉》（雖然同樣忽略了馬克思與拉薩爾）清楚指出，德國猶太人絕大多數都是德國土生土長（即便猶太人開始從東方大規模移居德國，情況也沒有改變），並且在學校教育的推波助瀾下放棄了意第緒語，改講德語。

然而，德意志「文化民族」的範圍遠遠不僅於此。普澤提到（但沒有強調）德國社會民主黨的重要思想家（黨內傑出的馬克思主義者除了一人之外也全部都是）把自己的活動範圍從哈布斯堡帝國或帝俄轉移到德國，前者有考茨基與經濟學家希法亭（Hilferding），後者則有盧森堡、理論學家帕爾烏斯（Parvus），甚至政治家馬爾赫萊夫斯基（Marchlewski）與革命家拉狄克（Radek）也能算進去。這項事實顯示，從羅斯本部一路到法國邊境，德語都是文化語言。「德國的猶太人」與「來自其餘德語文化區、思想解放的猶太人」之間主要的差別，在於前者**就是**德國人，而後者當中有為數可觀的多文化者，甚至多語言使用者。他們（或許也只有他們）構成了一八八〇年代捷克、匈牙利異議分子夢想中的理想中歐，各個多民族帝國當中本來彼此沒有交流的文化與族群因此得以相通。

更有甚者，正是這些使用德語的猶太人，將德語傳播到哈布斯堡帝國的偏遠地方，甚至幫助德語扎根；畢竟他們不僅是這些地方受過教育的中產階級裡最大的一部分人，而且實際使用標準書面德語，不像其他人在東方的日耳曼移民講的是施瓦本、薩克森等方言，以及意第緒語（德語文獻學家不無遺憾地證實了這一點）。「德語」是自由與進步的代名詞。露絲・蓋伊在書中提到，來自波蘭的猶太傳統學校「授業座」（Yeshiva）學生（例如雅各・弗羅莫〔Jakob Fromer〕）會靠著俄語—希伯來語、德語—俄語這兩種辭典，設法從塔木德評註中學習德語。席勒為「迷信與偏見的束縛」（另一名波蘭追尋者在解放後如是說）帶來解放。人們很容易對今已不存的東猶太村落表現出眷戀之情，但當時非得住在村裡的年輕男女可不做如是想。

日耳曼猶太人迫切想當日耳曼人，然普澤一針見血，他們「不是想融入日耳曼民族，而是想融入日耳曼中產階級」。「同化」（assimilation）是十九世紀的社會流動大夢。然而，對於同化最常見的批判，顯然並不適用於猶太人。「同化」並不必然要否認自己的猶太身分認同，就連對極為罕見的改宗者來說，改宗也不是不做猶太人。普澤指出，儘管猶太人大規模世俗化，而且致力於成為德國人，德國猶太人仍然作為一個群體而存在下來，有明確的猶太信仰意識，直到希特勒剷除他們為止。猶太人遭到剷除，原因也不只是反閃主義：普澤提醒我們，若以其他國家為標準，德國的反閃無論如何都還算溫和。流亡的物理學家魯道夫．佩爾斯（Rudolf Peierls）爵士說得好，「在希特勒掌權以前的德國，『生為猶太人』是個尚且可以忍受的缺陷」。赫茨爾之所以轉奉錫安主義，原因並非德國的反閃主義，也不是維也納當地更明目張膽的反閃情勢，而是因為法國發生了德雷福斯事件。

但我真希望普澤沒有選擇「族群性」（ethnicity）一詞，來稱呼凝聚猶太人的紐帶，畢竟他們感受到的並非生物上的紐帶，而是歷史上的紐帶。他們並未自視為血緣甚或是先祖宗教的共同體，而是像奧托．鮑爾所說的「命運共同體」。不過，無論我們如何稱呼，思想解放的猶太人作為一個群體，他們的行事作風其實不太像猶太人。（當然，東方猶太人的行為舉止也跟其他人大不相同。）普澤在書中的泰半篇幅，盡皆投入於呈現思想解放的猶太人在政治行為上的的特異性（specificity）。不出所料，以一個「共同體」而言，他們在日耳曼政治光譜上居於溫和自由左派，而且絕不會是極左派。即便自由主義在希特勒掌權年間土崩瓦解，他們也沒有因此成為共產主義者，而是往社會民主黨發展。他們的政治態度不像哈布斯堡或是帝俄歐洲地區的猶太人，並不期待救世主出現。加入共產黨或是票投共產黨的德國猶太人算是相對少數，而在一九三三年希特勒成為總理以前，德國錫安主義者（同樣是微不足道的少數）也不把錫安主義當成某種移民規畫，而是個人的重生。他們不像東猶太人，並不認為自己在（借用其中一人的話來說）「瓦爾特與沃爾夫杭姆[②]（Wolfram）、歌德、康德與費希特（Fichte）的土地上」是異鄉人。

一言以蔽之，日耳曼猶太人在德國如魚得水，卻也因此面臨雙重的悲劇。他們不只遭逢毀滅，而且對自己的命運渾然未覺。普澤盡可能去理解他們的挫敗，尤其是自由派德國猶太人拒不面對希勒特意味著什麼，甚至到了一九三三年之後也不承認。當然，沒有人能預料到，甚或是想像得出後來發生在馬伊達內克（Majdanek）與特雷布林卡（Treblinka）的事[③]。一九一八年至二〇年間，成千上萬的東猶太人遭到屠殺，他們的同胞甚至曾生活在劊子手之間，可是就連他們都料不到會發生種族滅絕。一九四二年，種族滅絕的第一份可信報導經層層傳遞到西方時，絕大多數的人對報導內容都不敢置信。這是人類史上從無先例的慘劇。即便如此，我本人——我以柏

② 譯註：指埃申巴哈的沃爾夫杭姆（Wolfram von Eschenbach），十三、十四世紀之交的日耳曼騎士、詩人、作曲家。

③ 編註：兩處都是滅絕營。

林一個中學生的身分，親身經歷過一九三三年一月三十日——依然可以作證，當時已經有人把希勒特政權視為世界末日了。確實，儘管許多猶太人不願意放棄德國，但他們也做了最壞的打算，只是他們仍低估了最壞有多壞。畢竟，一九三三年時德國的猶太人口中，將近三分之二在接下來六年移居他方，也因此活了下來，不像他們不幸的波蘭猶太同胞。只不過他們並非真心情願的離去。有些人像德意志銀行（Deutsche Bank）創辦人的後代，雖然把妻小送去安全的地方，卻在一九三八年的水晶之夜④（Kristallnacht）之後寧可自殺，也不願拋下德國。

即便僥倖生還，悲劇的真實性也不減一分。德國文化讓保加利亞猶太人埃利亞斯・卡內蒂（Elias Canetti）在二戰正酣時寫下「德語仍將是我思想的語言」。唯有感受過那文化的力量、輝煌以及美麗的人，才能完全了解這是種什麼樣的失落。唯有那些姓氏裡保留了黑森（Hessen）、施瓦本與法蘭科尼亞（Franconia）故鄉村莊與市政之名的人，才懂得那股連根拔起的痛。他們的失落感無可彌補。中歐猶太社群再也沒有辦法復原，即便可以，他們曾經歸屬的德國文化也已不再是世界性的文化了。

至於德國有什麼損失呢？弔詭的是，德國失去的說不定少於昔日屬於哈布斯堡帝國的國家：德國的猶太人已經適應了既有的中產階級文化，而哈布斯堡的解放猶太人則是創造出新的文化，而且往往（以維也納來說）跟德意志帝國的文化大不相同。文化上，驅逐或是消滅猶太人之後，德國大致與先前相去不遠，只是變得比一九三三年之前更偏狹、更邊緣。不過，這種看法其實低估了德國的損失。德語再也不是現代性的語言，再也不是落後地方的歐洲人心嚮往之的對象。德語再也不是發表學術成果的語言，再也不是從東京到劍橋的每一位學者都必須能讀懂的語言。當然，這不全然是猶太人大批離去或死去所造成的結果。但猶太人的消失顯然至少有一種戲劇性的影響。一九〇〇至三三年間，諾貝爾物理學獎與化學獎，有將近百分之四十獎落德國；一九三三年後，這個比例掉到十分之一。一名流亡的諾貝爾獎得主堅持在一九四五年後再訪德國，因為自己「對德語與德國的山川止不住地鄉愁」[5]——如此歷史記載，真不知道是悲劇性的反諷，還是黑色幽默。

④ 編註：一九三八年十一月九日至十日，由德國政府暗中策畫、反猶群眾及納粹黨黨員襲擊德國境內猶太人的事件。

⑤ 譯註：指一九五四年獲得諾貝爾物理學獎的馬克斯·玻恩（Max Born）。希特勒掌權後，玻恩流亡英格蘭，退休後於一九五四年返回西德定居。引文出自一九七五年出版的玻恩自傳。

第二十一章 族群與民族

我在此對你們發表演說，不光是因為我身為歷史學家，對民族主義的發展很有興趣，也寫過一點相關著作，更是因為民族主義的發展，正是我演講主題的一環。歷史學家之於民族主義，就像種鴉片的人之於海洛因癮君子：我們為市場提供原物料。「沒有『過去』的民族」真可謂自相矛盾。民族之所以是民族，正是因為過去；就是因為有過去，才能讓一個民族在面對其他民族時占有理據，而歷史學家便是生產過去的人。因此，我這一行（總是跟政治密不可分）成了民族主義不可或缺的基本成分，甚至比俗民學家、文獻學家以及其他經常接受號召為族群、民族效勞的學者更為重要。亞美尼亞人與亞塞拜然人各自是憑什麼去爭卡拉巴赫山區（Mountain Karabakh）為誰所有？容我提醒大家，卡拉巴赫位於亞塞拜然，但居民主要是亞美尼亞人。來談有關高加索阿爾巴尼亞人（Caucasian Albanians）的爭論，這個族群今已不存，但在中世紀時卻居住在前述爭議地區。他們究竟是比較像，又或是比較不像如今生活於當地的亞美尼亞人？這類問題基本上屬於歷史研究範疇，而這個個案可以帶出無窮止盡的歷史思辨。偏偏民族主義者想要的歷史，並非學界專業史家應該提供的（甚至連忠於特定意識形態的學者亦然）。他們要的歷史，是一種逆流而上的神話。請容我再一次複述歐內斯特．勒南在他那場一八八二年知名講座〈何謂民族〉（What is a Nation）講過的話：「民族形塑過程中的關鍵，就是忘記歷史，甚至是搞錯歷史（l'erreur historique）；正因為如此，史學研究的進展往往會威脅到民族性（nationality）。」總之，以族群性或民族主義為題的歷史學家，不得以只好以政治性的或意識形態的激烈方式出手干預。

容我以語意學的探索作為起頭。「有權主張自決，亦即有權成立獨立的領土型民族國家的民族」是如何構成的？時至今日，如果有標準的判準可言，想必會是族群且語言（ethnic-linguistic）的判準，畢竟只要有機會，人們就會用語言來表現族群性，以語言作為族群性的象徵。但當然了，有時候這並不可行。歷史研究毫無疑問的指出，這種可用於表現族群性或民族性的標準化書面語，是相對晚近的歷史建構（往往出現在十九世紀或是更晚），而且經常出現完全沒有這種語言的案例，例如塞爾維亞人與克羅埃西亞人之間。然而，無論族群分野究竟意味著什麼，終究是人為的。我放假時去了威爾斯的農舍度假。就行政與法律層面來說，威爾斯和英格蘭之間的關係，恐怕還沒有康乃狄克州跟紐約州之間那麼地疏離。即便如此，至少我自己已經很久沒有講威爾斯語了，連當地人甚至都忘了我們凱爾特地名的威爾斯語發音，而隔壁鄰居心裡絕不會認為光是住在威爾斯，就足以認定我是威爾斯人。當然，他們心裡可能有這種「非我族類」的想法；假如我的農舍買在薩福克（Suffolk），那鄰居就不該這麼想，除非他們是反閃主義者。我對薩福克來說也算個陌生人，但他們會用「本地人／外來客」的方式，或者用社會階層來區別「他們」跟「我」。這種方式想必比不上用「民族性」作為集體間的分野來得有效率，只是我實在不了解原因為何。

在歐洲，我所能想到的每一波分離主義運動都是以「族群性」（無論是否涉及語言）為基礎，亦即它們的根據是假定「我們」——巴斯克人、加泰隆尼亞人、蘇格蘭人、克羅埃西亞人或喬治亞人——跟西班牙人、英格蘭人、塞爾維亞人或俄羅斯人是不同族，因此我們不應該跟他們生活在同一個國家。順帶一提，亞洲、非洲與加拿大邊界以南的美洲地區，多半還沒有出現這種狀況。等一下我會回來再談。既然今人覺得「**民族**」跟「族群」意思相去無幾，我們為什麼還需要兩個詞，來幫助我們分別這兩者呢？因為，我們在處理的就是不同的概念，而且是不相容的概念。

「民族主義」是一種政治綱領，而且以歷史來看，還是一種相當晚近才出現的政綱。根據這種政綱，得到界定為「民族」的群體不只有權，更因為有權而有義務，去形成自法國大革命以降成為常態的那種領土型國家。「民族主義」無論是否實現，只要少了此政綱，這個詞就沒有意義。實際上，這種政綱往往意味著對一處（盡可能）範圍未中斷的領土實施主權掌控，上述領土有明確的國界，住著同質性的人口，構成公民的主體。我們也可以根據朱塞佩·馬志尼的說法，認為領土裡就是上述同質性人口的總體：「每個民族都有一個國家，一個民族只有一個國家。」

在這樣的國家裡，有一種語言——該「民族」的語言——居於主導地位，甚至具有官方的、壟斷的特權。我無意間注意到，假如「民族」是透過族群且語言的方式來界定的，那麼世界上一百七十多個政體當中，頂多只有十來個國家符合馬志尼式政綱，而且只符合前半段。民族主義——或者用表達比較清晰的十九世紀措辭方式，亦即「民族原則」（principle of nationality）——認為「民族」理所當然存在，就像民主制度認為「人民」理所當然存在。關於上述民族的構成，民族主義本身未能告訴我們答案，但自從十九世紀晚期（頂多稍微早一點），世人便逐漸以族群—語言為條件來下定義。

我曾在我的《民族與民族主義》（*Nations and Nationalism since 1780*）一書中，以「革命民主式」（revolutionary-democratic）與「自由式」（liberal）來描述早期的民族原則。然而，我必須提醒各位，民族原則的早期版本與後來的版本雖然有所重疊，但早期版本並不是以「族群—語言」條件為基礎。對於一開始的革命民族主義來說（美國是延續至今的重要版本之一），無論語言或是族群都不是關鍵。經典的十九世紀自由民族主義，更是和眼下透過分離主義以追求群體認同之輪廓的潮流大相逕庭。自由民族主義的目標，在於擴大人類社會、政治以及文化單位的規模——統合與擴大，而非分離與設限。這也是第三世界民族自由解放運動，之所以跟十九世紀的傳統——自由與革命民主的傳統——如此意氣相投的原因。反殖民民族主義者對「部落主義」、「社群主義」或其他派系與區域認同嗤之以鼻（至少是貶低），認為它們反民族，是為了帝國主義者「分而治之」的利益而服務。就此而言，甘地與尼赫魯、曼德拉與辛巴威總統穆加比（Mugabe），甚至是不久前過世的前巴基斯坦總統祖菲卡・布托（Zulfikhar Bhutto，他曾抱怨巴基斯坦人缺乏民族意識），都不是維陶塔斯・蘭茨貝爾吉斯（Vytautas Landsbergis，立陶宛脫離共產主義後的首任總統）或弗拉尼奧・圖季曼（Franjo Tu man，南斯拉夫瓦解後的首任克羅埃西亞總統）那種民族主義者。前者跟馬西莫・阿澤廖的精神波長一模一樣——阿澤廖在義大利政治統一後說，「我們已打造出義大利，如今竟必須打造出義大利人」。他的意思是：義大利半島的居民有各式各樣的認同，可惜這些認同的基礎不是他們不會說的某種語言（亦即義大利語），也不是那個在他們頭頂上形成的國家。「義大利特質」（Italianness）就像非洲民族議會ANC的「南非特質」（South Africanness），兩者都沒有任何原生性可言。

另一方面，無論「**族群**」是什麼，都不是一種行動綱領，甚至不算是政治概念。特定情況下，族群或許具備政治作用，甚至因此跟政治綱領攜手（包括民族主義與分離主義的政綱）。民族主義之所以渴望能跟族群性畫上等號，是有許多充分的理由的，尤其是因為絕大多數的民族主義顯然都缺乏源遠流長的歷史，而族群性可以提供它們所缺少的系譜，至少對於類似歐洲這種有古老書寫文化的區域來說確實如此。在歐洲，用於稱呼族群團體的相同名稱存在很久的時間，只不過這些名稱所指稱的對象，其實是不同且變化中的社會現況。無論「族群特色」的基礎為何，都是一種俯拾皆是、輪廓明確的方式，可以表現出一種貨真價實的群體認同，將「我們」的成員聯繫起來，因為「族群特色」可以凸顯「我們」跟「他們」的不同。「我們」的成員除了不是「他們」以外，究竟還有什麼樣的共通處？這很難說，在今日尤其難以定論，但我之後再來討論這件事。總之，「族群性」是一種填滿「民族主義」這空洞容器的方式。因此，巴斯克民族主義作家薩比諾·阿拉納（Sabino Arana）才會創造出「Euskadi」這個名字，用來稱呼一區域的居民，他們一直以來都賦予自己，或得到他人賦予一個集體名稱（巴斯克人、加斯科涅人〔Gascons〕，諸如此類），卻不覺得需要有阿拉納所設想的那種區域、國家或民族。易言之，民族主義屬於政治理論，族群特色則屬於社會學或社會人類學範疇。族群可以採取「國家」或其餘政治組織形式，也可以無視於政治組織形式。假如族群變得有政治色彩，那也不見得跟貼上族群標籤的政治操作有特別的親和關係。此時的族群要的只是政治標籤，只要那個標籤能對族群團體成員有不成比例的強烈吸引力，什麼標籤都可以。有個極端的例子——今天大家早就忘了在革命時代，對於未來成為拉脫維亞的地方來說，強烈非族群性的布爾什維克黨是多麼有魅力。蘇聯共產主義走向末日時，仍然有幾個知名的拉脫維亞人物，提醒我們拉脫維亞步槍兵之於列寧，曾經如同瑞士衛隊之於教宗。蘇聯空軍上校阿爾金斯尼斯（Alksnis）屬於強硬派，而《共產黨雙周報》（*Kommunist*）與《消息報》（*Izvestia*）的記者奧托·拉奇斯（Otto Latsis）則支持改革，而兩人都是拉脫維亞裔。拉脫維亞情況可以如此，為什麼歐洲的族群政治卻大面積突變為民族主義政治？

這樣的突變以兩種形式出現，除了需要或渴望控制國家政策之外，兩者之間幾無共同點，甚至沒有共同點。這兩種形式分別為民族分離主義與民族排外心態，前者是成立「我們」自己的國家以對抗外人，後者則是將外人從「我們」既有的國家中排除出去。我覺得第二種變種比第一種難解釋，因為第一種在今日世局中既有個案的解釋，也有通盤的解釋。我試著回答這些問題，但請容我再度提醒各位，世界上有許許多多的地方，無論族群政治多麼令人苦惱，卻沒有轉為民族主義政治——有時候是因為當地人在過去的某個時間點已經放棄了「族群同質性人口」（ethnically homogeneous population）的理念，或者是因為這種理念從來就不存在（例如美國），抑或是因為成立獨立的族群—語言式領土型國家既無關宏旨，又不切實際。第三點的實例也有美國，不過大多數去殖民化的第三世界國家也出現同樣的情況。無論美國族群間與隔都間的衝突多麼劇烈，分離主義從來不是認真考慮的選項，也不符合任何族群或其他群體追求的目標。

回到主題。今日歐洲民族分離主義浪潮有其特定歷史因素。一戰的報應到了。一九八九至九一年的爆炸性議題，是那些因為哈布斯堡、鄂圖曼以及俄羅斯等多民族帝國在一九一七至一八年間瓦解，加上戰後與各自繼承國所議和約的本質，其結果在歐洲以及（我忍不住想補充）在中東製造出來的問題。大家應該記得，上述和約的本質，正是威爾遜將歐洲分為族群—語言領土型國家的計畫。這種構想既危險又不切實際，唯有以大規模驅逐、壓迫與種族屠殺為代價才能達成，後來也確實付出了代價。容我稍加補充，後來蘇聯（以及南斯拉夫）據以建構的列寧民族理論，基本上是同一回事，只不過在落實的時候（至少蘇聯如此）有奧地利馬克思主義者的國籍制度補其不足——國籍變成個人的選擇，凡公民無論出身，在十六歲時皆有權選擇國籍。我不打算把我的論文整篇念出來，我只想提醒各位，斯洛伐克人跟捷克人的衝突，以及克羅埃西亞人與塞爾維亞人的衝突，在一九一八年以前，也就是這些群體被塞進同一個國家以前並不存在。波羅的海民族主義是沙皇最不擔心的政治問題，一九一七年以前也幾乎不存在。其之所以會滋長，是因為時人成立獨立小國構成緩衝地帶，抵禦布爾什維克蔓延的關係。**當時**最嚴重，甚至一觸即發的民族問題，在一九一四年之前便已日漸消退：我想到的是知名的「馬其頓問題」（Macedonian Question）、烏克蘭，甚至是恢復波蘭歷史固有領土的要求。烏克蘭（前哈布斯堡部分例外）和馬其頓都沒有意圖脫離蘇聯與南斯拉夫的跡象，直到這兩個聯邦毀於他人之手，兩國這才意識到得採取措施自保為止。

* * *

因此，對於「原生」（primordialist）族群理論，甚至是民族自決的駁斥，也就變得比以往更為重要。聽講的各位畢竟是人類學家，我希望能假設大家都認同這一點。歷史學家必須提醒人們，只要看看民族主義者對於「融入」的敵意（在猶太人對於猶太教的辯論中可謂稀鬆平常），就能知道族群認同有多麼容易改變。從人名就能一目瞭然，二十世紀初的歐洲有無數男女**選擇**自己要當德國人、馬札爾人、法國人或芬蘭人；到了今天，我們甚至可以從蘭茨貝爾吉斯總統與若干斯洛維尼亞顯要的名字，看出德裔父母選擇了另一個集體認同。但德國人類學家格奧爾格・埃爾維爾特（Georg Elwert）提醒我們：換個角度說，德意志裔（Volksdeutsche）根據聯邦德國憲法有回歸祖國之「回歸權」（right of return，有如猶太人有權回歸以色列）的概念，其實是一種意識形態建構。有些回歸德國的人（例如東歐的門諾派〔Mennonites〕）從出身而論根本不是德國人（除非只要講日耳曼語系的語言就算是德國人），而是法蘭德斯人或菲士蘭人（Frisians）①。唯一來自德國，而且確實認為自己在文化與語言上都是德國人的東歐移民（甚至到了興辦德國學校，教授標準德語的程度），反而無法享有「回歸權」，只能回歸以色列。他們是中上階層的東猶太人。他們選擇的姓氏——「德意志」（Deutscher）、「金斯堡」（Ginsburg）、「夏皮羅」（Shapiro）——反映出他們對自己的出身多麼念念不忘。埃爾維爾特甚至提到，早在希特勒上台之前，有些外西凡尼亞（Transylvania）村莊便把高地德語（有別於當地人講的條頓方言）稱為「猶太德語」（Judendaitsch）。

這樣子的「原生」族群性豈不矛盾？矛盾歸矛盾，卻有一點無可否認——昨天以前還不具

---

① 編註：大約西元前八百年，日耳曼民族分裂為西、東以及北等三部分，而菲士蘭人屬於西日耳曼，其分布位置大約在今荷蘭菲士蘭省及北海菲士蘭群島一帶。

備政治重要性，甚或關係存亡的「族群」認同，確實可能在一夜之間壯大，成為群體認同的標誌（例如身為一名「倫巴底人」〔Lombard〕，現在「倫巴底」已經成了北義大利的排外組織聯盟的名稱了）。我在我的《民族與民族主義》一書中，主張這些短期的族群認同轉變和改易，正是「民族研究的領域，相關的思考與研究對今人來說迫在眉睫」，而我現在仍抱持這種看法。現代多族群社會的特色形式主要是城市隔都的離散，加上族群團體之間摩擦機會的迅速增加，無怪乎族群特質（姑且不問其究理）會在現代走向政治化。代議民主制提供一種現成的機制，只要少數群體內部懂得如何通力合作，對選舉目標有足夠的投入，便能有效爭取中央的一份資源。隔都化的群體因此掌握許多潛在的影響力。與此同時，為不同群體分配各自獨立的棲位，以求平息群體衝突的機制，卻因為政治、意識形態與經濟組織變化等因素而萎縮。現在，各群體爭取的不再是不亞於他人的資源（所謂的「隔離而平等」〔separate but equal〕），而是相同勞動、住居或教育市場上的同一批資源。在這場競爭中，至少對位處不利的團體來說，群體施壓要求特別照顧（「平權措施」〔affirmative action〕），就是他們最強大的武器。但凡（不論原因）選舉參與程度低（像今日美國），或是傳統群眾支持力道減弱（例如美國民主黨與不列顛工黨），政治人物便會對少數群體投注更多注意力，而族群團體正是其中一種。我們甚至看到有人為了政治目的而發明出偽族群團體，像某些不列顛左派把所有第三世界移民全劃歸為「黑人」，試圖讓他們在工黨內得到更多影響力（他們多半票投工黨）。因此，工黨新成立的「黑人小組」（Black sections）會納入孟加拉裔、巴基斯坦裔、西印度群島裔、印度裔，甚至是華裔。

不過，「族群政治化」的核心，卻不是作為手段之用。如今我們普遍看到的現象，其實是從「社會認同」撤退到「群體認同」。這種撤退不見得是政治性的。想想看大家熟悉的那種對「根」的懷舊之情，讓經過同化、世俗化與英格蘭化的猶太孩子在老祖宗的儀式中重新發掘到慰藉，以浪漫的眼光懷想他們從未經歷過的（真是謝天謝地）東歐猶太村落記憶。有時候這類認同自詡為「政治性的」，其實只是一種語意上的新發明，就像「個人即政治」（the personal is political）的口號。認同難免會有政治面向，但是是在什麼樣的情勢下變成政治分離主義的認同？米洛斯拉夫・羅奇將當代中歐、東歐的情況與十九世紀小民族語言民族主義做比較，試圖解答這個問題。無論是當代還是十九世紀，他無不強調一點──語言訴求比民主、憲政社會的理論及制度好懂太多了，對於缺乏政治教育與政治經驗的民眾來說尤其如此。只是羅奇更側重社會失序：

> 舊政權瓦解，舊的關係式微，公眾的不安感滋長……在這種社會處境中，「非優勢族群團體」（non-dominant ethnic group，羅奇的德文原文就是用英文拼寫這個詞）的成員便會認為語言與文化共同體是究極的確定感，是確切無疑的價值。如今隨著系統或計畫經濟與社會安全的瓦解──情況非常相像──語言再度在一個解體中的社會，發揮替代整合因素的作用。一旦社會失能，民族看起來就像是最根本的保證。

前社會主義社會（尤其是前蘇聯）的處境很清楚。實質制度與生活日常一下子土崩瓦解，所以既有價值觀一下子遭到否定，蘇聯公民能怎麼辦，這些男男女女能相信什麼？既然日子一去不復返，族群與宗教（其一或是兩者的結合）即是理所當然的退守據點。族群性轉變為分離民族主義，原因大致與殖民地解放運動在昔日殖民帝國的邊境建立自己的國家相去不遠。它們就是既存的邊境。更有甚者，由於蘇聯結構本身就是把整個國家分割成理論上的族群領土次單位，從自治區到完整的聯邦共和國不一而足，一旦蘇聯瓦解，自然會沿著這些斷層線裂解。史達林當年把維爾紐斯（Vilnius）交給立陶宛作為首都（維爾紐斯在戰間期屬於波蘭），狄托②（Josip Broz Tito, 1892-1980）當年則為了削弱大塞爾維亞沙文主義，於是創造了更大的克羅埃西亞，並使作為少數族群的塞爾維亞裔人數變得更多——歷史真是開了個奇妙的玩笑。

然而，我們可別——或者說先別——推論各個分離主義運動的案例都會導向群眾民族主義。目前為止，南斯拉夫內戰主要都是激進的少數群體加上職業軍人所發動。難道這場內戰已經成為，還是將要成為一場全民戰爭了嗎？我們不曉得，但至少對那兩百八十萬個南斯拉夫家庭——創造出一百四十萬異族通婚的情況，大多數都是克羅埃西亞人與塞爾維亞人的結合——選擇某個唯一且排他的族群認同，必定是件棘手的事情。姑且假設前社會主義國家的族群政治就是根源於社會失序，同樣的社會失序也因為其他原因，出現在其他的地方。十年間，魁北克出生率砍半，甚至（歷史上首度）跌到低於全加拿大的生育率，魁北克分離主義則在這十年的尾聲演變成一股重要力量，這難道是巧合嗎？[1]

一九五〇年以來這四十年，是人類社會史上變革最劇烈的年代。經過這數十年，我們自然會推斷舊有價值觀將大幅解體，舊有的確定性土崩瓦解。世界上有幾個區域的國界線，是一九一八年之後根據威爾遜—列寧式原則劃分的。對這些地方的人來說，「民族」是個理所當然的撤退地點。不是每個地方都這樣，也不是每個地方都會退回舊時代的宗教。但是，一旦當地情況有利於此，「民族」確實會成為棲身之所，中歐與東歐的示範效應自然也有推波助瀾之效。然而，分離主義在歐洲前蘇維埃地區以外卻很罕見。民族排外情緒幾乎無一例外，逐漸變成種族歧視。這是個我無法解答的問題。把陌生移民等同於「他者」，究竟是要防什麼？

哪些人構成「我們」？這問題不難，畢竟「我們」往往是以既有的國家來定義。「我們」是法國人或瑞典人、德國人，甚至是以政治次單位為輪廓的「倫巴底人」；但我們跟侵門踏戶的「他們」不一樣，我們是「真正的」法國人、德國人或不列顛人，而這「真正的」（通常）是用「共祖」或「世居」來界定的。那「他們」是誰？這題也不難。「他們」是那些一看就知道「不是我們」的人，通常這「一看」是用膚色，或是其他體徵，甚或語言來決定的。非我族類的外在跡象不明顯的話，也可以用更細緻方式來歧視：魁北克人聽不懂加拿大口音的英語，卻能跟不列

---

② 編註：革命家，二戰之後，曾企圖統一克羅埃西亞、塞爾維亞等國，重建一南斯拉夫國家。

顛或美國口音的人應答；法蘭德斯人口裡說聽不懂比利時口音的法語，卻聽得懂「法國的」法語。我不確定假如少了這些可見或可聞的陌生跡象的話，可以靠文化差異來辨識「他們」到什麼程度，但種族歧視往往可以從北非菜的味道能讓真法國人受辱到什麼程度，或是鄰居家飄來的咖哩味能讓真不列顛人反感到什麼程度看出來。

其實，從印度菜、中國菜餐廳在全球的擴張，便可看出仇外心態針對的是異國人，而非異國文化輸入。我忍不住覺得，之所以提防陌生人，為的是守住工作機會，而這個論點的確有幾分真實。法蘭西民族陣線（**French National Front**）這一類的歐洲種族主義運動，其主要社會基礎顯然是本土勞工階級；類似活動的積極參與者，甚至是運動本身，也多半是勞工階級年輕人（例如光頭黨）背景。就業機會得到名實相符或實質保障的悠久美好時光結束了，西歐是一九七〇年代，而中歐、東歐則是一九八〇年代末。此後，歐洲各地再度化為大規模失業、就業機會不穩定的社會。更有甚者，我還觀察到，社會上為各個群體分配不同的、非競爭性棲位的機制，若非搖搖欲墜，就是在政治上無法為人所接受。排外政黨或政壇的排外議題之所以會異軍突起，泰半與此有關。儘管如此，捍衛就業機會顯然只是答案的一部分。面對外來的挑戰，排外的人想保住的不只是**個人**在群體內的位置。對於陌生人（或是陌生的外來影響）湧入，有人是真的感到坐立不安。例如，美國就有公民團體堅持，在所有語言當中，必須特別保護英語，讓英語成為官方、獨占的公用語，以抵禦移民的語言。假如想保的只有個人的位置，我們就不會觀察到這種焦慮心態。

有數不盡的共通點，也就是泛泛而論的「生活方式」，將「我們」這群人凝聚在一起。「我們」生存在一片**共同的**土地上，山川水土既熟悉又可一眼認出。說起來，他們想保住的正是「我們」的概念。紛至沓來的外來影響所威脅的，就是**這種**存續。如果把身為英格蘭人、法國人、德國人或捷克人的「我們」據說擁有的共通點列成清單，基本上只要移民有心，每一項都能辦到；除非移民的外貌跟接受國人口的一般長相差異太大，那外貌部分就沒有辦法了。（種族歧視之所以難以根除，有許多原因，而外貌差異便是其中之一。）此外，某些排外情緒受到政治力強力鼓動的國家，例如法國，過去也曾接納甚至鼓勵，而且成功同化了大批移民——義大利人、西班牙人、波蘭人，甚至北非人，規模大時堪比美國。有些對外來風險極為敏感的國家，其實很少接受移民，甚至盡其所能不要有任何移民。斯堪地那維亞國家正是如此——我特別想到芬蘭和冰島——只不過這些國家盛行的自由主義意識形態，讓它們羞於承認這種形式的歧視。永久移民芬蘭基本上難如登天，但直到蘇聯瓦解為止，實在很難說芬蘭面臨過什麼明確且迫切的危險。反之，如今的芬蘭一如既往，是個人口大量移出的國家。

當然，我無意否認社會或許存在於一套特定的習俗或生活方式中，也無意否認過多的移入人口有可能摧毀它們，使它們完全改觀。庇里牛斯山某村落決定封閉公用水泉，因此連口渴的自行車手騎行那一帶時，都不會有路過村莊的動機。情感上，我們多半能體會村民的決定。也許我們當中有人持不同的觀點，但如果假裝不懂二十多年前，以諾·鮑威爾這等睿智的不列顛傳統主義者何以呼籲暫停大規模接納移民，還假裝不懂保守黨或工黨政府何以跟隨他的腳步，那也太不誠實了。何況，一旦關係到的是拯救我們自己深愛的環境（自然環境或人文環境皆然），以免因為太多的人，或者因為不對的人而「被糟蹋」，我們也都會跟他們一樣。重點不在於某些地方甚或是某些區域和國家，它們應不應該，或者還能不能夠靠著改變自己古老的集體特性，以避免打擾與混亂，而是這種改變背後的原動力，會不會其實是蠢蠢欲動的現代政治仇外情結。

時至今日，對於外國人的恐懼，其實已經算不上是那種捍衛舊有生活方式、對抗外國病毒的傳統民族主義。這種文化形式的恐外心態在一九五〇年代的確很普遍，而且多半是反美版本的恐外——台下應該有人還記得對抗「可口可樂殖民」（coca-colonization）的行動——但今人早就忘了那一仗了。文化上打著民族大旗，打擊移民最烈、最激進的一群人，屬於國際青年文化，反映了其風格與流行——牛仔褲、龐克搖滾、垃圾食物等。其實，在排外情緒蔓延的國家，大多數居民的舊有生活方式從一九五〇年代以來早已劇烈轉變過，根本沒剩什麼給他們去捍衛。其實，恐怕只有已經長大成人、經歷過去四十年生活的人，才能切實體會到就連一九七〇年代的英格蘭，也已經跟一九四〇年代大不相同，體會到一九八〇年代的法國、義大利或西班牙跟一九五〇年代早期有多麼不同。我覺得這是條線索。正是這一點把仇外跟分離主義，或是跟開往基進主義的快車銜接起來（比方拉丁美洲的情況）。社會失序，曾經維繫社會眾人的網絡逐漸磨損，有時甚至「啪」地斷裂——不難理解這一切的排外，其實是上述現象的徵兆。

這種仇外的力量來源，是對未知的恐懼，是害怕要是眼前那些為你我共同的歸屬提供客觀、永久、正面界線的標誌消失了，我們將要墮入什麼樣的黑暗。將人類凝聚為社群的事物遭到鋪天蓋地的打擊，一旦身處這樣的社會，能夠有共同的歸屬——最好是集結在可見的成員標誌與識別記號下——也就變得遠比以往重要。

最近有一部紀錄片《巴黎在燃燒》（Paris Is Burning, 1990），呈現一群你所能想像到最受邊緣化、排擠、不合常規的個人：紐約的黑人變裝皇后。包括親人在內，每個人都拋棄他們，鄙視他們。看到他們投入於定期的「舞會」，短暫變裝扮演他們想在真實生活中扮演的角色，爭奇鬥豔，為此而活，卻又知道無法重建自己的群體……實在沒有比這更觸動人心、更令人難過的事了。在這些所謂的「家」裡，每一家都有一個虛擬的家名，每一家都有一名資深的「母親」照料其餘成員，個人因此感受到自己並非全然弱勢與孤單。只是對於那些再也無法歸屬其他地方、無依無靠的人來說，至少還有另一個想像的共同體——永久、無法毀壞，成員身分毋庸置疑——讓他們有所依歸。「民族」或族群團體再度「看起來就像是最根本的保證」。你不用為了屬於這個民族而做任何事情。你不可能被趕出去。你生在民族裡，你安居在民族裡。

我覺得尤金．魯森斯（Eugeen Roosens）的《創造族群性：族群創生的進程》（*Creating Ethnicity: The Process of Ethnogenesis*, 1989）跟弗里德里克．巴特（Fredrik Barth）的《族群團體與族群界限：文化差異的社會組織》（*Ethnic Groups and Boundaries. The social organization of culture difference*, 1998）特別啟迪人心。魯森斯在書裡說得好：「畢竟，誰都無法改變自己出身於什麼樣的『過去』，誰都無法把木已成舟的自己還原成舊貌。」（老實說，你當然可以改變過去，或者至少是發明某種過去——只是人們沒想到罷了。）那麼，男男女女該怎麼知道自己屬於這個共同體？靠著定義他者，定義誰不屬於、誰不該屬於、誰絕不能屬於。一言以蔽之，靠排外。正因為在我們身處的年代，其他的人際關係與價值觀正面臨危機，至少是通往未知、不安終點的旅途上的某個地方，仇外心理才會大有成為二十世紀末群眾意識形態的架式。如今維繫著人類的，是對於人類共通點的否定。

這是要置各位人類學家於何地？畢竟「人類學家」這個稱呼正說明了你們致力於某種概念的普遍性，不是嗎？至於我們歷史學家，人家又說只有黑人或白人或巴斯克人或克羅埃西亞人，才能理解各自群體的歷史，卻又要我們發明他們想「認識」的那種歷史？至少我們還有，應該也要有抱持懷疑的自由。仇外沒有好處，但仇外不會永遠下去。

註釋

1 見Gérald Bernier, Robert Boily et al., *Le Québec en chiffres de 1850 à nos jours* (Montreal, 1986), p. 28.

第二十二章　新民族主義的致命危機

馬紹爾群島甫獲得聯合國接納為成員國時（一九九一年九月），聯合國有將近二十個成員國的人口不足二十五萬。以前有人主張這麼小的領土不足以構成國家，他們的說法已經不再那麼令人信服了。當然，這類小國也完全談不上獨立自主（就算是比它們再大一些的國家也是）。在政治與軍事上，一旦沒有外來的保障，它們只能自求多福，如同科威特與克羅埃西亞的處境。經濟上它們更是有所仰賴。分離主義運動其實不是希望單打獨鬥，而是希望從依賴單一國家的經濟，轉變為依賴歐洲共同體或某個更大的單位，而成員國在經濟主權上受到的限制並不會比較小。話說回來，假如有哪個地方想在紐約的聯合國大廈外升起自己的國旗，取得國家地位帶來的其餘附加好處——國歌、國家航空公司，在誘人都市或重要首都成立幾間使館——如今顯然是最好的時機。但是，怎麼會有人希望建立這樣的國家，且大部分都是希望從歐亞大陸與非洲的既有政治單位中分裂出去呢？（除了加拿大國內，其餘美洲國家目前還沒有顯著的分裂傾向。）有意建國的人提出來的根據，多半是上述土地上的人民自洪荒以來便構成某個「民族」，屬於特別的族群，通常有自己的語言，不該生活在外人的統治之下。他們主張「國家」必然伴隨著自決權而來。

這種論述幾乎完全不合史實，但歐內斯特．勒南一個多世紀以前就說過，「遺忘歷史，甚至搞錯歷史，才是民族形塑的基本要素。」不過，我們面對的不是歷史，也不是論理，而是政治。有件事情得交代清楚。族群—語言式的民族主義信念（早在十九世紀，朱塞佩．馬志尼便主張每一個民族都應該形成一個國家，而每一個國家也應該只有一個民族）不只現在行不通，而是一直以來都行不通。全世界一百七十幾個政體當中，只有若干幾個島嶼小國（頂多十來個國家）是族群與語言上同質的國家，而且各國雖然宣稱代表某個「民族」，但恐怕沒有任何一國涵蓋該「民族」的整體。人種地域之分的概念，早於族群—語言的民族國家，也因此，兩者並非相依相存。現代世界經濟造成大量人口流動，因此經濟愈是發展，族群—語言同質性愈是削弱。多元族群與多語環境自然在所難免，除非靠大規模的排擠、強迫同化、大規模驅逐或種族屠殺……易言之，靠強制力才能達到同質性。像喬治亞這種民族國家所構成的世界——根據喬治亞新政府的規畫，但凡無法證明自己的祖先是喬治亞母語者，且在一八〇一年之前已生活在喬治亞土地上，便要剝奪他們的公民權——只會有晦暗的未來。如今，這種情結及其分離主義的政治表現廣為人所支持，背後有四個大不相同的原因。首先，是共產制度的實施曾經讓歐洲大片地區政局穩定，如今共產制度崩潰，扯開了第一次世界大戰的傷口——精確來說，是扯開了戰後觀念錯誤、不切實際的和平協議造成的傷口。今天中歐與東歐一觸即發的民族議題，其實不是古老的族群衝突，而是哈布斯堡、鄂圖曼以及帝俄等多族群帝國瓦解後，繼承國形成期間所造成的問題。無論波羅的海與高加索分離主義，或是塞爾維亞人與克羅埃西亞人之間，以及捷克人與斯洛伐克人之間的衝突，在一九一七年之前都不算是嚴重問題，甚至在南斯拉夫與捷克斯洛伐克建國之前都沒有存在的可能。問題之所以愈演愈烈，原因不是民族情緒的力量（哪裡的民族情緒能強過不列顛、西班牙等國呢？），而是因為中央權力解體，連哈薩克與馬其頓等沒有分離夢想的蘇聯或南斯拉夫共和國，也不得不宣布獨立，作為自保的手段。

共產體制的瓦解固然大大激勵了其他地方的分離主義情緒，但前者對後者並無直接影響。比方說本來就有分離主義存在的蘇格蘭、魁北克、歐斯卡迪（Euskadi，即巴斯克地區）或科西嘉（Corsica），這些地方的獨立前景並無改變。東邊發生的事情不影響它們。第二個原因比較普遍，但對西歐的影響可能大於東歐。過去四十年間的大規模人口移動（發生在國家和大洲彼此之間及其內部）導致排外心態成為嚴重的政治現象；一八八〇年至一九二〇年間的大規模移民也產生類似影響，只是規模沒那麼大。仇外助長了族群民族主義，畢竟這兩者的本質，都是對其他群體（「非我族類者」）的敵意。美國民族主義一開始完全是非語言式的，完全是因為大批西班牙語移民移入，現在才會有人（而且是史上首度）呼籲應該以英語為美國的官方語言。然而，族群間的互相仇視不見得會造就分離主義，美國的情況同樣可為明證。第三個原因則是群體認同政治遠比其餘政治容易了解，對於經歷數十年獨裁、缺乏政治教育與經驗的人民來說尤其如此。

引領群雄的捷克歷史學家米洛斯拉夫．羅奇主張，「語言」在歐洲再度取代了憲法與民權等複雜的概念。在各種簡單、直覺領會的信念中，民族主義取代了不容易理解的政治綱領。而這並不是唯一的解釋。第四個原因恐怕更為關鍵。請容我引用羅奇的話：「舊政權瓦解，舊的關係式微，公眾的不安感滋長，身處普遍的不安情緒中，能夠隸屬於某個共同的語言與文化，恐怕就是社會中唯一的確定性，唯一不受模稜兩可與疑問所動搖的價值。」對於前社會主義國家來說，這種不安全感與失序感可能肇始於可預測的計畫經濟崩潰，而社會的穩定也隨之而去。對於西歐國家來說，過去數十年間，整個世界與人類的生活發生史上最迅速、最深遠的變化，其他形式的失序與不安全感也在這段時間累積起來。十年間，魁北克從一個保有十七世紀法國農民價值的傳統天主教信徒、聖職共同體，突然變成一個大家不上教堂，生育率幾乎直接跳水的社會；魁北克分離主義在這段期間的尾聲，形成一股不可小覷的政治因素，這能說是巧合嗎？

經過兩個世代，農民的大陸變成市民的大陸，而世代之間，甚至是性別之間的關係也大為改觀。昔日的智慧似乎不適用今日的問題，世人渴望著依然如舊、不容挑戰的確定感。無怪乎人們在這樣的時代會轉而求諸群體認同，而民族認同正是其中一種型態；也無怪乎專屬於群體成員的政治單位，亦即族群—語言型態的民族國家，會再度登上舞台。

然而，只要我們能理解引發民族意識政治重新抬頭的力量，甚至以同理心對待激發這些力量的情緒，我們就不會抱持幻想。即便聯合國再增加幾十個成員國，這些國家對於國務的掌控也不會比獨立之前更牢靠。世界上的文化或其他自治問題，不會因此解決或緩和，也不會因此比一九一九年更好。根據一戰戰後模式成立民族國家，不見得就後患無窮。潛在的新興民族國家當中，說不定會出現一兩個未來的尼德蘭與瑞士，成為寬容、民主以及文明的堡壘。但看看塞爾維亞與克羅埃西亞，看看斯洛伐克與立陶宛，再看看喬治亞、魁北克等地，今天有誰會認為，新獨立的民族國家將攜手走上上述的方向？又有誰會期盼這種新興國家所組成的歐洲，會是個和平的區域？

第二十三章　民族主義再建構

評羅傑斯・布魯貝克（Rogers Brubaker）著《重構民族主義：新歐洲民族地位與民族問題》（*Nationalism Reframed: Nationhood and the National Question in the New Europe*）。

《重構民族主義》文集內，各章研究內容偶有重疊，但無疑證明布魯貝克是如今浩瀚的民族主義研究領域中，最令人印象深刻的新生代學者。他的分析總是奠基於歷史個案比較研究，或者以這些個案為證明，歷史學家自然會對他的優點多所賞識。本文集收錄六篇論文。第一章談〈民族地位再思考：作為形制、實踐類別、偶發事件的民族〉（Rethinking Nationhood: Nation as an Institutionalized Form, Practical Category, Contingent Event），接著研究蘇聯繼承國所承繼的民族主義遺緒，然後是三篇以「國內少數民族及其所處之晚近民族化國家，以及其所屬之外部『祖國』（homelands）」之間的關係為題的論文。上述研究都免不了前蘇聯問題籠罩，談〈帝國與人民離析之後果〉（Aftermaths of Empire and the Unmixing of Peoples）——亦即以遷徙與恐怖為手段達成族群同質化的最後一章，自然也不例外。

作者在理論上雖然放眼全球，但實質研究範圍則限於中歐與東歐，而研究成果則以多族群歐洲帝國在兩次世界大戰與一九八九年瓦解所造成的族群政治影響為主。幾個多族群帝國分別是鄂斯曼帝國、哈布斯堡帝國、俄羅斯帝國（俄羅斯帝國的垮台，被十月革命延遲了四分之三個世紀）以及理論上為單一族群，卻因為征服之故而短暫且災難性地成為多族群帝國的德意志帝國。說得更明確些，本書的重點在俄羅斯。至於一觸即發的巴爾幹地區，作者雖寥寥數筆帶過，論點卻是極其到位。

總之，本書有明確關注的地理與歷史範圍。即便地理以歐洲為主，但如果課題本身無法符合上述二十世紀三次大崩解模式的課題，也同樣不屬於本書的守備範圍——例如新型分離主義族群民族主義（neo-separatist ethnic nationalism），早在這種民族主義開始肆虐共產地區之前，便已成為悠久的西方「民族國家」（例如不列顛，甚至瑞士也算）政治上的要素。

書中幾篇論文焦點雖然有限，但主要是實用利益受限，而非理論利益。布魯貝克主張，「當務之急的分析任務，在於思索沒有民族的民族主義（nationalism without nations）」，亦即不去預設作為任何一種類型的實體，或作為實質集體性（substantial collectivity）的「民族」之存在。他支持社會學家布赫迪厄（Bourdieu）的看法，認為這種民族主義是「特定類型的政治場域所製造，或者更貼切一點……所誘發的」，而主導「沒有民族的民族主義」之動態的並非集體所具有的特質，而是上述政治場域。分析者都得知道，在現代世界中，「雖然分布並不平均，但『民族』可謂是適用範圍最廣、迴盪最響的社會願景與社會分野類別」，由此才能理解後共產時代的歐洲局勢。不僅歐洲情況如此，我們甚至可以說，這種「沒有民族的民族主義」就像西方其他的創新一樣，仍在征服西方以外的角落。至於民族主義為何會演變為這種「實踐類別」？雖然布魯貝克顯然很熟悉情況在蘇聯演變至此的複雜論辯，但這個問題跟他的研究目的沒有直接關聯。

即便「主權領土型國家」（sovereign territorial state）這個範疇仍然存在，甚至憑藉納入「族群」欄位的人口普查、各國政府之間與各國運動代表隊彼此的交鋒而依然活躍，但無論「民族」在實際上與情感上多麼實用，西方經典型態的「民族」範疇已經不再理所當然了。若把印度人民黨（Bharatiya Janata Party, BJP）、哈瑪斯（Hamas）或塔利班（Taliban）描述成「染上宗教色彩的民族主義」，猶如愛爾蘭或波蘭民族主義者的天主教信仰，這是否適切？族群離散是世界性的，「祖國民族主義」（homeland nationalism）則否。布魯貝克自己也提到，美國的結構本身就不適用歐洲類型的「民族少數群體」。在理論上，他對於「民族」抱持全球性的懷疑論，但這無法隱藏其研究所具有的歐洲中心觀點。

儘管如此，他採取的理論立場讓他得以專注於問題的特定、重要面向，並略過對整體的勾勒。其中最迫切的面向，是「作為事件，一瞬間成形的『民族屬性』（nationness）」，南斯拉夫與蘇聯垮台期間的悲劇可為佐證。他同樣敏銳觀察到多民族社會中，「國族」（state peoples）民族主義的獨特之處。所謂「國族」，就像俄羅斯人或者英格蘭人。對他們來說，身為俄羅斯人或英格蘭人，只不過是一件剛好讓他們有別於芬蘭人或蘇格蘭人的事情，但「國族」最主要還是一種無所不包的超族群認同（super-ethnic identity），沙皇或女王統治下各種族群的通婚，在實質上強化了這種認同。布魯貝克也看到了一邊是俄羅斯人，另一邊是認為自己不同於俄羅斯人的其他民族，兩者的民族主義論述並不對稱。（布魯貝克提到，俄語當中對俄羅斯人的領土—政治性〔territorial-political〕描述與族群—語言性〔ethno-linguistic〕描述，兩者區別得很清楚，英語則否。）直到今天，俄羅斯人、英格蘭人與西班牙人才不得不把自己想成波蘭人、蘇格蘭人與加泰隆尼亞人那樣的「民族」。他們應該怎麼做才好？沒有人有頭緒。他也在不經意間提醒了我們，「走在後帝國時期遷徙離析（post-imperial migratory unmixings）的迢迢長路上，路途最崎嶇的階段往往與實際的暴力或抽象的威脅息息相關，尤其是戰爭期間和戰爭剛結束時」，特別是巴爾幹地區。換句話說，假如你想見識族群不公義轉變為群體驅逐與種族屠殺，最有效的方式就是開戰。嗚呼，到了一九九九年，想勸世已經來不及了。

選文出處與發表年分

第一章〈歷史內外〉

布達佩斯中歐大學一九九三至九四學年開學演講。原發表為'The New Threat to History', *New York Review of Books*, 16 December 1992，譯有多語譯本，後收入*On History* (London: Weidenfeld & Nicolson, 1997), chapter 1.

第二章〈革命時代的民族主義〉

The Age of Revolution: Europe 1789–1848 (London: Weidenfeld & Nicolson, 1962), chapter 7.

第三章〈資本時代的民族建造〉

The Age of Capital: 1848-1875 (London: Weidenfeld & Nicolson, 1975), chapter 5.

第四章〈帝國時代的愛國狂熱〉

The Age of Empire: 1875-1914 (London: Weidenfeld & Nicolson, 1987), chapter 6.

第五章〈工人有祖國嗎？〉

Worlds of Labour: Further Studies in the History of Labour (London: Weidenfeld & Nicolson, 1984), chapter 4.

第六章〈發明民族傳統〉

Eric Hobsbawm and Terence Ranger (eds), *The Invention of Tradition* (Cambridge: Cambridge University Press, 1983), introduction.

第七章〈「民族」傳統的產生〉

節選自'Mass-producing traditions: Europe, 1870-1914', in Eric Hobsbawm and Terence Ranger (eds), *The Invention of Tradition* (Cambridge: Cambridge University Press, 1983), chapter 7.

第八章〈族群、移民與民族國家〉

'Ethnicity, Migration, and the Validity of the Nation-State', in Michael Walzer (ed.), *Toward a Global Civil Society* (Oxford, Berghahn Books, 1995), chapter 20.

第九章〈勞工階級國際主義〉

原發表於Frits L. van Holthoon and Marcel van der Linden (eds), *Internationalism in the Labour Movement, 1830–1940* (Leiden: E. J. Brill, 1988).

第十章〈民族主義的界定問題〉

'Some Reflections on Nationalism', in T. J. Nossiter, A. H. Hanson and S. Rokkan (eds), *Imagination and Precision in the Social Sciences. Essays in memory of Peter Nettl* (London: Faber & Faber, 1972).

第十一章〈國家、族群與宗教〉

'Nation, State, Ethnicity, Religion: Transformation of Identity', in J. G. Beramendi, R. Máiz and X. M. Núñez (eds), *Nationalism in Europe Past and Present* (Santiago de Compostela: Universidade de Santiago de Compostela Press, 1994).

第十二章〈凱爾特邊陲〉

'The Attitude of Popular Classes Towards National Movements for Independence: Great Britain: The Celtic Fringe', in Ernest Labrousse (ed.), *Mouvement Nationaux d'Indépendance et Classes Populaires aux XIXe et XXe Siècles en Occident et en Orient*, 2 vols (Paris: Armand Colin, 1971).

第十三章〈民族主義的極限〉

New Society, 2 October 1969.

第十四章〈巴別塔〉

New Society, 19 February 1970.

第十五章〈難以服眾的民族主義「社會生物學」〉

原發表為‘Lynn and Nationalism’, *New Society*, 8 July 1976.

第十六章〈民族現況〉

New Society, 2 February 1978.

第十七章〈語言皆平等?〉

原發表為‘Are all tongues equal? Language, Culture, and National Identity’, *Social Research*, 63:4 (winter 1996).

第十八章〈福克蘭惡果〉

Marxism Today, January 1983.

第十九章〈離散猶太人的貢獻〉

London Review of Books 27:20 (October 2005). 後收入 *Fractured Times* (London: Little, Brown, 2013).

第二十章〈猶太人與德意志〉

原發表為 'Homesickness', *London Review of Books*, 7 (8 April 1993).

第二十一章〈族群與民族主義〉

美國人類學學會（American Anthropological Association）一九九一年年會演講詞，發表於 'Ethnicity and Nationalism in Europe Today', *Anthropology Today*, 8:1 (February 1992).

第二十二章〈新民族主義的致命危機〉

The Nation, 4 November 1991.

第二十三章〈民族主義再建構〉

American Journal of Sociology, 105:3 (November 1999).

國家圖書館出版品預行編目（CIP）資料

霍布斯邦論民族主義：被發明的傳統與全球化下的險境／艾瑞克．霍布斯邦（Eric J. Hobsbawm）著；馮奕達、黃中憲譯. -- 一版. -- 臺北市：麥田出版：英屬蓋曼群島商家庭傳媒股份有限公司城邦分公司發行, 2025.03
面；　公分
譯自：On nationalism
ISBN 978-626-310-823-3（平裝）
1.CST: 民族主義
571.11　　113019307

霍布斯邦論民族主義
被發明的傳統與全球化下的險境
On Nationalism

作者　艾瑞克．霍布斯邦（Eric Hobsbawm）
選編者　唐納德．沙孫（Donald Sassoon）
譯者　馮奕達　黃中憲
特約編輯　劉懷興
責任編輯　林虹汝
封面設計　覓蠹工作室 廖勁智
排版　李秀菊
印刷　前進彩藝有限公司
國際版權　吳玲緯　楊靜
行銷　闕志勳　吳宇軒　余一霞
業務　李再星　李振東　陳美燕
總經理　巫維珍
編輯總監　劉麗真
事業群總經理　謝至平
發行人　何飛鵬
出版　麥田出版
115台北市南港區昆陽街16號4樓
電話：886-2-2500-0888　傳真：886-2-2500-1951
發行　英屬蓋曼群島商家庭傳媒股份有限公司城邦分公司
115台北市南港區昆陽街16號8樓
客服專線：02-25007718；02-25007719
24小時傳真專線：02-25001990；02-25001991
服務時間：週一至週五上午09:30-12:00；下午13:30-17:00
劃撥帳號：19863813　戶名：書虫股份有限公司
讀者服務信箱：service@readingclub.com.tw
城邦網址：http://www.cite.com.tw
香港發行所　城邦（香港）出版集團有限公司
香港九龍土瓜灣土瓜灣道86號順聯工業大廈6樓A室
電話：852-25086231　傳真：852-25789337
電子信箱：hkcite@biznetvigator.com
馬新發行所　城邦（馬新）出版集團
Cite（M）Sdn. Bhd.（458372U）
41, Jalan Radin Anum, Bandar Baru Seri Petaling, 57000 Kuala Lumpur, Malaysia.
電話：+6(03)-90563833　傳真：+6(03)-90576622　電子信箱：services@cite.my

一版一刷　2025年03月

ISBN 978-626-310-823-3（紙本書）　ISBN 978-626-310-820-2（電子書）